中华内丹学典籍丛书

李道纯集

道德会元
中和集
周易尚占

［元］李道纯 撰

盛克琦 点校

华龄出版社
HUALING PRESS

图书在版编目（CIP）数据

李道纯集 /（元）李道纯撰；盛克琦点校 . -- 北京：
华龄出版社，2024. 6. -- ISBN 978-7-5169-2807-3

Ⅰ. B958-53

中国国家版本馆 CIP 数据核字第 20246VJ198 号

策划编辑	南川一滴		**责任印制**	李末圻
责任编辑	郑 雍		**装帧设计**	何 朗

书　名	李道纯集		**作　者**	［元］李道纯　撰
				盛克琦　点校
出　版	华龄出版社			
发　行	HUALING PRESS			
社　址	北京市东城区安定门外大街甲 57 号		**邮　编**	100011
发　行	（010）58122255		**传　真**	（010）84049572
承　印	文畅阁印刷有限公司			
版　次	2024 年 7 月第 1 版		**印　次**	2024 年 7 月第 1 次印刷
规　格	710mm×1000mm		**开　本**	1/16
印　张	22.5		**字　数**	355 千字
书　号	ISBN 978-7-5169-2807-3			
定　价	89.00 元			

整理说明

李道纯是元代著名道教学者和内丹家，著作丰富，散见于《道藏》《道藏辑要》等大型丛书之中。今将李氏著作从《道藏》等丛书中辑录出来，校以善本，汇编成册，以利学者的研究和普通读者的阅读。

一、《道德会元》，二卷，题名"都梁清庵莹蟾子李道纯元素述"，收入《道藏》洞神部玉诀类。本书以上海图书馆藏元朝至元二十七年（1290）刻本为底本，参校《道藏》（文物出版社、上海书店、天津古籍出版社，1988年。该本以上海涵芬楼影印本《正统道藏》影印。下同）第十二册《道德会元》。

二、《太上老君说常清静经注》，一卷，题名"都梁参学清庵莹蟾子李道纯注"，收入《道藏》洞真部玉诀类。本书以《道藏》第十七册《太上老君说常清静经注》为底本。参校本一，巴蜀书社《藏外道书》第七册《太上老君说常清静经注》，该本是依据明天顺四年（1460年）《玄宗内典诸经注》影印。参校二，清光绪三十二年（1906）四川成都二仙庵刻本《重刊道藏辑要》尾集李道纯《太上老君说常清静经注》。

三、《太上大通经注》，一卷，题名"都梁参学清庵莹蟾子李道纯注"，收入《道藏》洞真部玉诀类。本书以《道藏》第二册《太上大通经注》为底本。参校本一，《藏外道书》第七册所收《太上大通经注》，该本是据明天顺四年（1460年）《玄宗内典诸经注》所收《太上大通经注》影印。参校本二，《道藏辑要》尾集李道纯《太上大通经注》。

四、《无上赤文洞古真经注》，一卷，题名"都梁参学清庵莹蟾子李道纯注"，收入《道藏》洞真部玉诀类。本书以《道藏》第二册《无上赤文洞古真经注》为底本。

五、《太上升玄消灾护命妙经注》，一卷，题名"清庵莹蟾子李道纯注"，收入《道藏》洞真部玉诀类。本书以《道藏》第二册《太上升玄消灾护命妙经注》为底本。

六、《中和集》，六卷，题名"都梁清庵莹蟾子李道纯元素撰，门弟子损庵宝蟾子蔡志颐编"，收入《道藏》洞真部方法类。本书以元朝大德丙午年（1306）翠峰丹房刊行本为底本。参校本一，国家图书馆藏明万历十九年金陵阎氏刊本。参校本二，《道藏》第四册《中和集》。参校本三，《道藏辑要》昂集《中和集》。参校本四，清光绪庚子年（1900）年汪东亭刊《道统大成》所收《中和集》，该本仅五卷，收录《藏外道书》第六册。

七、《三天易髓》，一卷，题名"莹蟾子李清庵撰、混然子校正"，收入《道藏》洞真部方法类。本书以《道藏》第四册《三天易髓》为底本。

八、《全真集玄秘要》，一卷，题名"清庵李道纯著"，收入《道藏》洞真部方法类。本书以《道藏》第四册《全真集玄秘要》为底本。

九、《清庵莹蟾子语录》，六卷，题名"门弟子嘿庵柴元皋"等编集，收入《道藏》太玄部。本书以《道藏》第二十三册《清庵莹蟾子语录》录入。《藏外道书》第二十六册《道学秘书》内收录有《炼性指南》，题名"戊子仲夏吉日清庵莹蟾子李元素撰"，与《语录》卷六之《炼性指南》内容不同。《道学秘书》内尚有《性理圆机》，亦署名李道纯撰。二者，似为《道藏》所刊《语录》之脱漏的内容，今俱补入。

十、《周易尚占》，三卷，书首有元大德丁未年（1307）保八序，称李清庵所撰。本书以中国科学院图书馆藏明朝刻本为底本，该书收入《四库全书存目丛书》子部第六十册。参校本一，明朝陈继儒（1558—1639）辑《宝颜堂秘笈》丛书第五集所收《周易尚占》，有明万历绣水沈氏尚白斋刻本和1922年上海文明书局石印本。参校本二，《藏外道书》第五册《周易尚占》，缺中卷。

本书虽经较认真的校勘，但限于校者的水平有限，难免出现各种错误，敬请专家和读者给予批评指正，以便于纠正错误。电子信箱：shengkq999@163.com。

唐山盛克琦识于寓所
2022 年 8 月 26 日

目　录

第二篇

第三篇

第四篇

第五篇

第六篇

第七篇

第十篇

附录

第一篇

《道德会元》

《道德会元》序

　　窃谓伏羲画《易》，剖露先天；老子著书，全彰道德，此二者，其诸经之祖乎！今之学者，未造其理，何哉？盖由不得其传耳。予素不通书，因广参遍访，获遇至人，点开心易，得造《易①经》之妙，于是罄其所得，撰成《三天易髓》，授诸门人。惟老子《道德经》，未能究竟。一日有傅济庵者，携紫清真人《道德宝章》示予，观其注脚，颇合符节，其中略有未尽处，予欲饶舌，熟思之未敢。后有二三子，各出数家解注，请益于予。先以正经参对，多有异同，或多一字，或少一字，或全句差殊，或字讹舛，互有得失，往往不同。予叹曰："正经尚尔，况注解乎？"或问其故，曰："始者抄写人差误尔，或开板有失点对，或前人解不通处妄有增加，以讹传讹，支离错杂故也。"曰："孰为是？"曰："《河上公章句》、紫清《道德宝章》颇通。"曰："何故？"曰："与上下文理，血脉贯通者为正。"曰："诸家解义如何？"曰："所见不同，各执一端耳。"曰："请问其详？"曰："盖由私意揣度，非自己胸中流出，故不能广而推之也。得之于治道者，执于治道；得之于丹道者，执于丹道；得之于兵机者，执于兵机；得之于禅机者，执于禅机。或言理而不言事者，或言事而不言理者。至于权变智谋，旁蹊曲径，遂堕于偏枯，皆

---

① 易，底本作"义"，校者据后文义改。

失圣人之本意也。殊不知圣人作经之意，立极于天地之先，运化于阴阳之表，至于覆载之间，一事一理，无有不备，安可执一端而言之哉？"予遂饶舌，将彼解不通处，及与圣人经义相反处，逐一拈出，举似诸子，众皆曰："然。"自后请益者屡至，不容缄默，遂将正经逐句下添个注脚，释经之义，以证颐神养气之要。又于各章下总言其理，以明究本穷源之序。又于各章后作颂，以尽明心见性之机。至于修齐治平，纪纲法度，百姓日用之间，平常履践之道，洪纤巨细，广大精微，靡所不备于中。又作《正辞》《究理》二说，冠之经首，明正言辞，究竟义理，以破经中异同之惑，目之曰《道德会元》，俾诸后学密探熟味，随其所解而入，庶不堕于偏枯，会至道以归元也。惟是言辞鄙俚，无非直解经义，未敢自以为是，然较之诸本其庶几焉，与我同志其鉴诸。

　　时至元庚寅①孟夏旦日，都梁参学清庵莹蟾子李道纯元素序。

① 至元庚寅，即1290年。

《道德会元》序例

正辞

予参诸家经本，惟河上丈人本为正。河上丈人本，亦有三样，有河上公解注，有二家全解，有章句白本。其三本中，惟河上丈人章句白本理长，今从之。遂将诸本差讹，表而出之，以正辞理。外有大同小异，二百余言，不欲枚举。此略言大概，以释学者之疑。

第二章："有无相生"以下六句，各加一"之"字者，非也。

第三章："是以圣人虚其心"，或云"圣人治"，或云"之治"，或云"之治也"，非。

第十一章："抱一能无离"以下六句，加一"乎"字，非。

十三章："宠为上，辱为下"，或云"宠为下"，不合经义。

十五章："豫兮若冬涉川"，或云"与兮"，或以下六句，三句无"兮"者，非也。

十七章："其次畏之，其次侮之"，或云"畏之侮之"者，非。

二十章："忽兮若晦"，或云"淡乎其若海"，非。"而贵食母"，或云"儿贵求食于母"，非。

三十章：或多三字，或少一二字。

三十一章："胜而不美"，或云"故不美也"，非。

三十四章：或以"爱养"为"存①被"者，非。

三十六章："柔弱胜刚强"，分作二句，非。

三十九章："数车无车"，或云"数举"，或云"数誉"②者，非。

四十九章："德善""德信"下，或加"矣"字者，非。

五十二章："既得其母，以知其子"，或云"既知其母，复知其子"，二句皆非。

---

① 存，《道藏》本作"衣"。
② 数举、数誉，《道藏》本作"数举誉"。

五十五章："益生不祥"，或云"目生"，或云："曰生"，皆非也。

六十六章：差数句。

七十一章："知不知，上"，或云"知不知，尚矣"，非。

七十七章："孰能以有余奉天下"，其中加"不足"二字者，非。

七十八章："天下柔弱莫过于水"，或云"莫柔弱于水"，非也。

八十章："使有什伯之器而不用"，或云"令器"，或云"不用也"，皆非也。

究理

参究诸本解义，与圣人义理不相合者，表而出之。其中异同，讹谬颇多，不欲尽举，学者致思焉。

"故常无欲以观其妙"。或以"常无"点作一句，或云"无欲者常存，有欲者亡身"。若有欲者果亡身，何必曰"同谓之玄"乎？亡身为玄，可乎？予谓无欲者，无心作为，自然也；有欲者，有心运用，工夫也。无为则能见无名之妙，全其性也；有为则能见有名之徼，全其命也。有与无，性与命，同出而异名，同谓之玄，玄之又玄，有无交入，性命双全也。《记》云："喜怒哀乐之未发谓之中。中也者，天下之大本也"，即"无欲观妙"之义也。"发而皆中节谓之和。和也者，天下之达道也"，即"有欲观其徼"之义也。"致中和，天地位，万物育"，即"玄之又玄"之义也。所谓欲者，欲人之不欲之谓。

"不尚贤"。或云"不求贤士"者，或云"不用贤"者，皆非。果不用贤，则此经不足徵也，决无是理。

"玄牝之门"。或指"口鼻为玄牝之门"者，非也。或云"念头起处"者，稍通，亦不合经义。

"载营魄"。或云"魂魄"者，或云"阴阳"者，又有数说，皆不通。殊不知，魄好运动，载之者，御之也。

"三十辐"。或云一月三十日之数者，或云火候者，皆非也。殊不知，圣人本意，不在三十上。

"绝圣弃智"。或谓圣智不足道，当弃之，非也。予谓：圣人不以圣智见用于民。

"绝学无忧"。或云绝学为不学，非也。绝常人之学，而学人之不学也。

绝学者，绝世之学。

"将欲歙之，必固张之"。诸家解不通。或云尚权者，非也。太上尚"不尚贤"，安得尚权？

"礼者乱之首"。或便谓礼不足道，吾独不然，诚能自礼而进于仁义，亦几于道。

"数车无车"。诸家解不通。予谓：数车之名件，无一名车者，喻我之一身，无一名我者也。

"生之徒，十有三"。或云十分中有三分生者，十分中有三分死者；或云七情六欲者，似是而非；或云四关九窍，更非也；或以一月之盈亏，比之火候，尤非也。解见正经本文下。

"无狭其所居"。前人解不通，又有反解者。或云神无方者，或广大者，皆非也；或云无厌其所生，无厌于道者，正是妄说，岂不闻结句云"去彼取此"？予谓"无狭其所居"，尚广大贪婪也。"无厌其所生"，不畏大威，贪生无厌也。圣人自知不自见，自爱不自贵，不厚其生，故云"去彼取此"。

"有德司契，无德司徹"。或谓徹者，通也。上古圣人，一徹万融，无所不通，民无德而称焉，此言只好隔壁听，与经义了无干涉。予谓：契者，信约也。叶韵作挈。徹，通徹也。有德之人，执其信约。无德者，司其明徹。详见正经本文下，达者致思之。

此经文辞多叶韵。朴，叶扑。阙，音轧，叶察察。拔，音跋，叶脱字。作音做，入声，叶复。似此之类极多，各音本文下，读是经者，切不可执泥字义。

《道德会元》卷上

都梁清庵莹蟾子李道纯元素　述

道○

"道"之可以道者，非真常之道也。夫真常之"道"，始于无始，名于无名，拟议即乖，开口即错。设若可道，"道"是甚么？即不可道，何以见"道"？可道又不是，不可道又不是，如何即是？若向这里下得一转语，参学事毕。其或未然，须索向二六时中，兴居服食处，回头转脑处，校勘这令巍巍地、活泼泼地，不与诸缘作对底是个甚么？校勘来，校勘去，校勘到校勘不得处，忽然摸着鼻孔，通身汗下，方知道这个元是自家有的，自历劫以来不曾变易，所谓"道也者，不可须臾离也"。又道："行住坐卧，不离这个。"况覆载之间，头头物物，都是这个；亘古亘今，只是这个；生天生地，只是这个。至于日用平常，动静作息，只是这个。一切有形，皆有败坏，惟有这个常在。天地虚空，亦有败坏，只有这个不坏。只这个铁眼铜睛觑不破，为甚觑不破？只伤他不曾觌面相逢，纵饶觌面相逢，也是蹉过。且道蹉向甚么处去？不得乱走，毕竟作么会？清庵向这里分明举似，只是欠人承当，倘遇知音，剔起眉毛荐取。咄！昨夜江头新雨过，今朝依旧远山青。

颂曰：至道之极，虚无空寂，无象无形，无名无质。

视之不见，抟之不得，听之不闻，觅无踪迹。

大无不包，细无不入，生育天地，长养万物。

运化无穷，隐显莫测，不可知知，不可识识。

太上老子，舌头无骨，向此经中，分明露出。

多言数穷，不如一默，这○便是，休更疑惑。

德

"德"之一字，亦是强名，不可得而形容，不可得而执持。凡有施设、积功、累行，便是不德也。只恁么，不修习，不用功，死灰槁木，待德之自来，终身无德也。这个"德"字，愈求愈远，愈执愈失。经云："上德不德，是以有德。"又云："上德无为，而无以为。"只这两句，多少分明，只是欠人承当。若是个信得及的，便把从前学解见知，声闻缘觉，一切掀倒，向平常履践处，把个"损"字来受用，损之又损，损来损去，损到损不得处，自然玄德昭著，方信"无为"之有益。经云："不言之教，无为之益，天下希及之。"又云："玄德深矣，远矣。"会么？咦！不离当处常湛然，觅则知君不可见。

颂曰：河沙妙德，总在心则，不可施为，何劳修积？

愈探愈深，愈执愈失，放下头头，掀翻物物。

后己先人，守雌抱一，纯一不杂，其德乃实。

修齐治平，皆从此出，妙用难量，是谓玄德。

经

"经"之一字，亦是强名。始者圣人为见世人随情逐幻，嗜欲迷真，中心业识之扰攘，灵地无明之炽盛，是以天真丧失，横夭伤残，不能复其本元，于是用方便力，开善诱门，接引群迷，使归正道。故著书设教，强名曰经。经者，径也，众所通行之大路也。虽然，读是经者，却不可泥在语言三昧上，亦不可离了此经向外寻求。须是向自己分上着意，把这五千余言，细细咀嚼，点点画画，不要放过，忽然嚼得一句半句透，这一部经都在自己，方信道开口不在舌头上。到这里，打开自己宝藏，把出自己经来，横拈倒用。不惟这一部经，至于三十六部尊经，一大藏教典，从头彻尾转一遍，只消一喝，都竟还委悉么？半地起风波，清天轰霹雳。谛听！谛听！

颂曰：此一卷经，妙用难评，人人本具，物物圆成。

堂堂蓦直，坦坦宽平，历劫不变，亘古无更。

头头应用，处处通津，未曾举起，已自分明。

不是我家真的子，谁人敢向里头行？

第一章①

道○，可道，非常道（开口即错）；名（唤做甚么），可名，非常名（唤作一物即不中）。无名（道也），天地之始（先乎覆载）；有名（强名曰道），万物之母（生生不息）。故常无欲以观其妙（无心运化），常有欲以观其徼（徼，音叫。有意操持）。此两者（于不见中亲见，于亲见中不见），同出而异名（一体，一用），同谓之玄（体用一源），玄之又玄（形神俱妙），众妙之门（百千法门，皆从此出）。

上一章。虚无自然，真常之道，本无可道。可道之道，非真常之道。元始祖炁，化生诸天，随时应变之道也。道本无名，可名之名，非真常之名。天地运化，长养万物，著于形迹之名也。虚心无为，则能见无名之妙；有心运用，则能见有名之徼。妙，即神也。徼，即形也。知徼而不知妙则不精，知妙而不知徼则不备，徼妙两全，形神俱妙，是谓玄之又玄。三十六部尊经，皆从此出，是谓众妙之门。且道此经，从甚么处出？咄！

颂曰：昆仑山顶上，元始黍珠中。

父母所生口，终不为君通。

第二章

天下皆知美之为美，斯恶矣（恶，乌路切。美是恶之因）；皆知善之为善，斯不善已（善是不善之由）。故有无相生（有生无，无生有），难易相成（易，以豉切。难事易，易事难），长短相形（长则短，短则长），高下相倾（才有高，便有下），声音相和（有声音，便有和），前后相随（前随后，后随前）。是以圣人（忘其美恶），处无为之事（忘其有无），行不言之教（忘其难易）。万物作而不辞（忘物），生而不有（忘形），为而不恃（忘情），功成不居（忘我）。夫惟不居（忘其所自），是以不去（去，上声。一切忘尽，真一常存）。

---

① 底本本无章目，校者划归一体化所加，下同。

上二章。美之与恶，善与不善，如影随形，自然相待。至于有无、难易，互相倚伏。有美便有恶，有善便有不善，是以圣人不辞不有，不恃不居，彼此两忘，有无不立，是以常存而不去也。此一章，发明首章"体道"之义，使学者知"同出异名"之理，离此用而即此用，不堕于偏枯也。

颂曰：人有美恶，我无彼此。

一切掀翻，众泡归水。

目前指出千般有，我道其中一也无。

第三章

不尚贤（绝圣弃智），使民不争（忘我）；不贵难得之货（绝巧弃利），使民不为盗（忘物）；不见可欲（转物应机），使心不乱（忘情）。是以圣人虚其心（全性），实其腹（全命），弱其志（全神），强其骨（全形）。常使民无知无欲（空诸所有），使夫知者不敢为（夫，音扶，后同。知，音智。识法者恐）。为无为（寂然不动），则无不治（治，音持。感而遂通）。

上三章。不尚贤，接上章"处无为之事"也。谓不矜自己之贤能，则民淳；不贵奇货，则民富；不见可欲，则心定。圣人治平天下，必以修身为本。"虚心实腹"一节，皆修之要虚心而后志弱，志弱而后无知，无知故能忘我，此"不尚贤"也。实腹而后骨强，骨强而后无欲，无欲故能忘物，此"不贵难得之货"也。二理相须，足以了全性命矣。

颂曰：实腹真常在，虚心道自存。

不劳施寸刃，谈笑定乾坤。

第四章

道冲而用之（太虚同体），或不盈（不自满），渊乎似万物之宗（不自见）。挫其锐（不露锋芒），解其纷（不随世变），和其光（不自明），同其尘（不自是）。湛兮似若存（常应常静），吾不知谁之子（上无复祖），象帝之先（唯道为身）。

上四章。上云"为无为"，故次之以"道冲而用之"。"或不盈"，谓不自满也。不自满者，必受益。挫锐解纷，虚中忘我之谓也。"吾不知谁之子，象帝之先"，超虚无之外也。

　　颂曰：不识谁之子，焉知象帝先？

　　　　　为君明说破，太极未分前。

第五章

　　天地不仁（无为），以万物为刍狗（刍，䏶愈切。爱养万物不为主）；圣人不仁（效天），以百姓为刍狗（万民皈[①]之，而不为主）。天地之间（虚中），其犹橐籥乎（虚用）？虚而不屈（无心），动而愈出（应变无穷）。多言数穷（数，所各切。○说不得），不如守中（虚中而已）。

　　上五章。天覆地载，化民育物，可谓至仁。言不仁者，忘其所自也。圣人爱民治国，亦复如是；修身养命，亦复如是。结上章"道冲而用之"之义也。

　　颂曰：无底谓之橐，三孔谓之籥。

　　　　　中间一窍子，无人摸得着。

　　　　　摸得着，为君吹出无声乐。

第六章

　　谷神不死（虚灵不昧），是谓玄牝（牝，婢忍切。一阴一阳）。玄牝之门（一阖一辟），是谓天地根（生天生地）。绵绵若存（无休无息），用之不勤（应用不穷）。

　　上六章。谷神不死，虚灵不昧也。接上章"守中"之义也。虚灵不昧，神变无方；阴阳不测，一阖一辟；往来不息，莫知其极；动静不忒，不劳功力，生生化化而无穷。

　　颂曰：阖辟应乾坤，斯为玄牝门。

　　　　　自从无出入，三界独称尊。

---

　　① 皈，《道藏》本作"归"。

第七章

天长地久（无休无息）。天地所以能长且久者（无为），以其不自生（无心），故能长生①（不迁不变）。是以圣人（效天），后其身而身先（忘我），外其身而身存（忘形）。非以其无私耶，故能成其私（以其无我，故能成我）。

上七章。天不自天，地不自地，故生生不息。圣人不自圣，故与天地合德。接上章"用之不勤"之义也。

颂曰：道本至虚，至虚无始，

透得此虚，太虚同体。

太湖三万六千顷，月在波心说向谁？

第八章

上善若水（以柔处卑）。水善利万物而不争（随方逐圆），处众人之所恶（能容纳秽恶），故几于道（几，平声。合道）。居善地（利物），心善渊（容物），与善仁（生物），言善信（应物），政善治（治，平声。化物），事善能（成物），动善时（顺物）。夫惟不争，故无尤（物我如一）。

上八章。接上章"后己先人"。所谓水者，取柔和、谦卑、处下之义。利物无争，故无尤。

颂曰：无争神寂静，自足气和平，

放下这点子，黄河几度清。

第九章

持而盈之，不如其已（已，音以。天道亏盈而益谦）；揣而锐之，不可

---

① 生，《道藏》本作"久"。

长^①保（揣，楚委切。地道变盈而流谦）；金玉满堂，莫知能守（鬼神害盈而福谦）；富贵而骄，自遗其咎（遗，去声。咎，上声。人道恶盈而好谦）。功成、名遂、身退（收拾归来），天之道（天地合德）。

上九章。持而盈之，不如其已，接上章"上善若水"之义。功成、名遂、身退，戒盈劝谦之义。

颂曰：急走不离影，回来堕堑坑。

只今当脚住，陆地变平沉。

若解转身些子力，潜藏飞跃总由心。

第十章

载营魄（不得乱走），抱一能无离（离，平声。二物混成，如母携婴）；专气致柔，能婴儿（纯一不杂，反朴还淳）；涤除玄览，能无疵（不见不闻，尘净鉴明）；爱民治国，能无为（治，音持。不动不摇，道泰时清）；天门开阖，能为雌（出有入无，不伐不矜）；明白四达，能无知（黜聪屏智，和光同尘）。生之畜之（畜，凶入声。斡旋四德，长养群情），生而不有（功成行满，隐迹潜形），为而不恃（忘其所自，默默昏昏），长而不宰（长，上声。退有余地，一任天更），是谓玄德（道隆德备，脱体全真）。

上十章。载营魄，犹车载物之喻。魄好运动，好驰骋，好刚锐，故曰"营魄"。魄属阴，阴盛则害阳，情盛则役性。能制伏者，抱一无离，致柔无疵。无为为雌，无知使阴魄不能肆其情，至于魄伏阴消，则神灵性寂也。生之畜之，生而不有，忘其所自，不用拘束，自然不动，如获宝满载而归，故曰"载营魄"。自抱一以下，纯是"载营魄"之义，接上章"功成身退"，而续下章"三十辐，共一毂，有车之用"也。

颂曰：事向无心得，无心也太难。

悟来弹指顷，迷后隔千山。

---

① 长，底本作"常"，校者据《道藏》本和通行本《道德经》改。

第十一章

三十辐，共一毂（犹万法同一心），当其无（数车无车），有车之用（辐来辏毂，成车之用）。**埏埴以为器**（埏，扇，平声。和土作器），**当其无**（数器无器），**有器之用**（水土假合，成器之用）。**凿户牖以为室**（开户凿牖），**当其无**（数室无室），**有室之用**（户牖通达，成室之用）。**故有之以为利**（以有利无），**无之以为用**（以无用有）。

上十一章。以辐辏毂，利车之用，即总万法归心，全神之妙也。辐不辏毂，何以名车？法不归心，无以通神。毂虚其中，车所以运行；心虚其中，神所以通变。故虚为实利，实为虚用，虚实相通，去来无碍。即上章"载营魄"之义也。至于无物可载，毂辐两忘，车复无也，犹心法双忘，神归虚也。器与室，并同此义。

颂曰：铁壁千重，银山万座。

拨转机轮，蓦直透过。

要知山下路，但问去来人。

第十二章

五色令人目盲（眼被色眩），**五音令人耳聋**（耳被声惑），**五味令人口爽**（口被味瞒），**驰骋田猎令人心发狂**（心为情使），**难得之货令人行妨**（行，去声。意为物转）。**是以圣人为腹不为目**（为，去声。内境不出，外境不入），**故去彼取此**（去，羌吕切。收视返听）。

上十二章。上章发明"虚用"。虚其用，则不为声色眩，故次之以"五色令人目盲"。色声味物，皆是根尘。一切世人皆受盗，惟有道者，不受他瞒。视听言动，非礼勿为，则六贼化为六神通也，故去彼取此。

颂曰：见色神无定，闻声丧太和。

掀翻无一事，赤手造弥罗。

第十三章

宠辱若惊（宠是辱先），贵大患若身（贵为患始）。何谓宠辱若惊（谛听下文）？宠为上，辱为下（宠得也，故居上），得之若惊（无失），失之若惊（有得），是谓宠辱若惊（如是）。何谓贵大患若身（设问）？吾所以大患者（何哉），为吾有身（为，去声，下同。有身便有患），及吾无身（忘形无累），吾有何患（忘贵无患）？故贵以身为天下（外其身者，贵其身者也），若可寄天下（以此为天下，则可寄天下）；爱以身为天下（后其身者，爱其身者也），若可托天下（以此为天下，则可托天下）。

上十三章。接上章"为腹不为目"，忘我之义，故次之以"宠辱若惊"。宠辱贵患，互相倚伏。苟能思患而预防之，则终身无患。推此道而治平天下，则天下永无危殆。有国者，忧天下如忧一身，则天下乐推而不厌。

颂曰：有辱何尝辱，居荣未必荣。

预防无过失，犹更涉途程。

争似全身都放下，也无得失也无惊。

第十四章

视之不见名曰夷（大象无形），听之不闻名曰希（大音希声），抟之不得名曰微（道隐无名），此三者不可致诘（如何说得），故混而为一（殊途同归）。在上不皦（莫见乎隐），在下不昧（莫显乎微）。绳绳不可名（虽有条目，实无名唤），复归于无物（藏身处，没踪迹），是谓无状之状（不见中亲见），无象之象（象，上声。亲见中不见），是谓惚恍（浑浑沦沦）。迎之不见其首（无始），随之不见其后（后，上声。无终）。执古之道（无为），以御今之有（统摄万有）。以知古始（无为），是谓道纪（因无彰有）。

上十四章。希、夷、微，道之极也。混而为一，返本也；不皦不昧，和其光也；无象无状，藏其用也。末后一句，总证前三章，而发下章之秘也。

颂曰：这个话靶，难模难画。

八面玲珑，全无缝罅。

恍惚窈冥中有象，这些消息共谁论？

第十五章

古之善为士者（存其无象），微妙玄通（清净光明），深不可识（视之不见）。夫惟不可识，故强为之容（强，上声。以有会无）。豫兮若冬涉川（寒彻骨），犹兮若畏四邻（慎独），俨兮其若容（致敬），涣兮①若冰将释（无疑），敦兮其若朴（朴，音扑。如愚），旷兮其若谷（虚中），浑兮其若浊（浑，平声。同尘）。孰能浊以动之徐清（清者，浊之源）？孰能安以久动之徐生（静者，动之机）？保此道者，不欲盈（虚者，实之本），夫惟不盈（冲虚），故能弊不新成（埋光铲彩）。

上十五章。接上章"道纪"之义，发明后学存诚致敬，常慎其独，不住于相，而抱一潜虚为日用，至于顿息诸缘，销镕万幻，扰之则不浊，澄之则不清，是谓微妙玄通，深隐也。

颂曰：微妙玄通，随人脚转。

瞎却眼睛，一物不见。

不如归去来，识取虚皇面。

第十六章

致虚极，守静笃（寂然不动），万物并作，吾以观其复（观复知化）。夫物芸芸，各复归其根（动极复静）。归根曰静（返本），静曰②复命（生意存焉），复命曰常（历劫寂尔），知常曰明（古今洞然）。不知常（昧了也），妄作凶（错了也）。知常容（大无不包），容乃公（细无不入），公乃王（物无不化），王乃天（理无不通），天乃道（曷有终穷），道乃久（无尽），没身不殆（天地虽变，这个不变）。

上十六章。接上章"善为士者"。致虚静笃，复命归根，纯是神妙。若③向这里具眼，参学事毕。其或未然，更参末后。

---

① "其若容（致敬），涣兮"，《道藏》本漏缺。

② 静曰，《道藏》本作"是谓"。

③ 若，《道藏》本作"共"。

颂曰：达虚知^①妙本，静极见天心。

会得个中意，河沙总是金。

第十七章

太上（无上可上），**下知有之**（众所共知），**其次亲之誉之**（可亲、可誉，便不自然），**其次畏之**（知其畏敬），**其次侮之**（全无忌惮）。**信不足**（道难信），**有不信**（疑心重）。**犹其贵言**（轻诺^②寡信）。**功成名遂**（默而成之），**百姓皆谓^③我自然**（不知所自）。

上十七章。太上，谓无上可上，虽下愚皆知有此理，才可亲近。有美誉便不自然，畏之者犹其次也，侮之者失道远矣。天真丧失，不能返本，虽教之奚益？言愈多而愈不信，不若默而待之，无为而化之，使其自悟，自然返朴，不言而信也。以治道言之，太上以下不能无为，亲之、誉之，有言之教也。畏之者，刑禁也。侮之者，上失信也。上失信于民，则民不信。犹其贵言，不言之教也。不言之教，无为而成，刑不试而民自服也。至于功业成遂，还淳返朴，则亲、誉、畏、侮，俱忘矣。百姓安居乐俗，忘其所自，故曰"谓我自然"。

颂曰：太上元无上，常存日用间。

可怜无眼汉，刚道出函关。

第十八章

大道废，有仁义（太朴既散，仁义乃兴）；**智慧出，有大伪**（出，去声。智慧聪明，根尘业识）；**六亲不和，有孝子**（莫若常和）；**国家昏乱，有忠臣**（莫若常治）。

上十八章。接上章亲、誉、畏、侮之义，与其国乱显忠臣，何若无为民自化？

---

① 知，底本作"真"，校者据《道藏》本改。

② 诺，底本作"说"，校者据《道藏》本改。

③ 谓，底本、《道藏》本俱作"为"，校者据他本《老子》及注解中"谓我自然"句改。

颂曰：聪明迷大本，智慧丧天真。

无事常清静，逍遥快活人。

第十九章

绝圣弃智（无为），**民利百倍**（安静）；**绝仁弃义**（无心），**民复孝慈**（和顺）；**绝巧弃利**（无欲），**盗贼无有**（常足）。**此三者以为文，不足**（惟恐信不及），**故令有所属**（令，去声。属，音烛。老婆心切）。**见素抱朴**（无知，无识），**少私寡欲**（忘物，忘我）。

上十九章。发上章之蕴。圣智、仁义、巧利，一切弃绝，不复见用，则民从其化而返朴也。圣人惟恐后世学者，担[①]负不起，故属之以易简，曰"见素抱朴，少私寡欲"，易取于人也。

颂曰：莫纵三心乱，无令一念狂。

见闻知觉法，无复可思量。

第二十章

绝学无忧（心头无事）。**唯之与阿，相去几何**（唯，上声。不远）？**善之与恶，相去何若**（太[②]远）？**人之所畏，不可不畏**（善恶可畏），**荒兮其未央哉**（俗人恐学力未至，圣人恐损之未尽）。**众人熙熙，如享太牢，如登春台**（嗜欲无厌）。**我独怕兮其未兆，如婴儿之未孩**（怕，音泊。澹然无欲），**乘乘兮若无所归**（任运自然）。**众人皆有馀，而我独若遗**（贪务者常忧，忘机者常乐），**我愚人之心也哉，沌沌兮**（昏昏默默）。**俗人昭昭，我独若昏**（俗人见识于外，圣人藏明于内）；**俗人察察，我独闷闷**（闷，音门。俗人有分别，圣人无彼此）。**忽兮若晦**（晦，上声。不识不知），**漂兮若无所止**（无物，无执）。**众人皆有以，我独顽似鄙**（众人皆有能，圣人独无能）。**我独异于人**（不与万法为侣），**而贵食母**（贵在味道）。

---

① 担，底本作"持"，校者据《道藏》本改。

② 太，《道藏》本作"大"。

上二十章。绝学者，绝其所有也，故次之绝圣之①后。俗人务学于事，益其所闻，惟恐进学不精，故常忧。圣人弃绝所有，惟务于味道，如求食于母，守雌抱一而已，故无忧也。是谓"绝学无忧"。

颂曰：才言绝学，开口便错。

广识多知，转转不觉。

人间万事都忘却，犹落他家第二机。

第二十一章

孔德之容（无所不容），**惟道是从**（于法自在）。**道之为物**〇，**惟恍惟忽**（本然之天）。**忽兮恍，其中有象**（此天混然）；**恍兮忽，其中有物**（此天洞然）。**窈兮冥，其中有精**（此天常存）；**其精甚真**（纯一无伪），**其中有信**（活泼泼地）。**自古及今，其名不去**（去，羌吕切。历劫常存），**以阅众甫**（万物资始）。**吾何以知众甫之然哉？以此**〇。

上二十一章。上章云"我独异于人"，德之大也，故次之以"孔德之容"，言其广纳包容。所谓"道之为物"，果何物乎？有象、有物、有精，果有乎？若谓有，未具参学眼；若谓无，亦未具参学眼。毕竟作么会？咄！

颂曰：亘古一物，了无人识。

剔起眉毛，虚空露骨。

设若拟义②踌躇，照管当空霹雳。

第二十二章

曲则全（不材者寿），**枉则直**（屈己者伸），**洼则盈**（洼，乌瓜切。谦则受益），**弊则新**（晦则自明），**少则得**（知止常足），**多则惑**（事繁则乱），**是以圣人抱一，为天下式**（一能统众）。**不自见，故明**（弊则新）；**不自是，故彰**（洼则盈）；**不自伐，故有功**（枉则直）；**不自矜，故长**（曲则全）。**夫**

---

① 之，《道藏》本作"人"，似误刻。

② 义，《道藏》本作"议"。

惟不争（守柔），故天下莫能与之争（混而为一），古之所谓曲则全者，岂虚言哉（是真实语），诚全而归之（全其本然）。

上二十二章。曲全枉直，洼盈弊新，接上章"孔德"之义也。不自见以下，皆戒盈劝谦之义也。谦下故无争，无争则全其本然，抱元守一，复归无极也，故曰"诚全而归之"。

颂曰：莫管他人短，休矜自己长。

　　　　短长无二见，遍界不能藏。

第二十三章

希言自然（开口不在舌头上）。飘风不终朝（狂则不久），骤雨不终日（躁则不长）。孰为此者（是谁主宰）？天地（众所共知）。天地尚不能久（天地尚尔），而况人乎（不可躁暴）？故从事于道者（顺理合辙），道者同于道（一体同观），德者同于德（不生二①见），失者同于失（无有分别）。同于道者，道亦乐得之（我同于道，道亦同我）；同于德者，德亦乐得之（乐，音洛。上下并同。我同于德，德亦同我）；同于失者，失亦乐得之（我同于失，失亦同我）。信不足，有不信（我疑于物，物亦疑我）。

上二十三章。希言自然，接上章"不争"之义。谓不自见，是不言而善应。飘风骤雨，言妄动躁进，不久远之喻。从事于道者，和顺于道德，混同于事物，自然感通于物，物亦自然相应也。苟或言不合道，妄有作为，不能取信于人，反为人轻忽也。《易·系》云："言行，君子之枢机，荣辱之主也。可不慎乎！"

颂曰：道不异于人，人自以为异。

　　　　一佛一切佛，心是如来地。

第二十四章

跂者不立（跂，音伎。躁进无功），跨者不行（欲速不达）。自见者不明

---

① 二，《道藏》本作"一"。

（不能晦德），**自是者不彰**（不能谦下）；**自伐者无功**（不能克己），**自矜者不长**（不能含容）。**其于道也，曰余食赘行**（赘，朱芮切；行，去声。残饭，赘疣），**物或恶之**（恶，乌路切。众所不美），**故有道者不处**（达者反是）。

上二十四章。此章总证前三章。跂者不立，跨者不行，即飘风骤雨之谓也。自见、自是、自矜、自伐，浑是私意，私意确则害公，何可久也？故有道者不处。余食赘行，不美也。

颂曰：跂立元为妄，跨行本是狂。

假饶成得事，到底不如常。

第二十五章

有物混成（此天混然），**先天而生**（此天洞然）。**寂兮寥兮**（湛然常寂），**独立而不改**（超然独存），**周行而不殆**（运化无穷），**可以为天下母**（生育长养），**吾不知其名**（本无名唤），**字之曰道**（因物立名），**强为之名曰大**（强，上声。无有限量）。**大曰逝**（无有疆界），**逝曰远**（无有边际），**远曰反**（收拾归来）。**故道大**（太虚无体）、**天大**（法道）、**地大**（法天）、**王亦大**（法地）。**域中有四大**（更有大么），**王居其一焉**（三界独称尊）。**人法地**（无不载），**地法天**（无不容），**天法道**（无不周），**道法自然〇**。

上二十五章。接上章"有道不处"，于此发明处道之工夫也。"有物混成"以下一节，全首章"体道"之要。四大以下，纯是神妙，人只知域中有四大，殊不知自己一物更大。

颂曰：天地虽大，亦有败坏。

唯有这个，历劫常在。

圣而不可知之者，尽在如如不动中。

第二十六章

重为轻根（轻生于重），**静为躁君**（静主于动）。**是以君子终日行不离辎重**（不敢轻为），**虽有荣观，宴处超然**（常应常静）。**奈何万乘之主，而以身轻天下**（担荷不起）？**轻则失臣**（轻进失身），**躁则失君**（贪荣取辱）。

上二十六章。重者，不可轻忽也。轻则失臣，躁则失君，犹"跂者不立，跨者不行"之谓，亦飘风骤雨之喻。不离辎重，克负担荷也。宴处超然，转物也。明上章"法道"之义，总结二章"体道"之说，而续下章"善行"之要也。

颂曰：躁进那能久，轻为了不成。

　　　脚跟不点地，犹更涉途程。

第二十七章

善行无辙迹（辙，直列切。举步不在脚跟），善言无瑕谪（开口不在舌端）；善计不用筹策（一彻万融）；善闭无关键而不可开（全无缝罅）；善结无绳约而不可解（解，上声。全无系累）。是以圣人常善救人，故无弃人（修己安民）；常善救物，故无弃物（随机利物），是谓袭明（明了相续）。故善人，不善人之师（教人为善）；不善人，善人之资（警人返善）。不贵其师（无善可为），不爱其资（无过可改），虽智大迷（屏智如愚），是谓要妙（任运自然）。

上二十七章。尽前章之蕴，谨于言行，则无迹、无谪。心之计，其可算；心之闭，其可开；心之结，其可解。道心坚固如此，则无善、不善之分。师与资两忘，黜聪屏智，终日如愚。

颂曰：举步不在脚，善结非干手。

　　　摸著鼻孔尖，通身都是口。

　　　若能于此善参详，七七元来四十九。

第二十八章

知其雄，守其雌（不自大），为天下谿（万派归源）。为天下谿，常德不离（打成一片），复归于婴儿（炁全）。知其白，守其黑（不自见），为天下式（万法归一）。为天下式，常德不忒（准的不差），复归于无极（神全）。知其荣，守其辱（不自贵），为天下谷（万有归空）。为天下谷，常德乃足（湛然圆满），复归于朴（朴，音扑。性全）。朴散则为器（施之于物），圣人用之，以为官长（设教化人），故大制不割（不言之教）。

上二十八章。守雌、守黑、守辱，不见自己之明，接上章"虽智大迷"之义。婴儿、太极、太朴，天下之大本，惟守雌抱一，则能返本。治国以此，不假裁制，民自淳而物自朴也。

颂曰：白里存乎黑，雄中抱一雌。

绵绵功不间，男解养婴儿。

第二十九章

将欲取天下而为之者（错），吾见其不得已（已，音以。利御寇，不利为寇）。天下神器，不可为也（动着祸生）。为者败之（贪他底，着他底），执者失之（讨便宜，落便宜）。凡物（一切有相）或行或随，或煦或吹，或强或羸，或载或隳（有此便有彼，切忌随他去）。是以圣人去甚（去，上声。无为），去奢（无欲），去泰（无执）。

上二十九章。无为则无事，有为便有事。执者失，为者败，有为之戒也。强、羸、载、隳，互相倚伏，如影随形，才有成，便有败。是以圣人去贪甚，去奢侈，去骄泰，深戒后世。

颂曰：行随煦吹，强羸载隳。

中间主宰，不知是谁。

着衣吃饭寻常事，何须特地却生疑？

第三十章

以道佐人主者（无为），不以兵强天下（以慈卫之）。其事好还（还，音旋。善恶皆报），师之所处，荆棘生焉（心兵起处，灵地荒芜），大军之后，必有凶年（魔军驰骋，精炁耗散）。故善者果而已（已，音以。有断则生），不敢以取强（以柔待之）。果而勿矜（去甚），果而勿伐（去奢），果而勿骄（去泰），果而不得已（颠沛，必于是），是果而勿强（放倒刹竿）。物壮则老（兵强则不胜），是谓不道（错），不道早已（永失真道）。

上三十章。接上章"去奢泰"之义。以道佐人主者，不尚兵武，善恶皆有报，戒后世①有国、有家者，守雌抱一，勇于不敢，至于不得已，亦不敢取强。故曰"善者果而已"。

颂曰：莫纵三心乱，常教志帅安。

忽然逢野战，一箭定天山。

第三十一章

夫佳兵，不祥之器（大兵之后，必有凶年），**物或恶之**（恶，乌路切。师之所处，荆棘生焉），**故有道者不处**（处，上声。心兵不起）。君子居则贵左（主柔），用兵则贵右（主刚）。兵者不祥之器（武以讨判），非君子之器（君子常治），不得已而用之，**恬澹为上**（以慈卫之）。胜而不美（不得已），**而美之者**（要功也），是乐杀人（乐，五教切。肆其刚勇）。夫乐杀人者（为之种祸），**不可得志于天下**（造物不容）。吉事尚左（主生），凶事尚右（主杀）。偏将军居左（尚柔），上将军居右（尚刚），言以丧礼处之（不祥之器）。**杀人众多**（不得已），悲哀泣之（一曰慈），**战胜以丧礼处之**（如丧考妣）。

上三十一章。不以兵强天下，故次之以"兵者不祥之器"。圣人于此深戒，万世之下，有国之君，以无为清静治化，自然家国咸宁。虽有甲兵，无所陈之，永无争夺之患也。

颂曰：默默清玄境，澄澄养太和。

倒携三昧剑，顺化五阴魔。

第三十二章

道常无名（虚无自然）。朴虽小（至微），天下不敢臣（至尊）。侯王若能守（抱一），万物将自宾（无不服）。天地相合（惟德是辅），以降甘露（和气所致），民莫之令而自均（令，去声。自然和平）。始制有名（立法制度），名亦既有（示之好恶），夫亦将知止（使之知禁），知止所以不殆（知

---

① 世，底本作"出"，校者据《道藏》本改。

足，故常乐）。**譬道之在天下**（止于至善），**犹川谷之于江海**（止于卑下）。

上三十二章。上章云"有道者不处"，此云"道常无名"。"朴虽小，天下不敢臣"，发明有道者所处之要也。有道之士，外处卑下，内抱一真，万物自然化，天理自然合，神变无穷。

颂曰：会得无名朴，方能纵复收。

便将大千界，撮在一毫头。

第三十三章

知人者智（见于外），**自知者明**（见于内）。**胜人者有力**（勇于敢），**自胜者强**（勇于不敢）。**知足者富**（贫亦乐），**强行者有志**（始终不殆），**不失其所守者久**（志力愈坚，命基愈固），**死而不亡**①**者寿**（寿，上声。真一常存）。

上三十三章。知人、胜人，明于外也；自知、自胜，存于内也。证前三章用武之戒也。知足者，贫亦乐；力行者，无不见；固守者，无危殆；内明者，出生死；死而不亡者，真一常存。

颂曰：见物不见性，知人不自知。

个般无学辈，犹道得便宜。

第三十四章

大道泛兮（广大悉备），**其可左右**（无限量）。**万物恃之以生而不辞**（所过者化），**功成不名有**（所存者神）。**爱养万物而不为主**（忘其所自），**常无欲**（寂然不动），**可名于小**（芥子纳须弥）；**万物归之而不为主**（任运自然），**可名于大**（须弥纳芥子）。**是以圣人其终不为大**（芥子里藏身），**故能成其大**（不可称量）。

上三十四章。"大道泛兮"，谓极广大尽精微，靡所不备也。"万物恃之以生而不辞"以下，接上章"不失其所守者久"之义也。以之治国，则不失

---

① 亡，底本作"忘"，校者据《道藏》本和通行本《道德经》改。

其所守；以之修己，则死而不亡，故曰"其可左右"。

颂曰：大道诚难测，虚空不可量。

寥寥成一片，何处是封疆。

第三十五章

执大象（象，上声。视之不见），**天下往**（万民服）。**往而不害**（万物遂），**安平泰**（万化安）。**乐与饵**（乐，音药。声味俱美），**过客止**（客过则止）。**道之出口，淡乎其无味**（出，去声。无声无臭），**视之不足见**（大象无形），**听之不足闻**（大音希声），**用之不可既**（道隐无名，用之无尽）。

上三十五章。上章末后句云"故能成其大"，故次之以"执大象，天下往"，谓全其无象，民物移，心归往也。乐与饵，声味俱美。丧其无象，安能久乎？道之出口，无味、无象、无声、无色，以其无体，故应用无尽。

颂曰：泥牛喘月，木马嘶风。

观之似有，觅又无踪。

清庵拄杖子，画断妙高峰。

第三十六章

将欲歙之，必固张之（固张必歙）；**将欲弱之，必固强之**（固强必弱）；**将欲废之，必固兴之**（固兴必废）；**将欲夺之，必固与之**（固与必夺）。**是谓微明**（几微先兆）。**柔弱胜刚强**（柔弱常和，用刚必败）。**鱼不可脱于渊**（人安可离于道），**国之利器不可以示人**（有利则有害）。

上三十六章。执大象，则能见事之几微。才见固张，便知将歙。未萌先兆，未举先知，非天下之微明，其孰能及此？学道之士，存其无象，守其至柔，与物无竞，则自然知几。苟用刚暴，尚权谋智术，求其胜物，非道也哉！比如鱼本水中物，求异群鱼，欲脱于渊，可乎？既不可，则人亦不可尚权。尚权者，反常也，如鱼离渊必死。国之利器，不可示人，即孔子所谓："可与立，不可与权"，同一义。圣人用权，反常合道，尚不可轻为，而况常人乎？可不戒哉？

颂曰：眼若流星，机如掣电。

瞻之在前，忽然不见。

十方通塞中，光明无不遍。

第三十七章

道常无为，而无不为（寂然不动，感通天下之故）。侯王若能守，万物将自化（上以风化下）。化而欲作，吾将镇之以无名之朴（作，做入声。我无欲，而民自朴）。无名之朴，亦将不欲（我好静，而民自正）。不欲以静（使夫知者不敢为），天下将自正（为无为，则无不治）。

上三十七章。真常之道本无为，有为即非常道，接上章"微明"之义。天地无为，万物生成；圣人无为，万民安泰。以修炼言之，都无作为，于安静之时，存其无象，毫发之动，便要先觉，既觉便以无名朴镇之。朴本无形，又曰无名，谓空也。道无为，朴无名，心无欲，则自然复静也。静之又静，天下将自正。

颂曰：有作皆为幻，无为又落空。

两途俱不涉，当处阐宗风。

《道德会元》卷下

都梁清庵莹蟾子李道纯元素　述

第三十八章

上德不德（不尚己德），是以有德（其德愈大）；下德不失德（执著己德），是以无德（其德愈失）。上德无为，而无以为（寂然不动，感而遂通）；下德为之，而有以为（以德求感，有所作为）。上仁为之，而无以为（施仁及物，本无作为）；上义为之，而有以为（以义接物，有所作为）。上礼为之，而莫之应（以礼齐物，终不能齐），攘臂而仍之（攘，如羊切。力挽之愈不齐）。故失道而后德（近道），失德而后仁（近德），失仁而后义（近仁），失义而后礼（近义）。夫礼者（不淳），忠信之薄（不厚），乱之首也（不齐）。前识者，道之华（求奇不实），愚之始也（失道）。是以大丈夫处其厚，不处其薄（尚质实，不求识）；居其实，不居其华（尚诚实，不尚礼）。故去彼取此（去，羌吕切。舍妄从真）。

上三十八章。上章云"道常无为"，故次之以"上德不德"。上德无为，故合道；下德有为，不合道。仁义犹近德，可为进道之阶。礼者，纯是作为，多不实，以礼齐物，物转不齐。盖有为，终有失也。执之不失，亦可渐入佳境。自仁义而反德，自德而反道，直造无为也。前识者，智识也。智识者，失道之始，故曰"道之华"，有道者不处。

颂曰：未得超三界，如何出五常。

五常归罔象，独步谒虚皇。

第三十九章

昔之得一者（得一，万事毕）：天得一以清（湛然常寂），地得一以宁

（寂然不动），神得一以灵（混然成真），谷得一以盈（绰然有余），万物得一以生（自然发育），侯王得一以为天下贞（泰然安固）。其致之（一也），天无以清，将恐裂（星辰失度）；地无以宁，将恐发（山岳崩颓）；神无以灵，将恐歇（阴阳失节）；谷无以盈，将恐竭（闭塞不通）；万物无以生，将恐灭（和气耗散）；侯王无以贞，贵高将恐蹶（家国危殆）。故贵以贱为本（一也），高以下为基（一也）。侯王自谓孤、寡、不毂（常抱其一），此其以贱为本也（一为万象主）。非乎（岂不然哉）？故致数车无车（数，音所。数我无我），不欲碌碌如玉，落落如石（贵贱两忘）。

上三十九章。上章云"去彼取此"，谓去其末而取其本也。本者何？一也。一者，天地之始，万物之母，大道之用，侯王若能守，万物自然归往也。自谓孤、寡、不毂，自卑升高，不忘本也。不欲碌碌如玉，落落如石，贵贱两忘，惟抱一也。数车之名件无一名车者，数我之一身无一名我者，毂辕合一则名车，四大合一则名我也。

颂曰：得一非为妙，还虚未是玄。

梦中知是梦，天外莫寻天。

第四十章

反者道之动（神一出，便收来），弱者道之用（专气致柔）。天下万物生于有（有名，万物之母），有生于无（无名，天地之始）。

上四十章。反者道之动，接上章"贵以贱为本"也。万物生于有，有生于无，即"数车无车"之说。只这有无相生之理，多少学人不知端的，且道如何是有无端的意？○看！

颂曰：有象非为有，无形未是无。

有无俱不立，犹是堕偏枯。

无有有无中得趣，方知胡子没髭须。

第四十一章

上士闻道，勤而行之（上士一决，一齐了）；中士闻道，若存若亡

（中下多闻，多不信）；**下士闻道，大笑之**（因何信不及？只为太分明），**不笑不足以为道**（大迷之下，必有大悟）。**故建言有之**（才开两片，露出肝肠）：**明道若昧**（含华隐曜），**进道若退**（瞻前顾后），**夷道若类**（和光同尘），**上德若谷**（虚以受人），**大白若辱**（卑以自牧），**广德若不足**（满而不溢），**建德若偷**（偷，音俞，叶渝。密而不露），**质真若渝**（应变无方），**大方无隅**（不露圭角），**大器晚成**（不有其功），**大音希声**（叩之即应），**大象无形**（莫见乎隐），**道隐无名**（莫显乎微）。**夫唯道，善贷且成**（忠恕而已）。

上四十一章。上章云"有无相生"，非高上之士不容无疑，故次之以"上士闻道"。夫道若昧、若退、若类、若偷、若渝，不可得而见闻，可笑之由。惟高上之士，禀性冲虚，故能超然直入，不言而信，无为而成之也。中人以下，未免半疑半信。下愚不肖者，不惟不信，又且笑而侮之也。善贷且成者，贷下士笑侮之过，而成上士勤行之功也。虽下愚不肖，一觉其初，便可反善，人之不善，何弃之有？

颂曰：至道元容易，人心自谓难。

中人犹拟议，下士转颠顸。

莫颠顸，星在秤兮物在盘。

第四十二章

道生一（虚无生一气），**一生二**（一气判阴阳），**二生三**（阴阳成三才），**三生万物**（三才生万类）。**万物负阴而抱阳**（成象于天，成形于地），**冲气以为和**（禀气于中和）。**人之所恶，惟孤、寡、不穀**（一、无偶，众人之所忌），**而王公以为称**（自谓孤、寡）。**故物**（一切有象）**或损之而益**（谦者受益），**或益之而损**（满者必覆）。**人之所教**（无非为善），**我亦教之**（我亦如是）。**强梁者不得其死**（强大者，死之徒），**吾将以为教父**（不善人，善人之资）。

上四十二章。一者，万物之母。人之所恶，谓一、无偶、孤、寡、不穀也。王公大人，不忘其本，以是自称。卑下，谦损也。谦损者，必受益；强大者，必招祸。圣人设此，戒人克己行谦，见不善而内自省也。

颂曰：好胜常逢敌，行谦久处安。

　　　　柔和为日用，处处玉京山。

第四十三章

天下之至柔，驰骋天下之至坚（软能蚀竖）。无有入无间（贯金透石），吾是以知无为之有益（谦损受益）。不言之教（默而信之），无为之益（无为而成之），天下希及之（知音者鲜）。

上四十三章。上章"孤、寡、不穀"，至谦也，故次之以"至柔"。谓柔弱胜刚强，损中有益，损之又损，以至无为，不言而可信，无为之益，世鲜及之。

颂曰：触来勿与竞，事过心清凉。

　　　　只这清凉境，乾坤不覆藏。

第四十四章

名与身孰亲（名高辱身）？身与货孰多（财多害己）？得与失孰病（得宠思辱）？是故甚爱必大费（贪他底，着他底），多藏必厚亡（讨便宜，落便宜）。知足不辱（足，止贪），知止不殆（畏，止祸），可以长久（知足常足）。

上四十四章。上章"无为之益"，谓有为则有损也，故次之以"名与身孰亲"。名货得失，皆有为也，终不长久。惟知足、知止，可以长久。

颂曰：世间一切有，到底不长久。

　　　　摄伏猕猴心，听取狮子吼。

　　　　若能运出家中宝，啼鸟山花一样春。

第四十五章

大成若缺，其用不弊（弊，叶韵，作弊。不自显，故无坏）。大盈若冲，其用不穷（不自满，故无尽）。大直若屈（直而不肆），大巧若拙（为而不恃），**大辨若讷**（光而不曜）。**躁胜寒**（躁暴者焚），**静胜热**（安静者凉），**清静为天下正**（人能常清静，天地悉皆归）。

上四十五章。上章"知足不辱"，故次之以"大成若缺"。德有余而为不足者寿，财有余而为不足者鄙。大成若缺，大盈若冲，至于若屈、若拙、若讷，皆德有余而为不足，用之无尽也，故为天下正。

颂曰：人情多聚散，世道有兴衰。

　　　　惟有真常在，古今无改移。

第四十六章

天下有道（情归①性），**却走马以粪**（意马闲，灵苗秀）。**天下无道**（性逐情），**戎马生于郊**（意马狂，心地荒）。**罪莫大于可欲**（取辱之由），**祸莫大于不知足**（陷身之端），**咎莫大于欲得**（杀身之本）。**故知足之足，常足**（知足者，贫亦乐）。

上四十六章。上章"清静为天下正"，故次之以"天下有道"。有道则清静，清静则天下正，天下正则罢兵事、务农事，故曰"却走马以粪"。无道则不清静，不清静则天下不正，天下不正则用威武征伐，故曰"戎马生于郊"。曰罪，曰祸，曰咎，皆欲心所致，故结句云"知足常足"。以修身言之，清静则欲心止，欲心止则意大定，故曰"却走马以粪"。不清静，欲心不止，欲心不止则意马狂，故曰"戎马生于郊"。

颂曰：不见可欲，使心不乱，

　　　　急走回来，救得一半。

　　　　天下本无事，人心自着忙。

第四十七章

不出户，知天下（反穷诸己）；**不窥牖，见天道**（回光返照）。**其出弥远，其知弥少**（外事有限）。**是以圣人不行而至**（不移一步到长安），**不见而**

---

① 归，《道藏》本作"逐"，似误。

名（不见一物即如来），**不为而成**（不动一毫成正觉）。

上四十七章。"不出户，知天下"，言有道之士，知内不知外，接上章之义。知内不知外，则无所不知；见内不见外，则无所不见。若只知外、见外，而忘其内者，知见浅狭矣。

颂曰：朝游南岳，暮宿苍梧。

倏忽千里，不曾离渠。

踏破铁鞋无觅处，得来全不费工夫。

第四十八章

为学日益（精进），**为道日损**（减损），**损之又损**（一切损尽），**以至无为**（无损可损），**无为而无不为**（无不克）。**取天下常以无事**（事向无心得），**及其有事**（有心便不得），**不足以取天下**（有为终有尽）。

上四十八章。"不出户，知天下"，内知也。其出弥远，外事也。故次之"为学日益"，言无学者，求其增益，为道者，事事减损。《易》云："山下有泽，损。君子以惩忿窒欲。"正谓此也。至于无忿可惩，无欲可损，以至无为，则万民化而天下归往也。苟或妄有作为，则民乱而难治，故曰"不足以取天下"。

颂曰：有学头头昧，无为事事差。

学为俱绝断，损益任从他。

莫笑我侬穷相态，从来贼不打贫家。

第四十九章

圣人无常心（任用无方），**以百姓心为心**（随机应感）。**善者，吾善之**（从而为善），**不善者，吾亦善之**（使之反善），**德善**（全其至善）。**信者，吾信之**（从而为信），**不信者，吾亦信之**（使之反信），**德信**（全其至信）。**圣人在天下**，**惵惵**（惵，音牒。兢兢业业），**为天下浑其心**（浑，平声。殊途同归），**百姓皆注其耳目**（容止可观，作事可法），**圣人皆孩之**（天下一家）。

上四十九章。上章云"无事取天下"，故次之以"圣人无常心"。所谓无常心者，随机应感，不逆民物之情，故百姓遵圣人之言，行圣人之行，从圣人之化，天下同一心也。

颂曰：信者从他信，善者从他善。

若能如是知，却成颠倒见。

颠倒见，三界十方成一片。

第五十章

出生入死（忿欲，生死之门）。生之徒（绝忿欲），十有三（水火济）；死之徒（纵忿欲），十有三（水火不济）；人之生（皆赖水火），动之死地（水火相违），亦十有三（水成数六，火成数七）。夫何故（忿欲使然）？以其生生之厚（忿欲不止，贪生无厌）。盖闻善摄生者（无忿欲），陆行不遇虎兕（兕，序姊切。内省不疚，何忧何惧），入军不被甲兵（心无罣碍，故无恐怖）。兕无所投其角，虎无所措其爪，兵无所容其刃（不厚其生，焉能有死）。夫何故（身非我有，死奈我何）？以其无死地（忘其生死）。

上五十章。柔弱，生之徒；强大，死之徒。柔弱者，则能惩忿欲；强大者，为忿欲所使。能惩忿则火降，窒欲则水升，水火既济则生，故曰"生之徒"。起忿则无明火炽，纵欲则苦海波翻，水火相违则死，故曰"死之徒"。强大者，贪生无厌；柔弱者，视死如归。既不以死为死，虎兕甲兵于我何害？以丹道言之，水火既济，圣胎凝矣。

颂曰：涅槃心易晓，差别智难明。

既无差别智，安有死和生？

第五十一章

道生之（元始祖气），德畜之（畜，凶，入声。化生诸天），物形之（在天成象），势成之（在地成形），是以万物（一切有象），莫不尊道而贵德（皆从道生）。道之尊，德之贵（越古超今），夫莫知爵而常自然（不言善应）。故道○生之畜之（神全）、长之育之（气全）、成之熟之（精全）、养之覆之（形全）。生而不有（忘机），为而不恃（忘情），长而不宰（忘物），是谓玄德（合道）。

上五十一章。善摄生者，以其无死地，故次之以"道生"之言。道本无形，因生育天地而形可见；道本无名，因长养万物而名可立。一切有相，受命于天，成形于地，禀气于中和，皆道之廕也。故万物莫不尊道而贵德。

颂曰：可道非常道，无为却有为。

为君明说破，众水总朝西。

夜来混沌颠落地，万象森罗总不知。

第五十二章

天下有始（无名，天地之始），以为天下母（有名，万物之母）。既知其母（知本），以知其子（便知末）。既知其子（知末），复归其母（及本），没身不殆（常在）。塞其兑（内境不出），闭其门（外境不入），终身不勤（不劳而治）。开其兑（内境出），济其事（外境入），终身不救（永失真道）。见小曰明（知几知微），守柔曰强（软能蚀坚）。用其光（物来斯照），复归其明（放去收来），无遗身殃（遗，音谓。切忌随他去），是谓袭常（直下承当）。

上五十二章。"道生之"，言道之始也，故次之"天下有始"。末后一句最极切，修真至士，当向这里具眼，莫教蹉过。

颂曰：不收不放，无上可上。

清静自然，本来模样。

更问第一义如何，向道有言皆是谤。

第五十三章

使我介然有所知（未举先觉），行于大道（无为），惟施是畏（识法者恐）。大道甚夷（坦平蓦直），而民好径（好，去声。行险以侥幸）。朝甚除（朝，音潮。事繁即乱），田甚芜（灵地荒芜），仓甚虚（灵地空竭）。服文采（贪），带利剑（嗔），厌饮食（痴），财货有余（欲心不止），是谓盗夸（三毒扰攘），非道也哉（错）！

上五十三章。上章云"袭常",谓密用常道也,故次之以"使我介然有所知"。有所知,则能直下承当而密用;若无所知,则不能密用。妄有作为,内为根尘所蔽,外被业识所眩,兼无明三毒为扰,非道也哉!

颂曰:弄巧成拙,多烦早老。

金玉满堂,焉能常保。

若于日用颠倒行,大地尘沙尽成宝。

第五十四章

善建者不拔(拔,音跋。根深),**善抱者不脱**(蒂固),**子孙祭祀不辍**(绵远)。**修之于身**(身修),**其德乃真**(全真);**修之于家**(家齐),**其德有馀**(宽裕);**修之于乡**(乡修),**其德乃长**(久远);**修之于国**(国治),**其德乃丰**(淳厚);**修之于天下**(天下平),**其德乃普**(道泰)。**故以身观身**(内有一尘,其德不真),**以家观家**(有一不顺,其德无余),**以乡观乡**(有一不化,其德不长),**以国观国**(有一不善,其德不丰),**以天下观天下**(有一小人,其德不普)。**吾何以知天下之然哉?以此**(反求诸己)。

上五十四章。上章云使"我介然有所知",有所知则道心坚固,不失其守,故次之以"善建者不拔"也。以之修身,观心察性,心定则身之修也。以之治国,观民察己,民化则国之治也。天下有一不善,则是自己政化不善也。《书》云:"百姓有过,在予一人。"此之谓也。反观诸己,心有一尘染着,则是我之性天未明也。

颂曰:观国非容易,观身意更深。

海枯终见底,人死不知心。

第五十五章

含德之厚(退藏于密),**比于赤子**(纯一不杂)。**毒虫不螫,猛兽不攫,玃鸟不搏**(螫,音释。攫、玃,并厥缚切。我忘于物,物亦忘我)。**骨弱筋柔而握固**(筋,音斤。神全),**未知牝牡之合而朘作**(朘,最,平声。精全），**精之至也**（自然）。**终日号而不嘎**①（号，平声。气全），**和之至也**（柔和）。**知和曰常**（此天混然），**知常曰明**（此天洞然），**益生曰**②**祥**（益则有损），**心使气曰强**（气动则刚）。**物壮则老**（刚则益折），**是谓不道**（错），**不道早已**（丧失天真）。

上五十五章。"善建者不拔"，德之厚也，故次之以"含德之厚，比于赤子"者，不失赤子之心也。赤子之心，纯一不杂，无害于物，物亦不能害。不知有男女之别，其峻亦作，精气所至也。虽作而无心，故能全其至精。终日号啼，其声不变，冲和所致也。修身以此，则能全其本然，是谓"含德之厚"。苟失其赤子之心，峻作而心动，天真丧也。赤子之心，既发便不自然，发而不远而知觉，亦可反常，故曰明。苟不知觉而纵其所欲，日增日盛，精气耗散，故曰"不祥"。血气既盛，又纵心而使之愈盛也。气血盛则形衰矣，是谓"不道"，不道则早已也。

颂曰：欲识混元面，先存赤子心。

此心常不昧，法体证黄金。

第五十六章

知者不言（默而成之），**言者不知**（口头三昧）。**塞其兑**（无言），**闭其门**（无见），**挫其锐**（无争），**解其纷**（无事），**和其光**（无我），**同其尘**（无人），**是谓玄同**（一以贯之）。**故不可得而亲**（忘情），**不可得而疏**（忘形），**不可得而利**（忘物），**不可得而害**（忘机），**不可得而贵**（忘有），**不可得而贱**（忘无），**故为天下贵**（一切忘尽，真常独存）。

上五十六章。"含德之厚"，则能缄默，故次之以"知者不言"，非不言也，无可得而说也。尹真人云："非道不可言，不可言即道。"正谓此也。予谓："多言获利，不若默而无害也。"噫！

颂曰：绝利终无害，无亲便不疏。

多言应有失，争似觜卢都③。

---

① 嘎，底本作"哑"，校者据《道藏》本改。

② "曰"，《道藏》本作"不"。底本篇首《正辞》作"益生不祥"，注中也作"不祥"。

③ 觜卢都，"觜"同"嘴"，概指噘着嘴，鼓着嘴，多言多语。

第五十七章

以正治国（不偏不倚），以奇用兵（无计无谋），以无事取天下（无为无执）。吾何以知其然哉？以此（性彻理融）。天下多忌讳，而民弥贫（利欲所惑）；民多利器，国家滋昏（奇货所眩）；人多伎巧，奇物滋起（末伎所迁）；法令滋彰，盗贼多有（法出奸生①）。故圣人云：我无为而民自化（不尚权谋），我好静而民自正（不用利器），我无事而民自富（不贵奇货），我无欲而民自朴（朴，蒲卜切。以正治国）。

上五十七章。上章云"知者不言"，得其正也，故次之"以正治国"也。多忌讳，多利器，多伎巧，多法令，皆不正也。上无忌讳则民裕，绝权谋则民化，薄税敛则民富，道之以德，则民朴。无为、无事、无欲、好静，皆正也。以此治国，则海晏河清；以此行道，道泰时亨；以此修身，气固神凝。一人正，万民皆正；一心正，万化皆正；一身正，万事皆正。正之义大矣哉！

颂曰：着意头头错，无为又落空。

　　　　自从心路绝，无日不春风。

第五十八章

其政闷闷（闷，音门。无为宽裕），其民淳淳（质朴有余）；其政察察（有为严谨），其民缺缺（缺，音轧。贪婪无足）。祸兮福所倚（畏祸则福必至），福兮祸所伏（忽福则祸必至）。孰知其极（祸福无门，惟人自召）？其无正耶（惟正可守）？正复为奇（恃正则为奇），善复为妖（矜善反②为妖）。民之迷（与道相反），其固日久（迷远不复）。是以圣人方而不割（方正其身，使心自化），廉而不秽（清廉其德，使民自化），直而不肆（梗直其行，使物自化），光而不曜（含畜其光，天下化成）。

上五十八章。上章无为无事，使民自化，宽大之治也。故次之以"其

① 生，《道藏》本作"上"，误刻。
② 反，《道藏》本作"则"。

政闷闷"，是谓上宽裕则民淳实，上多事则民昏暴。闷闷，宽也。察察，谨也。宽则得众，尽法无民。祸福相倚，正奇相待，善妖相反，理之然也，可不戒诸！修福不如远祸，用正不若闲邪。正虽为善，苟自矜为奇，德则反为妖。正之为正，斯不正已；善之为善，斯不善已。是以圣人方正其身，刑罚清而万民服。清廉其德，不恶而严；梗直其行，和而不流；清明在躬，虑其太察，自昭明德，故结句云："光而不曜"。学者洞此，长生久视之道得矣。

颂曰：倚善功难遂，矜奇事转迷。

　　　世间无限事，伶俐不如痴。

第五十九章

治人事天（存心养性），莫若啬（啬，音色。凡事从俭）。夫惟啬，是①谓早服（妙在机先），早服谓之重积德（含德之厚）。重积德则无不克（无所不至），无不克则莫知其极（广大悉备）。莫知其极，可以有国（天理在我）。有国之母，可以长久（生生不穷）。是谓深根固蒂（性海弥深，命基永固），长生久视之道（曷有终穷）。

上五十九章。接上章"其政闷闷"之义，治人事天，莫若从俭。以国言之，省刑罚，薄税敛；以身言之，省言语，节饮食；以心言之，省思虑，绝视听。尽其心，养其性，可以事天也。

颂曰：生事事生，省事事省。

　　　不省不生，断踪绝影。

　　　云在岭头闲不彻，水流涧下太忙生。

第六十章

治大国，若烹小鲜（扰之则糜）。以道莅天下（莅，音利。清静无为），其鬼不神（阴魔俛首）；非其鬼不神，其神不伤人（邪不干正）；非其神不伤人，圣人亦不伤人（大制不割）。夫两不相伤（形神俱妙），故德交归焉（道

---

① 是，《道藏》本作"夫"，误。

德感通）。

上六十章。以正治国，其政闷闷，治人事天，皆治大国之义。小鲜者，细小之鱼也。譬如烹鲜，扰之则糜，言治平天下，扰之则乱也。以无为正其心，以清静养其性，卑以自牧，则民心悦服，天下归往也。往而不害，天下和平，使刚暴无以施其能，鬼不神也。至于化暴从善，虽有强能而无害物之心，圣人亦不加刑于小人，上下以德相交，故两不相伤。以之修身，清静无为为本，则情欲绝而阴魔消散，形存寿永，精复神全，此长生久视之道也。

颂曰：本自见成，何须扭捏。

才着一毫，眼中着屑。

一句合头机，万载系驴橛。

第六十一章

大国者下流（上善若水），**天下之交**（众高附下），**天下之牝**（众刚附柔）。**牝常以静胜牡**（静为躁君），**以静为下**（众动附静）。**故大国以下小国，则取小国**（以大就小）；**小国以下大国，则取大国**（以小事大）。**或下以取**（小必归大），**或下而取**（大必纳小）。**大国不过欲兼畜人**（畜，凶，入声。谦卑接下），**小国不过欲入事人**（卑顺承上）。**夫两者**（上逊下顺）**各得其所欲**（各当其分），**故大者宜为下**（高以下为基）。

上六十一章。接上章"德交"之义。下流者，如水之卑下，则众水归之。柔胜刚，静胜动，圣人卑谦自牧，安静应物，则天下化成。上以下下下，下以下顺上，上逊下顺，德交归焉。修身以此，心愈下而道愈高，身愈退而德愈进，谦尊而光，卑而不可踰，故曰"大者宜为下"。

颂曰：大不做大，小不做小。

好笑好笑，当面讳了。

等闲伸出无为手，不动干戈定太平。

第六十二章

道者万物之奥（无所不容），**善人之宝**（至尊至贵），**不善人之所保**（皆赖道廑）。美言可以市（足以悦众），尊行可以加人（行，去声。足以出众）。人之不善（我亦善之），何弃之有（亦可使之反善），故立天子，置三公（作之君，作之师），虽有拱璧以先驷马（非宝非贵），不如坐进此道（道尊德贵）。古之所以贵此道者（善人之宝），不曰求以得（见成有底），有罪以免耶（不责于人）？故为天下贵（善贷且成）。

上六十二章。接上章之义。奥者，大也。宝者，贵也。保者，万物恃之以生也。虽下愚不肖者，未尝离也。举动应酬，无非此道，百姓日用而不知者，为尘识所昧。立天子，置三公，作之君，作教师，教化下民，使不善者从其化。拱璧驷马[①]不足为贵，不如坐进此道。修己以安百姓，先之以敬让而民不争，陈之以德义而民兴行，示之以好恶而民知禁，是以圣人常善救人，故无弃人。求则与之，有罪宥之，不责于人，有罪以免，故天下尊之也。

颂曰：终日忙忙走，回头便到家。

悟来无一事，不会乱如麻。

第六十三章

为无为（藏神于神），事无事（藏心于心），味无味（藏形于形）。大小多少（倒行逆施），抱怨以德（不责于人）。图难于其易（易，去声，下同。其脆易破），为大于其细（其微易散）。天下之难事，必作于易（从微至著）；天下之大事，必作于细（积小成大）。是以圣人终不为大（圣人不自圣），故能成其大（成圣在民）。夫轻诺必寡信（得之易，失之易），多易必多难（轻易难成）。是以圣人犹难之（不可轻示），故终无难（得之难，失之难）。

上六十三章。"为无为"，发上章万物之奥。为无为，无所不为；事无事，事事有成；味无味，其味幽长，此三者，道之奥也。大者小之，多者少之，怨以德报之，图难于易，为大于细，积小成大，从微至著。圣人功业大成，不自为大。天不自天，成天者物。圣不自圣，成圣者民。以其不自圣，故能成圣。为大必自细，升高必自卑，难事易成，易事难成，易事不

---

① 马，《道藏》本作"见"，误。

可轻示，轻则人忽之，故圣人犹难之。得之难，失之难，凡事不轻易，则终无难。

颂曰：说易非容易，言难却不难。

个中奇特处，北斗面南看。

第六十四章

其安易持（易，去声，下同。居安虑危），其未兆易谋（作事谋始）。其脆易破（图难于易），其微易散（图大于细）。为之于未有（防患于未然），治之于未乱（治之于未有）。合抱之木，生于毫末（从微至著）；九层之台，起于垒土（积小成大）；千里之行，始于足下（自近至远）。为者败之（贵在谨始），执者失之（谨则不失），是以圣人无为故无败（无不克），无执故无失（善抱不脱）。故民之从事（有所施设），常于几成而败之（不谨其始，焉得有终）。慎终如始，则无败事（初心不昧，焉得有败）。是以圣人欲不欲（欲人之不欲），不贵难得之货（转物）；学不学（学人之不学），复众人之所过（迁善），以辅万物之自然，而不敢为（识法者恐）。

上六十四章。接上章之义。其安易持，言作事谋始。修真志士，正心于思虑之先，抑情于感物之前，则心易正，情易绝。苟治事于已乱，远祸于已萌，不亦难乎？积小成大，不可救也。故《易》有"履霜坚冰"之戒。《传》[1]曰："臣弑其君，子弑其父，非一朝一夕之故，其所由来者渐矣，由辨之不早辨也。"《系》云："恶不积，不足以灭身。"又云："恶积而不可解，可不戒之哉？"苟有觉于已差之后，笃力而反，犹可复元。终不如未见形迹而解，不劳而复。故曰："其微易散，其未兆易谋也。"又云："为者败，执者失。"戒之犹切！圣人学人之不学，欲人之不欲，无执无为，终始如一，永无危殆。若向这里会得，凡事谨始，焉有败失？事之未萌，悉皆先兆，知则不为，为则不失。《复》初九[2]，以之尽此道者，其惟颜子乎？

---

[1] 《传》，此概指《周易》坤卦之《文言传》，引文即自《文言》。

[2] 《周易》复卦："初九，不远复，无祗悔，元吉。《象》曰：'不远之复，以修身也。'"

颂曰：差之毫厘，失之千里。

急走回来，犹落第二。

临崖马失收缰晚，船到江心补漏迟。

第六十五章

古之善为士者，非以明民（不识不知），将以愚之（其政闷闷）。民之难治，以其智多（其政察察）。以智治国，国之贼（道之以智，其民不足）；不以智治国，国之福（道之以德，其民有余）。此两者亦楷式（楷，口骇切。宽则得众，尽法无民）。常知楷式（舍短从长），是谓玄德（合道）。玄德深矣，远矣（愈探愈深，愈求愈远），与物反矣（不与万法为侣），然后乃至大顺（逆行顺化）。

上六十五章。其安易持，反善之速也。故次之善为士者，非以明民也。言无为宽大，治平天下，民之福也。有为严谨，宰制下民，国之贼也。民之难治，以其多事，是以圣人以无为、清静治国，使夫知者不敢为。虽与物反，久惯自然，民遂其生，获百倍之庆，天下治平，成大顺之化，尽此道者，是谓"玄德"。

颂曰：一切有为法，三千六百门。

从头都勘过，皆是弄精魂。

惟吾独抱无名朴，无限群魔倒赤幡。

第六十六章

江海所以为百谷王者（由其卑下），以其善下之（大国下流），故能为百谷王（异派同归）。是以圣人欲上民，以言下之（谦退）；欲先民，以身后之（克己）。是以圣人处上而民不重（民忘其劳），处前而民不害（民忘其死）。是以天下乐推而不厌（乐，音洛。以德服人，中心服）。以其不争（谦让也），故天下莫能与之争（天下和平）。

上六十六章。善为士者，卑以自牧，故次之以"江海为百谷王"，即"上善若水"之义。以言下民，民忘其劳；以身后民，民忘其死，皆道德感通也。修真志士，以卑自牧，则身修。

　　颂曰：上善若水，利物无穷。

　　　　　贯金透石，隔碍潜通。

　　　　　有意留人千里月，无心送客一帆风。

第六十七章

　　天下皆谓我道大（万物推尊），似不肖（当面讳了）。夫惟大（无可比拟），故似不肖（似个甚么）。若肖，久矣，其细也夫（才可比，便不大）！我有三宝（分文不值），保而持之（珍重珍重）：一曰慈（仁惠），二曰俭（节约），三曰不敢为天下先（谦退）。夫慈，故能勇（无不克）；俭，故能广（无不备）；不敢为天下先，故能成其器长（无不服）。今舍其慈且勇（刚暴也），舍其俭且广（贪欲也），舍其后且先（强梁也），死矣（死之徒）。夫慈（仁），以战则胜（仁人之兵不可敌），以守则固（仁则能守）。天将救之（惟德是辅），以慈卫之（天地大德曰生，圣人守位曰仁）。

　　上六十七章。身愈下而德愈高，江海所以能为百谷王，圣人则之，故天下皆推尊为大。不肖，言无可比也，又谦下之辞。慈忍、谦退、俭约、卑下，故似①不肖。流俗皆尚广大、强梁，血气之勇也。殊不知慈忍、谦退，极广大。"慈"之一字，战则胜，守则固，仁者无敌，真勇也。

　　颂曰：莫饮无明水，休生差别相。

　　　　　浮云散碧空，万里天一样。

第六十八章

　　善为士者不武（慈忍），善战者不怒（怒，音弩，叶武。柔和），善胜者不争（谦让），善用人者为下（卑逊）。是谓不争之德（至谦），是谓用人之力（至柔），是谓配天（至慈），古之极（合道）。

　　上六十八章。不武、不怒、不争，发上章"不肖"之义。不争之德，用

---

　　① 似，底本作"以"，从《道藏》本。

人之力，皆仁慈之谓，故曰"配天"。以此修身，则形存寿永也。

颂曰：不文不武，无得无失。

摸着鼻孔，通身汗出。

分明只在眼睛下，拟议之间隔万山。

第六十九章

用兵有言：吾不敢为主而为客（慈忍），不敢进寸而退尺（谦退）。是谓行无行（行，下音杭。不武），攘无臂（攘，如羊切。不怒），仍无敌（不争），执无兵（为下）。祸莫大于轻敌（勇于敢则杀），轻敌几丧吾宝（丧，去声。强梁者，死之徒）。故抗兵相加，哀者胜（仁人之兵，天下无敌）。

上六十九章。接上章"不武"之义。"行无行"以下，至于"哀者胜"，皆不怒无争之谓。

颂曰：好胜终须败，唯慈善守成。

不劳施寸刃，天下贺升平。

第七十章

吾言甚易知（慈忍而已），甚易行（俭约而已）。天下莫能知（信不及也），莫能行（力不及也）。言有宗（开口显道），事有君（举动见道）。夫惟无知（自昧了），是以不我知（见不明）。知我者希（孰是知音），则我者贵（孰肯承当），是以圣人被褐怀玉（内蕴道德，外行卑下）。

上七十章。前章云"哀者胜"，谓仁慈无敌，故次之以"甚易知，甚易行"。世人莫能知，莫能行者，信不及也。间有信之者，又不能行，力不及也。是以圣人被褐怀玉，含华隐耀也。

颂曰：至道不难知，人心自执迷。

疑团百杂碎，蓦直到曹溪。

秋月春花无限意，个中只许自家知。

第七十一章

知不知，上（真知）；不知知，病（妄知）。夫惟病病（惟恐有知），是以不病（终无妄知）。圣人不病（知如不知），以其病病（忘其所知），是以不病（无所不知）。

上七十一章。"知不知上"，接上章"吾言甚易知"。圣人无所不知，不自以为知，真知也。世人无所知，自以为知，妄知也，故曰病。若知妄知为病，而病其病，则妄知之病瘳矣。圣人所以不病者，以其病其多知，是以不病也。

颂曰：卖弄胡须赤，矜夸口鼓禅。

若能如是会，见性待驴年。

第七十二章

民不畏威（无忌惮），则大威至（自作自受）。无狭其所居（肆情纵意），无厌其所生（厌，平声。贪生无足）。夫惟不厌（错），是以不厌（更错）。是以圣人（反是）自知不自见（不肆其情），自爱不自贵（不厚其生），故去彼取此（去，羌吕切）。

上七十二章。上章云"不知知病"，不知为知，所以无忌惮也，故次之以"民不畏威"。世俗之人，不畏大威，无狭其居，无厌其生，尚广大而厚其生也。不知厌足，取祸之由，故曰"大威至"矣。有道者，反是。

颂曰：苦瓠连根苦，甜瓜彻蒂甜。

可怜贪欲者，知味不知厌。

第七十三章

勇于敢则杀（强梁者，死之徒），勇于不敢则活（柔弱者，生之徒）。知此两者，或利或害（有杀有活）。天之所恶（恶，乌路切。造物不容），孰知其故（知则不敢）？是以圣人犹难之（不敢轻示）。天之道，不争而善胜（不与物竞，物莫能胜），**不言而善应**（大音希声，扣之则应），**不召而自来**（寂然不动，感而遂通），**繟然而善谋**（繟，音阐。任运自然，无所不克）。**天网恢恢**（包罗无外），**疏而不失**（虽然①疏阔，物莫能逃）。

上七十三章。接上章"民不畏威"，言世人不畏公法，敢于好勇，杀身之本也。勇于不敢，终身无害。勇于敢，血气之勇也；勇于不敢，义理之勇也。

颂曰：敢勇常轻死，顽牛不畏鞭。

试看狂劣者，鼻孔几番穿。

第七十四章

民不畏死（肆情逐幻），**奈何以死惧之**（抱薪救火）？**若使民常畏死，而为奇者**（以情摄情），**吾得执而杀之**（不得放过），**孰敢**（谁肯）？**常有司杀者**（天不容奸）。**夫代司杀者杀**（不是当行家），**是谓代大匠斲**（事不干己）。**夫代大匠斲**（般门弄斧），**希有不伤其手矣**（自取其害）。

上七十四章。接上章"勇于敢"之义。民不畏死，是上之政化不善，民失其业也。民失其业，欲遂其生，故不畏死。又加之刑禁，使民畏死，则是致民于死地也。尽法无民，天之所恶，故圣人亦不容也。常有司杀，谓天不可欺也。代司杀者，谓掌刑罚之官也。代大匠斲，谓不当也。希有不伤其手，言用刑之极，有伤和气也。圣人于此，戒省刑罚之切也。

颂曰：虚空无声，墙壁有耳。

更问如何，劈胸便搥。

大地掀翻行正令，倚天长剑逼人寒。

第七十五章

民之饥（荒歉），**以其上食税之多**（厚敛则民饥，多欲则心荒），**是以饥**（常不足）。**民之难治**（纷乱），**以其上之有为**（事繁则乱），**是以难治**（常不

---

① 然，底本无，校者据《道藏》本补。

定）。民之轻死（亡^①命），以其求生之厚（贪欲无厌），是以轻死（不顾危亡）。夫惟无以生为者（不厚其生），是贤于贵生（不自生，故长生）。

上七十五章。接上章"民不畏死"义。民之饥，民之难治，盖由政教不正，民不遂其生，是以贪生而不顾危亡也。道之以刑则民暴，道之以德则民格，上好静则民乐，而从其化也。

颂曰：智慧皆为垢，聪明总是尘。

　　　　丝毫不挂念，性海自澄澄。

第七十六章

民之生也柔弱（一团和气），其死也坚强（和气散也）。万物草木之生也柔脆（和气全），其死也枯槁（和气绝）。故坚强者死之徒（刚暴，杀身之本），柔弱者生之徒（柔和，养生之要）。是以兵强则不胜（恃强则败），木强则栱^②（栱，音拱。木刚则折）。强大处下（沉沦之本），柔弱处上（处，上声，上同。升腾之象）。

上七十六章。接上章之义。上之政化不善，有伤和气，故天下多刚暴。以无为清静修己，足以挽回和气。民遂其生，乐其业，刑不试而万民悦服，何刚暴之有？是以修齐治平^③，皆以柔和为本。以丹道言之，和气存则水火交济，和气散则水火相违，故柔弱处上。

颂曰：柔弱未是善，刚强未是恶。

　　　　争如养太和，逍遥常快乐。

第七十七章

天之道，其犹张弓乎（称物平施）？高者抑之，低者举之（损上益下）；

---

① 亡，底本作"之"，当系字型近而误刻。《道藏》本作"忘"。

② 栱，底本作"拱"，校者据《道藏》本改。

③ 修齐治平，语出《大学》，"古之欲明明德于天下者，先治其国。欲治其国者，先齐其家。欲齐其家者，先修其身。欲修其身者，先正其心。欲正其心者，先诚其意。欲诚其意者，先致其知。致知在格物。物格而后知至，知至而后意诚，意诚而后心正，心正而后身修，身修而后家齐，家齐而后国治，国治而后天下平。自天子以至于庶人，壹是皆以修身为本。"

有馀者损之，不足者与之（衰多益寡）。天之道，损有馀而补不足（亏盈益谦）。人之道，则不然（反是），损不足以奉有馀（损人益己）。孰能以有馀奉天下（损己益人），唯有道者（效天）。是以圣人为而不恃（损），功成不居（损），其不欲见贤（见，音现。损之又损）。

上七十七章。接上章"强弱"之义，损有益无，天①道也。强大者必受损，柔弱者必受益。惟有道者，则天而行，损情益性，损多益寡，损己益人，损有余，益不足，损之又损，以至无为。

颂曰：益之常不足，损则却宽剩。

只这克己心，便是平等秤。

第七十八章

天下柔弱莫过于水（上善若水），而攻坚强者莫之能胜（棒打不开），其无以易之（无物可比）。柔胜刚（屈己者胜），弱胜强（软能蚀坚）。天下莫不知（众所共知），莫能行（担负不起）。是以圣人言（谛听）：受国之垢，能为社稷主（海纳百川）；受国之不祥，能为天下王（处众人之所恶）。正言若反（与物相反）。

上七十八章。接上章"损益"之义。至卑、至弱，莫过于水，破堤决岸，莫之能御，以此可见柔胜刚，弱胜强也。天下人皆知而不能行，何哉？不肯卑下故也。众人所恶，垢与不祥，惟有道者，则能受之。

颂曰：弱者从他弱，强者任他强。

休生分别相，识取法中王。

但观浩淼无穷水，几处随圆几处方。

第七十九章

和大怨，必有馀怨（施恩成怨）。安可以为善（错）？是以圣人执左契（契，音契，下同。叶彻。诚信及物），不责于人（克己）。故有德司契（性静

---

① 天，《道藏》本作"大"，似不确。

情逸），**无德司彻**（心动神疲）。**天道无私**（至公），**常与圣人**（惟道是从）。

上七十九章。接上章"刚柔"之义。以恩和怨，怨虽解，而心尚存，安可为善？不如责己，恩怨两忘，则民心自然感德而契之也。大德之人则司契，下德之人司彻。明彻者，通也。只知通为明断，殊不知尽法无民矣，安可为善？司契者，存诚信，与民心契也。

颂曰：明断伤和气，施恩惹祸殃。

　　　　不如司左契，恩怨两相忘。

第八十章

小国寡民（不贪），**使有什伯之器而不用**（不尚贤），**使民重死而不远徙**（安分）。**虽有舟车，无所乘之**（不动）；**虽有甲兵，无所陈之**（不争）。**使民复结绳而用之**（反朴）。**甘其食**（忘味），**美其服**（忘形），**安其居**（忘动），**乐其俗**（乐，音洛。忘忧）。**邻国相望**（望，平声。对境无心），**鸡犬之声相闻**（外境不入，内境不出），**民至老死**（终身在道），**不相往来**（忘其彼此）。

上八十章。上章云"执左契"，谓以道感民，则自然契合，无争夺也。故次之以"小国寡民"，言知足而不贪也。国虽小，民虽寡，自以为足，使有才能者不得见用，则民自然无知无欲，不迁不变，无争无竞，安守常分，服食兴居，常乐于道，邻国彼此无犯，永无争夺也。

颂曰：无为境界，能小能大。

　　　　放去收来，廓然无碍。

　　　　本来面目现堂堂，世界坏时渠不坏。

第八十一章

信言不美（良药苦口），**美言不信**（口头三昧）。**善者不辩**（无分别相），**辩者不善**（妄生差别）。**知者不博**（头头总是），**博者不知**（物物有碍）。**圣人不积**（不增不减），**既以为人，己愈有**（用之不尽）；**既以与人，己愈多**（普济无穷）。**天之道**（生生不已），**利而无害**（无所不利）；**圣人之道**（则天而行），**为而不争**（慈忍俭约）。

上八十一章。信言不美，忠言逆耳也。美言不信，巧言令色也。真实之言淡薄，虚妄之言华饰。善为道者无分别，故不辩。善辩者，致争之由，故曰"不善"。真知者，光而不耀，故曰"不博"。广博者，明见于外，故曰"不知"。圣人损其所有，爱养万物不为主，故曰"不积"。养其无象，象故常存；守其无体，体故全真。视之不足见，听之不足闻，用之不可既，故曰："为人愈有，与人愈多。"天地大德曰生，故曰"利而无害"。圣人守位曰仁，故曰"为而不争"。

只这末后一章，总发前八十章之蕴也。经云："可道，非常道；可名，非常名。"不言之教，无为之益，希言自然，淡乎无味，进道若退，明道若昧，广德若不足，大白若辱，曰希曰夷，惟恍惟惚，大音希声，大器晚成，正言若反。已上等语，虽不美听，其中有信，故曰"信言不美"。

可道，可名，可见，可闻，持而盈之，揣而锐之，金玉满堂，善之为善，美之为美，乐之与饵，声味俱美。已上等语，虽美于听，终不实也，故曰"美言不信"。

若讷，若拙，若愚，若朴，若屈，若昏，不尚己贤，不贵奇货，俨兮若客，敦兮若朴，旷兮若谷，浑兮若浊，知白守黑，知荣守辱，不自见，不自是，不自矜，不自伐。已上，皆"不辩之善"也。

尚奇务货，自高、自大、自见、自是、自矜、自伐，勇于敢，嗜于欲，不畏威，不畏死，不知足，不知止，强知、前识、昭昭、察察。已上，皆"不善之辩"也。

不出户，知天下；不窥牖，见天道；塞其兑，闭其门；挫其锐，解其纷；和其光，同其尘；不言而信，不见而名，无为而成。已上，皆"知者不博"之谓也。

知物、知人、知事、知外，无狭其所居，无厌其所生，开其兑，济其事，舍俭且广，舍后且先，不知为知，皆是妄知。已上，皆"博者不知"之义也。

为而不恃，长而不宰，功成不居，绝圣弃智，绝仁弃义，绝巧弃利，少私寡欲，见素抱朴，损之又损，以至无为、去甚、去奢，去泰，无知、无事、无欲。已上，皆"不积"之义也。

至于曲全、枉直、洼盈、弊新，万物归之，万民化之，天地合之，广施博济，不穷不弊，不殆不勤，用之不可既，此"为人愈有，与人愈多"之义也。

天之道，生成运化，利①物平施，生之畜之，长之育之，成之熟之，养之覆之，无所不利，至公无私，惟德是辅，不言善应，不召自来，高者抑之，低者举之，有余者损之，不足者与之，一切有情，无不覆焘，此"利而无害"也。

圣人之道，守雌抱一，处柔行谦，和光同尘，后己先人，同于道，同于德，同于失，方而不割，直而不肆，光而不耀，不责于人，善贷且成，善者善之，不善者亦善之，小国寡民，自以为足，使民反朴，忘其彼此，民至老死，不相往来，皆"不争"之义也。

只这"不争"二字，八十章之要也。若是信得及底，把这"不争"二字为日用，久久纯熟，则自然造混元之境，真常之道，至是尽矣。象帝之先，明妙本得矣。且道"不争"二字，作么会？咦！放倒门前利竿著。

颂曰：争之常不足，让之则有余。

　　　　无争功不间，万化悉归渠。

---

① 利，《道藏》本作"称"，误。

第二篇

太上老君说常清静经注

都梁参学清庵莹蟾子李道纯　注

老君曰：大道无形，生育天地；大道无情，运行日月；大道无名，长养万物。吾不知其名，强名曰道。

才言可道，即非常道；既不可道，何以名道？咦！只这"道"之一字，已道了也。视之不足见，听之不足闻，抟之不可得，用之不可既。惟惚惟恍，不属声闻；曰希曰夷，无有定体。若作声闻会，不足以成道①；若作定体求，不足以应变。道虽无形，因天地生育，其形可见；道虽无情，推日月运行，其情可察；道虽无名，穷万物长养，其名可立。《易·系》云："在天成象，在地成形，变化见矣。"非道之形乎？又曰："鼓之以雷霆，润之以风雨。日月运行，一寒一暑。"非道之情乎？又曰："乾道成男，坤道成女。"非道之名乎？道本无名，圣人强立名"道"者，通天下万变，归天下之殊途，坦平蟊直，大路之谓也。

夫道者，有清有浊，有动有静。天清地浊，天动地静。男清女浊，男动女静。降本流末，而生万物。清者浊之源，动者静之基。人能常清静，天地悉皆归。

鸿濛未判，动静之理已存；清浊既分，动静之机始发。清而升者，曰

---

① 道，底本无，校者补。

天；浊而降者，曰地。天地一阖辟、一阴阳，互动互静，机缄不已，四时成焉，百物生焉。天地之性人为贵，人于物之最灵。男法天，女法地，男清女浊，即天地升降也。男动女静，即天地阖辟也。天地絪缊，万物化生，降本流末，生生化化，而无有休息。太上始言无形、无情、无名，天地之始。次言有动、有静，谓有名，万物之母也。若复有人知此两者，同出异名，则知清浊本一，动静不二。流虽浊而其源常清，用虽动而其体常静。清静久久，神与道俱，与天地为一。

夫人神好清，而心扰之；人心好静，而欲牵之。常能遣其欲，而心自静；澄其心，而神自清。自然六欲不生，三毒消灭。

有道之士，常以道制欲，不以欲制道。以道制欲，神所以清，心所以静。至道与神炁，混混沦沦，周乎三才，万物应变而无穷，至广大，尽精微矣。苟以欲制道，失道者也。失道之士，欲心一萌，无所不至，权利牵于外，念虑煎于内，心为物转，神为心役。心神既不清静，道安在哉？常能制欲，则归心不动；归心不动，则自然澄澄湛湛，绝点翳纯清，复其本然，清静之大矣，何欲之有？《易传》云："山下有泽，损，君子以惩忿窒欲。"其斯之谓欤？

所以不能者，为心未澄，欲未遣也。能遣之者，内观其心，心无其心；外观其形，形无其形；远观其物，物无其物。三者既悟，惟见于空。

太上云："清静为天下正。"所谓正者，至公无私也。惟天理之至公，为能胜人欲之至私。世人所以不能造道者，非不能也，为物欲之所眩也。绝欲之要，必先忘物我。忘物我者，内忘其心，外忘其形，远忘其物。三者既忘，复全天理，是名大，即"艮止"之义也。《易》云："艮其背，不获其身；行其庭，不见其人。无咎。"艮其背，即"内观其心，心无其心"也；不获其身，即"外观其形，形无其形"也；行其庭，不见其人，即"远观其物，物无其物"也。无咎，即无欲也。太上云："咎莫大于欲得"，即此义也。至于物欲见空，则清静之天复矣。

观空亦空，空无所空；所空既无，无无亦无；无无既无，湛然常寂；寂

无所寂，欲岂能生？欲既不生，即是真静。真常应物，真常得性。常应常静，常清静矣。

攸攸万事不是空，一以贯之，终归元物，此遣欲之要也。以空遣欲，欲既不生，和空亦无。空既无矣，无亦无也。无无既无，湛然寂然。湛寂亦无，是名真静。湛然常寂者，凝神入空寂也。寂无所寂者，融神出空寂也。所谓真静，非不动也。若以不动为静，则是有定体也。有定体则不足以应变，所以真常应物，真常得性者，动而应物，而真体不动也。作如是见者，常应常静，常清静矣。

如此清静，渐入真道。既入真道，名为得道。虽名得道，实无所得，为化众生，名为得道。能悟之者，可传圣道。

寂然不动为体，德感而遂通为用，是名真静。至于体用一源，显微无间，真常之道得矣。"得"之一字，亦是强名。若谓实有所得，则不足以为道。圣人惟恐世人不知"有无相生"之理，落断常邪见，故以得道，委曲成全，使其积渐而至顿成也。至于嘿①而成之，不言而信，圣道可造也。所谓传者，不传之传也。圣道者，圣而不可知之之谓也。

老君曰：上士无争，下士好争；上德不德，下德执德。执著之者，不名道德。

遵儒书不争之言，行释经无争之行。此一法出于无法，洞观冥契，是名上士也。下士则不然，下士之心好胜，常自满自见，是自矜伐，致争之由也。才有微善，执为己德，吾必谓之无也。上士返是，上士晦德以谦，自牧不自见，是不自矜伐。夫惟不争，故天下莫能与之争。太上所谓："上德不德，是以有德"，即此义也。执著之者，德尚不明，何以明道哉？

众生所以不得真道者，为有妄心。既有妄心，即惊其神；既惊其神，即著万物；既著万物，即生贪求；既生贪求，即是烦恼；烦恼妄想，忧苦身心，便遭浊辱，流浪生死，常沉苦海，永失真道。

---

① 嘿，即"默"字。

下士好争，执德为有，妄心所以然也。古德云："常灭妄心，不灭照心。"一切不止之心，皆妄心也；一切不动之心，皆照心也。妄想一萌邪正分，枢机一发荣辱判，可不勉哉？妄心不止，生种种差别因缘，至于涉秽途，触祸机，落阴趣，未有不始于妄心也。学道之士，固当谨始。始若不谨，焉得有终？妄念始萌，不自知觉，神为心役，心为物牵，纵三尸之炽盛，为六欲之扰攘，岂得不著物耶？著物之故，贪求心生；既生贪求，即是烦恼。妄想种种相缘，无由解脱。至于忧苦身心，便遭浊辱，流浪生死，常沉苦海，永失真道，良可悲哉！所以妄想之心，轮回之根本也。众生所以不得真道者，为妄想心不灭，所以然也。

真常之道，悟者自得。得悟道者，常清静矣。

见在此身，亦从妄想中来。身生而后有情缘，情缘而后有忧苦，妄增缘起，直入轮回，前无始而后无终者，举世皆然。惟悟道者，照心常存，照破种种缘相，皆是妄幻，勿令染著。照心既存，妄心无能为也。久久纯熟，决定证清静身，作是见者，真常之道得矣。所谓照心者，即天心也。真常者，即无妄也。了悟此心，则有妄之心复矣，无妄之道成矣。无妄，所以次复也。《易》曰："复其见天地之心乎？"到这里纤芥幽微，悉皆先照。至于如如不动，了了常知，至觉至灵，常清常静，真常之道，至是尽矣，圣人之能事毕矣！

第三篇

太上大通经注

都梁参学清庵莹蟾子李道纯　注

太上，谓无上可上；大通，谓无所不通；经，谓登真之径路，众所通行之道也。

首章，云无形无体，谓真空妙理，最上一乘之妙也，即"太上"之义。

次章，云如空无相，谓四通八达，无所窒碍，即"大通"之义也。

下章，云无相无为、广无边际，谓大道至广至大、至妙无穷，日用之间，头头显露，此所以为"经"也。

真空章 ①

先天而生（显诸仁），生而无形（藏诸用）；后天而存（所存者神），存而无体（神无方，易无体）。然而无体（阴阳不测），未尝存也（运化不息）。故曰：不可思议（妙用无穷）。

上真空一章，原道之始也。子曰："天何言哉？四时行焉，百物生焉。"即"先天而生，生而无形"之义也。《中庸》曰："视之而不见，听之而不闻，体物而不可遗。"即"后天而存，存而无体"之义也。然而元体故运化生成，而无穷也。非穷理尽性者，其孰能与于此！故授之以《玄理章》。

---

① 章题，校者所补，下同。

玄理章

静为之性（寂然不动），**心在其中矣**（感而遂通）。**动为之心**（见物便见心），**性在其中矣**（无物心不见）。**心生性灭**（心生种种法生），**心灭性现**（心灭种种法灭）。**如空无相**（大象无形），**湛然圆满**（道上欲下）。

上玄理章，原性之元也。《中庸》曰："喜怒哀乐未发之谓中。中也者，天下之大本也。"即"静为之性"之义。又曰："发而皆中节谓之和。和也者，天下之达道也。"即"动为之心"之义。性本静，非心则不见；心本静，非动即不见。因物见心，潜心见性，性寂知天，是谓通也。苟或心随物转，性所以忘也，故曰"心生性灭"。设若潜心入寂，性所以现也，故曰"心灭性现"。盖性如虚空，动与不动当寂，见与不见常明，一切物来相扰，如片云点虚空相似，太清还受点也无，既不受点则湛然圆满，我之性天，亦复如是。

玄妙章

大道无相，故内其摄于有（养其无象，象故常存）；**真性无为，故外不生其心**（无所用心，心故常存）。**如如自然，广无边际**（无为则无不通）。**对境忘境，不沉于六贼之魔**（我不逐境，境无干我）；**居尘出尘，不落万缘之化**（我不立尘，尘不染我）。**致静不动**（大定），**致和不迁**（大慧），**慧照十方**（大明），**虚变无为**（大通）。

上玄妙章，明道之理也，故次之以玄理章。《洞古经》云："养其无象，象故常存。"即"大道无相"之义。孟子曰："无为其无所不为。"即"真性无为"之义。内无相，则如如自然；外无为，则广大悉备。祖师谓："丹田有宝休问道，对境无心莫问禅。"即此义也。对境忘境，何魔之有？居尘出尘，何缘之有？缘息则性静，魔息则心和，致静则不动，致和则不迁，二理兼持，则圆明普照，神变无方也。

颂曰：有法悟无法（心随法生，法随心灭），**无修解有修**（性本无修，修即非性），**包含万象体**（心空性寂，无所不容），**不挂一丝头**（才染一尘，即成渗漏）。

上颂，言其体用也。体之则无，用之则有。所以自有法顿悟无法，因无修勘破有修。至于有无不立，心法双忘，体同太虚，包罗无外，大道之理，至是而尽矣。

第四篇

无上赤文洞古真经注

都梁参学清庵莹蟾子李道纯　注

无上

只这两个字，一经之义尽矣。首章云不动、无为，次章云溟目、忘耳，下章云无象、无体，都是这个题目。虽然，却不可作有无会，亦不可作无无会，无中不无，方是真无，学者要识这个真无。当知体象是幻垢，色声是根尘。外空色声，内空体象，内外俱空，真一常存，岂非不无中无乎？太上云："空无所空，所空既无，无无亦无，无无既无，湛然常寂。"《易・系》云："易无思也，无为也。寂然不动，感而遂通。"川老云："有象有求皆是妄，无形无象堕偏枯。堂堂真体何曾问，一道寒光烁太虚。"以此观之，三教先师皆以真无发明后学，使学者向不动中动，无为中为。内忘形体，外忘声色，养其无象，守其无体，全其本真，超出虚无之外，是谓最上一乘，无上可上也，故曰"无上"。

赤文

赤者，虚无空炁也。文者，焕然普照也。释氏以赤身为空身，以赤手为空手，以赤地为空地，以赤洒洒为空象，故之赤者，空之喻也。《说卦》云："乾为赤。乾，天也。"亦是空之义。故知赤文，乃是空炁。《度人经》云：

"五文开廓。"又云:"无文不度"等语,皆谓焕然之明也。学者诚能抱本归根,入乎无间,则空炁焕然,塞乎天地,光明普照,故曰"赤文"也。

洞古

洞,观也。古,始也。观其古始,则知其终,即是"原始返终"之说。太上云:"执古之道,以御今之有。"《阴符经》云:"观天之道,执天之行,尽矣。"学者但能忘目泯耳,收视返听,则自然光溢无极,心识常渊,深不可测也。作是观者,名为了照,始达妙音,洞观无碍,以知古始也,故曰"洞古"。

真经

经,径也。众所通行之大路,是谓最上一乘之妙,虚无空炁之玄作,洞观无碍之法门,造原始返终之关奥,超无生之捷径,真出世之要津也。读是经者,切不可寻行数墨,当于言句之外会意可也。苟或嘿而悟之,使自得之,直造虚无之真境,同游元始之先天,故曰"真经"。

操真章①

有动之动,出于不动。有为之为,出于无为。

横渠云:"动无静,静无动,物也;动有静,静有动,神也。"《老子》云:"无为无不为。"予谓:不动中动,真动也;无为中为,真为也。

神归则万物芸寂,气泯则万物无生。

老子云:"夫物芸芸,各复归其根,归根曰静。"释云:"心灭种种法灭。"予谓:潜神于绝境,万物芸然而不动,息于中虚,万物寂然而无生。

---

① 章题,校者所补,下同。

神神相受，物物相资。

《易·系》云："生生不穷之谓道。"予谓：以神感神，以物感物，皆无穷。

厥本归根，嘿而悟之。

《易·系》云："嘿而成之，不言而信。"予谓：存真一于木之根，谓之本；存真一于木之梢，谓之末。神领意会者，则能穷根悟本。

我自殖之，入乎无间。

《易·系》云："圣人以此洗心退藏于密。"予谓：殖者，埋藏也。委身于绝境，则能入乎无间之域。

不死不生，与天地为一。

《易·系》云："原始返终，故知生死之说。"《心经》云："不生不灭。"予谓：生死乃昼夜之常，昼夜自昼夜，死生自死生，作如是见者，与天地为一。

上操真章。不动之动，无为之为，操真之体也。神归沕泯，相受相滋，操真之用也。归根自殖，与天地为一，操真之圣功，故授之以《入圣章》。

颂曰：神从不动动中动，道向无为为处为。

见得动中为底个，先天造化总归伊。

入圣章

忘于目，则光溢无极；泯于耳，则心识常渊。

《老子》云："不窥牖，见天道。不出户，知天下。"予谓：目不视，则神光普照；耳不外闻，则心识弘深。

两机俱忘，纯纯全全合乎大方，溟溟滓滓合乎无伦。

《诗》云："不识不知，顺帝之则。"先贤云："浑浑沦沦。"《度人经》云："溟滓大梵，寥廓无光。"予谓：见无所见，闻无所闻，纯乎纯一，全乎全真，委身寂然，委心混然，故能超今越古，出乎无伦。

天地虽大，我之所维。万物之众，我之所持。

《易·系》云："效法莫大乎天地。"孟子云："万物皆备于我。"予谓：天动地静，我得总持，万物之众，统之则一。

曷有终穷，以语其弊哉！

先儒云："天地人物，不可终穷。苟言可者，岂非弊乎？"予谓：一以贯之，其理自尽。

上入圣章。忘目泯耳，色声无碍，则能与天地混而为一。若于万物有所窒碍，不造理者也。深造理者，一以贯之，三才总持，所以长久。故次之以《住世章》。

颂曰：无闻无见终为妄，随色随声又属尘。
　　　　二理总持方入圣，功深力到造全真。

住世章

养其无象，象故常存。守其无体，体故全真。

《老子》云："大象无形。"又云："外其身而身存。"予谓：无象之象乃实象，故历劫不坏；无体之体乃真体，故全其本真。

全真相济，可以长久。

先儒云："纯一无伪。"予谓：纯一，谓之全。无伪，谓之真。全真相济，长生久视之道也。

天得其真，故长；地得其真，故久。

《老子》云："天地所以能长且久者，以其不自生。"予谓：不自生，忘形也，故能全其本真，与天地齐久。

世人所以不得长久者，为丧其无象，散其无体。

《金刚经》云："一切有为法，如梦幻泡影。"予谓：梦幻泡影，虽有象而终化，故著于体象，皆是妄幻，终有败坏。

不能使百骸九窍与真体并存，故死矣！

开禅师云："才涉有无丧身命。"予谓：世人所以不得长久者，贪著故也。贪著者，为物欲所转，故与物俱化，不能使百骸九窍与真体并存，故死矣。

上住世章。养其无象，守其无体，故长久。执著之者，丧其本真，故早已。有形终有坏，无形故长在。万有归一无，故全其本真；一无归万有，故失其本真。去彼取此者，是谓至人。可以留形住世，可以长生久视。虽然，更有出世无生道在，且道如何是出世①无生底道？咄！

幻体有形终有坏，法身无相故长存。

有形无相都空尽，方是如如不动尊。

---

① 世，底本作"是"，校者改。

第五篇

太上升玄消灾护命妙经注

清庵莹蟾子李道纯　注

第一章

　　尔时，**元始天尊**（元始，谓元始祖气也。元始祖气，化生诸天，即释教所谓"无上道""不动尊"，故曰天尊），**在七宝林中**（人之一身，三元四象具足，故谓之七宝林），**五明宫内**（即中宫黄庭，内境虚明普照，故曰五明宫），**与无极圣众俱**（谓种种变化也），**放无极光明**（谓种种知见也），**照无极世界**（谓种种境界也）。**观无极众生**（谓种种幻妄也），**受无极苦恼**（谓种种缠缚也）。**宛转世间**（翻躯换壳，无有了期），**轮回生死**（出生入死，不自知觉）。**漂浪爱河**（爱河浪阔。飘荡者，情缘之故），**流吹欲海**（欲海波深。沉溺者，贪著之故也）。**沉滞声色**（色声所眩，谓之业识），**迷惑有无**（有无所迁，谓之根尘）。**无空有空**（无空不是空，有空即幻空），**无色有色**（无色不是色，有色是幻色）。**无无有无**（无无不是无，有无即幻无），**有有无有**（有有不是有，无有即幻有）。**终始暗昧**（才著一边，便是昧了也），**不能自明**（不著一边，到底不明），**毕竟迷惑**（四者惑乱，终身不定）。

　　上一章，开示说经之义。一切有情，皆住有、无、色、空差别境界，是故天尊垂慈，演说是经，设种种方便，盖欲使人假此幻身而修正觉，故有七宝、五明之喻。若欲玉符保神，金液炼形，必先存乎元始祖气，而后检摄种种因缘，始能破一切差别，离一切境界，断一切幻妄，解一切缠缚。是以不为爱欲苦恼，而永无轮转也。作是见者，长生久视之道得矣。

第二章

天尊告曰（重宣此义）：尔等众生（一切众生，皆由幻生），从不有中有（一切有相，本不有），不无中无（一切无相，本不无），不色中色（一切色相，本不色），不空中空（一切空相，本不空），非有为有（著有为，有非有也），非无为无（著无为，无非无也）。非色为色（见色为色，非色也），非空为空（迷空为空，非空也）。空即是空（空即空，顽空也），空无定空（空岂有定体）。色即是色（色即色，幻色也），色无定色（色岂有定体）。即色是空（色不异于空），即空是色（空不异于色）。若能知空不空（不空之空，是谓真空），知色不色（不色之色，是谓真色），名为了照（了照色空则一，了达有无不二），始达妙音（闻无所闻，谓之妙音）。识无空法（空无所空，谓之空法），洞观无碍（有无不二，无碍之门）。入众妙门（色空如一，众妙之门），自然解悟（不著有无，心性豁达）。离诸疑网（不见色空，疑团粉碎），不著空见（无眼界，乃至无意识界）。清净六根（无色、声、香、味、触、法），断除邪障（无色、无受、想、行、识）。

上二章，此章发明升玄之心法也。天尊慈悯之，故直指有无色空的旨趣。叮咛告戒，反复再四，盖欲使人离诸差别境界，不住有无空见，升玄达微之要，至是尽矣。修真高士，若向这里具只眼，参学事毕。其或未然，谛听末后句。

第三章

我故为汝说是妙经（解义如前），名曰护命（长生久视之道）。济渡众生（信之者，不遭浊辱），随身供养（存于内，形存寿永）。传教世间（施于外，利益人天），流通读诵（诵之者，捍厄扶衰）。即有飞天神王，破邪金刚，护法灵童，救苦真人，金精猛兽，各百亿万众俱，侍卫是经，随所拥护（是经所在之处，即得十天善神拥护，即佛经所谓："是经所在之处，如佛塔庙"之义也）。捍厄扶衰（是谓延生之药石），度一切众生（是谓济渡之津梁），离

诸染著（是谓洗尘之法雨）。

　　尔时，天尊即说偈曰（重宣妙义）：视不见我（戒慎乎其所不睹），听不得闻（恐惧乎其所不闻）。离种种边（故君子常慎其独），名为妙道（升玄之道，至是尽矣）。

　　上三章，诱喻持经之功德也。前说有、无、色、空四趣，真趣作升玄之阶级，济渡之津梁。惟恐力不及者，承当不去，又于是章，假立种种法相，接引中人以下，敬信奉持，俾之诵言求意，渐入佳境。又作四句偈言，直指玄要，直欲使其人与非人俱升玄境之意也。以此见太上好生之德，可谓至矣！若非笃志力行者，不足以报玄恩，经问庵者更宜勉之。

第六篇

《清庵先生中和集》

都梁清庵莹蟾子李道纯元素　撰

门弟子损庵宝蟾子蔡志颐　编

《清庵先生中和集》序

维扬[①]损庵蔡君志颐，莹蟾子李清庵之门人也。勘破凡尘，笃修仙道，得清庵之残膏剩馥，编次成书，题曰《中和集》，盖取师之静室名也。

大德丙午[②]秋谒余，印可欲寿诸梓，开悟后人。余未启帙，先已知群妄扫空，一真呈露，谓如天付之而为命，人受之而为性，至于先天太极、自然金丹、光照太虚、不假修炼者，漏泄无余矣。可以穷神知变而深根宁极，可以脱胎神化而复归无极也。抑以见道之"有物混成"，儒之"中和育物"，释之"指心见性"，此皆同工异曲，咸自太极中来。是故老圣常善救人，佛不轻于汝等，周公岂欺我哉？览是集者，切忌生疑。

当涂南谷杜道坚[③]书于钱塘玄元真馆

---

①　维扬，今江苏省扬州市。

②　大德丙午，1306 年。

③　杜道坚（1237—1318），宋末元初当涂采石（今安徽当涂县）人。《太平府志》载，字处逸，号南谷子。年十四得见异书，后入茅山升元观为道士。大德七年（1303 年）授杭州路道录，教门高士真人。皇庆年间赐授"隆道冲真崇正真人"。赵孟頫《隆道冲真崇正真人杜公碑》称其创元通观，作览古楼，聚书万卷。延祐年间（1314—1320）住武林宗杨宫，茸修老君台，列十贤像，朝夕礼拜。著作有《道德玄经原旨》四卷，《玄经真原旨发挥》二卷，《通玄真经缵义》十二卷等行于世。

《清庵先生中和集》前集卷之上

都梁清庵莹蟾子李道纯元素　撰

门弟子损庵宝蟾子蔡志颐　编

玄门宗旨

太极图说

释曰"圆觉"，道曰"金丹"，儒曰"太极"。所谓"无极而太极"者，不可极而极之谓也。释氏云："如如不动，了了常知。"《易·系》云："寂然不动，感而遂通。"丹书云："身心不动以后，复有无极真机"，言太极之妙本也。是知三教所尚者，静定也。周子①所谓"主于静"者是也。

盖人心静定，未感物时，湛然天理，即太极之妙也。一感于物，便有偏倚，即太极之变也。苟静定之时，谨其所存，则天理常明，虚灵不昧。动时自有主宰，一切事物之来，俱可应也。静定工夫纯熟，不期然而自然。至此，无极之真复矣，太极之妙应明矣。天地万物之理，悉备于我矣。

---

① 周子，周敦颐（1017—1073），字茂叔，号濂溪，道州营道县（今湖南道县）人，晚年筑室庐山莲花峰下，以家乡营道之水"濂溪"命名堂前的小溪和书堂，故人称濂溪先生。著有《太极图说》，朱熹为之作注。

中和图说

《礼记》云："喜怒哀乐未发，谓之中；发而皆中节，谓之和。""未发"，谓静定中谨其所存也，故曰"中"。存而无体，故谓"天下之大本"。"发而中节"，谓动时谨其所发也，故曰"和"。发无不中，故谓"天下之达道"。诚能致中和于一身，则本然之体，虚而灵，静而觉，动而正，故能应天下无穷之变也。老子[①]曰："人能常清静，天地悉皆归。"即子思所谓："致中和，天地位，万物育"，同一意。中也、和也，感通之妙用也，应变之枢机也。《周易》"生育流行，一动一静"之全体也。予以所居之舍，"中和"二字扁名，不亦宜乎哉！

委顺图说

---

① 子，《道藏》本作"君"。

身心世事，谓之四缘。一切世人，皆为萦绊，惟委顺者能应之。常应、常静，何缘之有？

何谓委？委身寂然，委心洞然，委世混然，委事自然。

何谓顺？顺天命，顺天道，顺天时，顺天理。身顺天命，故能应人；心顺天道，故能应物；世顺天时，故能应变；事顺天理，故能应机。

既能委，又能顺，兼能应，则四缘脱洒。作是见者，常应常静，常清静矣。

照妄图

古云："常灭动心，不灭照心"。一切不动之心，皆照心也。一切不止之心，皆妄心也。照心，即道心也。妄心，即人心也。"道心惟微"，谓微妙而难见也。"人心惟危"，谓危殆而不安也。虽人心亦有道心，虽道心亦有人心，系乎动静之间尔。惟"允执厥中"者，照心常存，妄心不动，危者安平，微者昭著。到此有妄之心复矣，无妄之道成矣。《易》曰："复其见天地之心乎"。

太极图颂

中〇者，无极而太极也。太极动而生阳，动极而静，静而生阴，一阴一阳，两仪立焉。●者，两仪也。☾者，阳动也。☽者，阴静也。阴阳互交，而生四象。❂者，四象。动而又动，曰老阳；动极而静，曰少阴；静极复动，曰少阳；静而又静，曰老阴。四象动静，而生八卦。乾一、兑二，老阳动静也；离三、震四，少阴动静也；巽五、坎六，少阳动静也；艮七、坤八，老阴动静也。阴逆阳顺，一升一降，机缄不已，而生六十四卦，万物之道至是备矣。上〇者，气化之始也。下〇者，形化之母也。知气化而不知形化，则不能极广大；知形化而不知气化，则不能尽精微。故作颂而证之。

颂曰：[①]

一[②]

道本至虚，至虚无体。穷于无穷，始于无始。

二

虚极化神，神变生气。气聚有形，一分为二。

三

二则有感，感则有配。阴阳互交，乾坤定位。

四

动静不已，四象相系。健顺推荡，八卦兹系。
运五行而有常，定四时而成岁。

五

冲和化醇，资始资生。在天则斡旋万象，在地则长养群情。

---

① 颂曰，《道藏》本作"颂二十五章"。
② 底本无序号，校者所加，下同。

六

形形相授，物物相孕。化化生生，奚有穷尽？

七

天下万物生于有，有生于无。有无错综，隐显相扶。

八

原其始也，一切万有未有不本乎气。

推其终也，一切万物未有不变于形。

九

是知万物本一形气也，形气本一神也。

神本至虚，道本至无，易在其中矣。

十

天位乎上，地位乎下，人物居中。

自融自化，气在其中矣。

十一

天地物之最巨，人于物之最灵，天人一也。

宇宙在乎手，万化生乎身，变在其中矣。

十二

人之极也，中天地而立命，禀虚灵以成性。

立性立命，神在其中矣。

十三

命系乎气，性系乎神。潜神于心，聚气于身，道在其中矣。

十四

形化则有生，有生则有死。出生入死，物之常也。

十五

气化则无生，无生故无死。不生不死，神之常也。

十六

形化体地，气化象天。形化有感，气化自然。

十七

明达高士，全气全神。千和万合，自然成真。

十八

真中之真，玄之又玄。无质生质，是谓胎仙。

十九

欲造斯道，将奚所自？惟静惟虚，胎仙可冀。

二十

虚则无碍，静则无欲。虚极静笃，观化知复。

二十一

动而主静，实以抱虚。二理相须，神与道俱。

二十二

道者神之主，神者气之主，气者形之主，形者生之主。

二十三

无生则形住，形住则气住，气住则神住，神住则无住，是名无住住。

二十四

金液炼形，玉符保神。神形俱妙，与道合真。

二十五

命宝凝矣，性珠明矣，元神灵矣，胎仙成矣，虚无自然之道毕矣。大哉神也，其变化之本欤！

上总二十五章。

画前密意

（授焦治中）

易象第一

易可易，非常易。象可象，非大象。常易不易，大象无象。常易，未画以前易也；变易，既画以后易也。常易不易，太极之体也；可易变易，造化之元也。大象，动静之始也；可象，形名之母也。历劫寂尔者，常易也；亘古不息者，变易也。至虚无体者，大象也。随事发见者，可象也。所谓常者，莫穷其始，莫测其终，历千万世，廓然而独存者也。所谓大者，外包乾坤，内充宇宙，遍河沙界，湛然圆满者也。常易不易，故能统摄天下无穷之变。大象无象，故能形容天下无穷之事。易也，象也。其道之原乎！

常变第二

常易不变，变易不常。其常不变，故能应变；其变不常，故能体常。始终不变，易之常也；动静不常，易之变也。独立而不改，得其常也；周行而不殆，通其变也。不知常，不足以通变；不通变，不足以知常也。常也，变也，其易之原乎！

体用第三

常者，易之体；变者，易之用。古今不易，易之体；随时变易，易之用。无思无为，易之体；有感有应，易之用。知其用，则能极其体；全其体，则能利其用。圣人仰观俯察，远求近取，得其体也。君子进德修业，作事制器，因其用也。至于穷理尽性，乐天知命，修齐治平，纪纲法度，未有外乎易者也。全其易体，足以知常；利其易用，足以通变。

动静第四

刚柔推荡，易之动静；阴阳升降，气之动静；奇偶交重，卦之动静；气形消息，物之动静；昼夜兴寝，身之动静。至于身之进退，心之起灭，世之通塞，事之成败，皆一动一静，互相倚伏也。观其动静，则万事之变、万物之情可见矣。静时有存，动则有察；静时有主，动则可断。静时有定，动罔不吉。静者，动之基；动者，静之机。动静不失其常，其道光明矣。

屈伸第五

暑往寒来，岁之屈伸；日往月来，气之屈伸；古往今来，世之屈伸。至于有无相生，难易相成，长短相形，高下相倾，皆屈伸之理也。知屈伸相感之道，则能尽天下无穷之利也。

消息第六

息者，消之始；消者，息之终。息者，气之聚；消者，形之散。生育长养谓之息，归根复命谓之消。元而亨，易之息也；利而贞，易之消也。春而夏，岁之息也；秋而冬，岁之消也。婴而壮，身之息也；老而终，身之消也。无而有，物之息也；有而无，物之消也。息者，生之徒；消者，死之徒。自二气肇分以来，未有消而不息之理，亦未有息而不消之物。通而知之者，烛理至明者也。

神机第七

存乎中者，神也；发而中者，机也。寂然不动，神也；感而遂通，机也。隐显莫测，神也；应用无方，机也。蕴之一身，神也；推之万物，机也。吉凶先兆，神也；变动不居，机也。备四德，自强不息者，存乎神者也；贯三才，应用无尽者，运其机者也。

智行第八

智者，深知其理也。行者，力行其道也。深知其理，不见而知；力行其道，不为而成。不出户，知天下，不窥牖，见天道，深知也。自强不息，无往不适，力行也。知乱于未乱，知危于未危，知亡于未亡，知祸于未祸，深知也。存于身而不为身累，行于心而不为心役，行于世而不为世移，行于事而不为事碍，力行也。深知其理者，可以变乱为治，变危为安，变亡为存，变祸为福。力行其道者，可以致身于寿域，致心于玄境，致世于太平，致事于大成。非大智大行者，其孰能及此？

明时第九

通变莫若识时，识时莫若明理，明理莫若虚静。虚则明，静则清。清明在躬，天理昭明。天之变化，观易可见。世之时势，观象可验。物之情伪，观形可辨。丽于形者，不能无偶。施于色者，不能无辨。天将阴雨，气必先蒸。山将崩裂，下必先隳。人将利害，貌必先变。譬如巢知风，穴知雨，蜇虫应候，叶落知秋。又如商人置雉尾于舟车之上，以候阴晴，天常晴则尾直竖，天将雨则尾下垂。无情之物尚尔，而况人乎？今人不识时变者，烛理未明也。

正己第十

进德修业，莫若正己。己一正，则无所不正。一切形名，非正不立；一切事故，非正不成。日用平常，设施酬酢，未有不始于己者。一切事事理理，头头物物，亦未有不自己出者。是故进修之要，必以正己为立基。正己接人，人亦归正；正己处事，事亦归正；正己应物，物亦归正。惟天下之一正，为能通天下之万变。是知正己者，进修之大用也，入圣之阶梯也。

工夫第十一

清心释累，绝虑忘情，少私寡欲，见素抱朴，易道之工夫也。心清累释，足以尽理。虑绝情忘，足以尽性。私欲俱泯，足以造道，素朴纯一，足以知天。

感应第十二

寂然而通，无为而成，不见而知，易道之感应也。寂然而通，无所不通；无为而成，无所不成；不见而知，无所不知。动而感通，不足谓之通；为而后成，不足谓之成；见而后知，不足谓之知。此三者，其于感应之道也远矣。诚能为之于未有，感之于未动，见之于未萌，三者相须而进，无所感而不通也，无所事而不应也，无所往而非利也。尽此道者，其惟颜子乎？

三易第十三

三易者，一曰天易，二曰圣易，三曰心易。天易者，易之理也。圣易者，易之象也。心易者，易之道也。观圣易，贵在明象，象明则入圣。观天易，贵在穷理，理穷则知天。观心易，贵在行道，道行则尽心。不读圣人之易，则不明天易。不明天易，则不知心易。不知心易，则不足以通变。是知易者，通变之书也。

解惑第十四

气之消长，时之升降，运之否泰，世之通塞，天易也。卦之吉凶，爻之得失，辞之险易，象之贞晦，圣易也。命之穷达，身之进退，世之成败，位之安危，心易也。深造天易，则知时势。深造圣易，则知变化。深造心易，则知性命。以心易会圣易，以圣易拟天易，以天易参心易，一以贯之，是名至士。

释疑第十五

变动有时，安危在己。祸福得丧，皆自己始。是故通变者，趋时者也。趋时者，危亦安。通变者，乱亦治。不失其所守者，困亦亨；不谨其所行者，丰亦昧。晦其明者，处明夷而无伤；恃其有者，居大有而必害。至远而可应者，其志同也；至近而无与者，其意乖也。至弱而能胜者，得其辅也；至刚而无过者，有其道也。益之用凶事，济难也；睽之见恶人，免怨也。不恒^①其德者，无所容。不有其躬者，无所利。独立自恃者，无功；恐惧修省者，获福。益于人者，人益之；利于人者，人利之。信于人者，人信之；惠于人者，人惠之。畏凶者，无凶；畏眚者，无眚。畏祸者，福必至；忽福者，祸必至。予所谓安危在己，复何疑哉？

圣功第十六

圣人所以为圣者，用易而已矣。用易所以成功者，虚静而已矣。虚则无所不容，静则无所不察。虚则能受物，静则能应事。虚静久，久则灵明。虚者，天之象也；静者，地之象也。自强不息，天之虚也；厚德载物，地之静也。空阔无涯，天之虚也；方广无际，地之静也。天地之道，惟虚惟静。虚静在己，则是天地在己也。道经云：“人能常清静，天地悉皆归。”其斯之谓欤？清，即虚也。虚静也者，其神德圣功乎！

《清庵先生中和集》前集卷之中

都梁清庵莹蟾子李道纯元素　撰

门弟子损庵宝蟾子蔡志颐　编

金丹妙诀

金丹图像说

（授门人）

下四图法象，显明至道玄玄之旨。

---

① 恒，底本与《道藏》本均作“怕”，校者据《道统大成》本改。

安炉

撑天挂地太模糊，谁为安名号玉炉。
曾向此中经煅炼，出无入有尽由渠。

立鼎

不无不有不当中，外面虚无里面空。
决烈丈夫掀倒看，元来那个本来红。

还丹

威音那畔本来明，昧了皆因着幻形。
若向丹中拈得出，圆陀陀地至虚灵。

返本

道本无为法自然，圣人立像假名圈。

平常日用全彰露，打破方知象帝先。

二图诀

口诀

譬喻

取出坎（☵）中画，补离（☲）还复乾。

纯阳命本固，无碍性珠圆。

受触全天理，离尘合上禅。

采铅知下手，三叠舞胎仙。

火候图

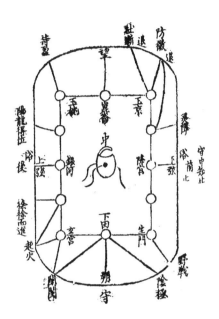

十	九	八	七	六	五退	四	三	二	正	十二	十一
二六	二三	二一	二十	十八	十六	望十四	十一	初八	初六	初三	初一
亥	戌	酉	申	未	午	巳	辰	卯	寅	丑	子
戰	守中	浴絳宮	徐退	退	崑崙山 止		過玉關	沐銀河	徐進	進	玄宮
坤	剥	觀	否	遯	姤	乾	夬	壯	泰	臨	復
上六	六五	六四	六三	六二	初六	上九	九五	九四	九三	九二	初九

外药图

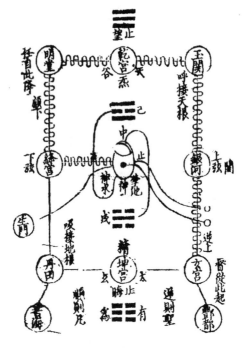

内药图

金丹内外二药图说

外药可以治病，可以长生久视。

内药可以超越，可以出有入无。

大凡学道，必先从外药起，然后自知内药。高上之士，夙植德本，生而知之，故不炼外药，便炼内药。

内药无为无不为，外药有为有以为。

内药无形无质而实有，外药有体有用而实无。

外药色身上事，内药法身上事。

外药地仙之道，内药水仙之道。

二药全，天仙之道。

外药了命，内药了性。二药全，形神俱妙。

外药

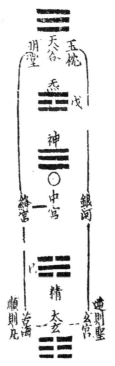

初关（炼精化炁），先要识天癸，生时急采之。

中关（炼炁化神），调和真息，周流六虚。自太玄关，逆流至天谷穴交合，然后下降黄房，入中宫。乾坤交姤罢，一点落黄庭。

上关（炼神还虚），以心炼念，谓之七返。情来归性，谓之九还。

内药

内药乃炼神之要，形神俱妙与道合真。

内药，先天一点真阳是也，譬如乾卦☰中一画，交坤☷成坎☵水是也。中一画，本是乾金，异名水中金，总名至精也。至精固而复祖炁。祖炁者，乃先天虚无真一之元炁，非呼吸之气，如乾☰中一画，交坤成坎☵了，却交坤中一阴，入于乾而成离☲。离中一阴，本是坤土，故异名曰砂中汞是也。

┌ 道生一　一生二　二生三　三生万物
└ 虚化神　神化炁　炁化精　精化形

以上谓之顺。

┌ 万物含三　三归二　二归一
└ 炼乎至精　精化炁　炁化神

以上谓之逆（丹书谓："顺则成人，逆则成丹。"）。

上药三品，精、炁、神。体则一，用则二。何谓体？本来三元之大事也。何谓用？内外两作用是也。

内药：先天至精，虚无元①炁，不坏元神。

---

① 元，底本作"空"，校者据文义改。

外药：交感精，呼吸气，思虑神。

一、炼精化炁。初关，有为，取坎填离。

二、炼炁化神。中关，有无交入，乾坤阖辟。

三、炼神还虚。上关，无为。

无为

此三段功夫到了，则一。若向这里具只眼，三教之大事毕矣。其或未然，细参后事。

一、炼精化炁

坎☵，归道，乃水府求玄。丹书云："癸生须急采，望远不堪尝。"所谓采者，不采之采谓之采也。苟实有所采，坎中一画，如何得升？精乃先天至灵之化，因动而有身，身中之至精，乃阳也。采者，采此也。譬如☰乾，乃先天至灵，始因一动，交坤而成坎，即至灵化元精之象也。坎为水，坎中一画，元乾金，假名水中金。金乃水之母，反居水中，故曰"母隐子胎"也。采铅消息，难形笔舌。达者观雷在地中，"复，先王至日闭关，商旅不行，后不省方"之语，思过半矣。余存口诀。

二、炼炁化神

离☲，崇释，则离宫修定。丹书云："真土制真铅，真铅制真汞。铅汞归土釜，身心寂不动。"斯言尽矣。既得真铅，则真汞何虑乎不凝？炼炁之要，贵乎运动，一阖一辟，一往一来，一升一降，无有停息。始者用意，后则自然。一呼一吸，夺一年之造化，即太上云："玄牝之门，是谓天地根，绵绵若存，用之不勤。"正此义也。达者若于乾坤易之门，与夫复（☷☳）姤（☰☴）之内上留意，炼气之要备矣。

三、炼神还虚

乾☰。工夫到此，一个字也用不着。

三五指南图局说

紫阳真人《悟真篇》诗云："三五一都三个字，古今明者实然稀。东三南二同成五，北一西方四共之。戊己还从生数五，三家相见结婴儿。婴儿是一含真气，十月胎成入圣基。"只此五十六字，贯彻诸子百家、丹经子书。若向这里具只眼，参学事毕。其或未然，且向注脚下商量。

〔初〕"三五一都三个字"，三元五行一气也。"古今明者实然希"，亘古亘今，知者鲜矣。"东三南二同成五"，东三木也，南二火也。木生火，木乃火之母，两性一家，故曰同成五也。"北一西方四共之"，北一水也。西四金也。金生水，金乃水之母，两性一家，故曰共之。"戊己还从生数五"者，土之生数也。五居中无偶，自是一家。所谓"三家相见"者，三元五行，混而为一也。故曰"三家相见结婴儿"。所谓婴儿者，亦是假名，纯一之义也。故曰"婴儿是一含真气"也。"十月胎成入圣基"者，三百日胎，二八两药，烹之炼之，成之熟之，超凡入圣之大功也，故曰入圣基也。

〔中〕以一身言之。东三，木也，我之性也。西四，金也，我之情也。南二，火也，我之神也。北一，水也，我之精也。性乃心之主，心乃神之舍。性与神同系乎心，"东三南二同成五"也。精乃身之主，身者情之系。精与情同系乎身，"北一西方四共之"也。戊己，中土，意也。四象五行，意为之主宰。意无偶，自是一家也。修炼之士，收拾身心意，则自然三元五行混而为一也。丹书云："收拾身心为采药"，正谓此也。收拾身心之要，在乎虚静。虚其心，则神与性合；静其身，则精与情寂；意大定，则三元混一，此所谓三花聚、五气朝、圣胎凝。

〔末〕情合性，谓之金木并。精合神，谓之水火交。意大定，谓之五行全。丹书云："炼精化炁为初关，身不动也；炼炁化神为中关，心不动也；炼神化虚为上关，意不动也。"心不动，"东三南二同成五"也；身不动，"北一西方四共之"也；意不动，"戊己还从生数五"也。身心意合，即"三家相见结婴儿"也。作是见者，金丹之能事毕矣，神仙之大事至是尽矣。至于丹书种种法象，种种异名，并不外乎身心意也。虽然犹有不能直下会意者，今立《异名法象图局》于后，具眼者流，试着眼看。

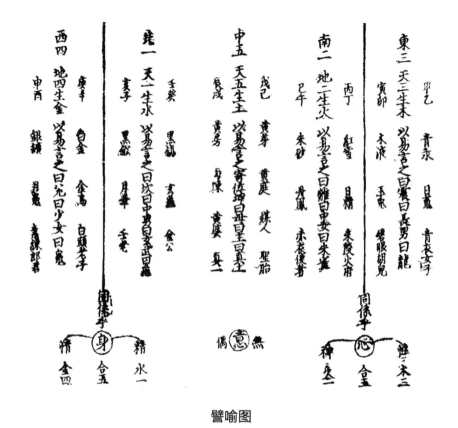

譬喻图

身心意，曰三家。精炁神，曰三元。精神魂魄意，曰五气。铅汞银砂土，曰五行。三家相见，曰胎圆。三元合一，曰丹成。

大德三年^①纯阳诞日书于銮江中和庵

玄关一窍

（赠门人）

夫玄关一窍者，至玄至要之机关也。非印堂、非囟门、非肚脐、非膀胱、非两肾、非肾前脐后、非两肾中间。上至顶门，下至脚跟，四大一身，才着一处，便不是也。亦不可离了此身向外寻之，所以圣人只以一"中"字示人，只此"中"字便是也。我设一喻，令尔易知。且如傀儡，手足举动，百样趋跄，非傀儡能动，是丝线牵动。虽是线上关捩，却是弄傀儡底人牵动。咦！还识这个弄傀儡底人么？休更疑惑，我直说与汝等。傀儡比此一身，丝线比玄关，弄傀儡底人比主人公。一身手足举动，非手足动，是玄关使动。虽是玄关动，却是主人公使教玄关动。若认得这个动底关捩，又奚患不成仙乎？

试金石

（授知观蔡损庵）

夫金丹者，虚无为体，清静为用，无上至真之妙道也。世鲜知之，人鲜行之。于是圣人用方便力，开善诱门，强立名象，著诸丹书，接引后学。盖欲来者，诵言明理，嘿识潜通，则行之顿超真境。奈何后学不穷其理，执着筌蹄，妄引百端，支离万状，将至道碎破，为曲径旁蹊，三千六百，良不得其传故也。况今之无知浅学，将圣人经旨，妄行笺注，乖讹尤甚，安得不误后来？虽苦志之士，亦不能辨其邪正，深可怜悯！予因是事，故作此《试金石》，而辨其真伪，俾诸学者不被眩惑，决然无疑，直超道岸。圣师曰："道法三千六百门，人人各执一为根。谁知些子玄微处，不在三千六百门。"予谓：祖师老婆心切，故作是诗也。若复有人作如是见者，大地皆黄金。其或未然，须当试过。于是乎书。

① 大德三年，1299 年。

```
         ┌─ 下 ─┐              ┌─ 邪道
九品 ├─ 中 ─┤    三品 ├─ 外道
         └─ 上 ─┘              └─ 傍门


              ┌─ 下 ─┐              ┌─ 安乐 ┐
渐法三乘 ├─ 中 ─┤    乘 ├─ 养命 ┤ 法
              └─ 上 ─┘              └─ 延生 ┘
```

最上一乘 ── 无上至真之妙

傍门九品

下三品

御女房中，三峰采战，食乳对炉，女人为鼎。天癸为药，产门为生身处，精血为大丹头。铸雌雄剑，立阴阳炉，谓女子为纯阳，指月经为至宝，采而饵之，为一月一还。用九女为九鼎，为九年九返。令童男童女交合，而采初精。取阴中黍米为玄珠。至于美金花，弄金枪，七十二家，强兵战胜，多入少出，九浅一深，如此邪谬，谓之泥水丹法。三百余条，此大乱之道也，乃下品之下，邪道也。

又有八十四家接法，三十六般采阴。用胞衣为紫河车，炼小便为秋石，食自己精为还元，捏尾闾为闭关。夫妇交合，使精不过为无漏。采女经为红圆子。或以五金八石修炼为丸，令妇人服之，十月后产肉块为至药，采而服之。如此谬术，不欲尽举，约有三百余条，乃下品之中，外道也。

又有诸品丹灶炉火，烧爇五金八石，勾庚乾汞，点茅烧茛，拨灰弄火。至于灵砂外药，三逊五假，金石草木服饵之法，四百余条，乃下品之上，外道也。

上，下三品，共一千余条，贪淫嗜利者行之。

中三品

休粮辟谷，忍寒食秽。服饵椒术，晒背卧冰。日持一斋，或清斋，或食物多为奇特，或饮酒不醉为验，或减食为抽添，或不食五味而食三白，或不食烟火食，或饮酒食肉，不藉身命自谓无为，或翻沧倒海，种种捏怪，乃中品之下也。

吞霞服气，采日月精华，吞星曜之光，服五方之气。或采水火之气，或存思注想，遨游九州为运用；或想身中二气，化为男女，象人间夫妇交采之状，为合和。一切存想，种种虚妄等法，乃中品之中也。

传授三归五戒，看诵修习，传信法，取报应；行考赴，取归程；归空十信，三际九接，瞻星礼斗；或持不语，或打勤劳，持守外功。已上有为，乃中品之上，渐次近道也。

上，三品，一千余条，行之不怠，渐入佳境，胜别留心。

上三品

定观鉴形，存思吐纳，摩抚消息，八段锦，六字气，视顶门，守脐蒂，吞津液，搅神水，或千口水为活，或指舌为赤龙，或擦身令热为火候，或一呵九摩求长生，或炼稠唾为真种子，或守丹田，或兜外肾，至于煮海观鼻，以津精涎沫为药，乃上品之下也。

闭息行气，屈伸导引，摩腰肾，守印堂，运双睛，摇夹脊，守脐轮。或以双睛为日月，或以眉间为玄关，或叩齿为天门，或想元神从顶门出入，或梦游仙境，或默朝上帝，或以昏沉为入定，或数息为火候，或想心肾黑白二气相交为既济，乃上品之中也。

搬精运气，三火归脐，调和五藏，十六观法，固守丹田，服中黄气，三田还返，补脑还精，双提金井，夹脊双关，握固内视，种种搬运，乃上品之上也。

上三品，一千余条，中士行之，亦可却病。

渐法三乘

下乘者，以身心为鼎炉，精炁为药物，心肾为水火，五藏为五行，肝肺为龙虎，精为真种子，以年月日时行火候，咽津灌溉为沐浴，口耳鼻为三要，肾前脐后为玄关，五行混合为丹成。此乃安乐之法，其中作用百余条，若能忘情，亦可养命。（与上三品稍同，作用处别。）

中乘者，乾坤为鼎器，坎离为水火，乌兔为药物，精神魂魄意为五行，身心为龙虎，气为真种子。一年寒暑为火候，法水灌溉为沐浴，内境不出，外境不入为固济，太渊、绛宫、精房为三要，泥丸为玄关，精神混合为丹成，此中乘养命之法。其中作用数十条，与下乘大同小异。若行不怠，亦可长生久视。

上乘者，以天地为鼎炉，日月为水火，阴阳为化机，铅汞银砂土为五行，性情为龙虎，念为真种子，以心炼念为火候，息念为养火，含光为固济，降伏内魔为野战，身心意为三要，天心为玄关，情来归性为丹成，和气薰蒸为沐浴，乃上乘延生之道。其中与中乘相似，作用处不同，亦有十余条。上士行之，始终如一，可证仙道。

最上一乘

夫最上一乘，无上至真之妙道也。以太虚为鼎，太极为炉，清静为丹基，无为为丹母，性命为铅汞，定慧为水火，窒欲惩忿为水火交，性情合一为金木并，洗心涤虑为沐浴，存诚定意为固济，戒定慧为三要，中为玄关，明心为应验，见性为凝结，三元混一为圣胎，性命打成一片为丹成，身外有身为脱胎，打破虚空为了当。此最上一乘之妙，至士可以行之，功满德隆，直超圆顿，形神俱妙，与道合真。

《清庵先生中和集》前集卷之下

都梁清庵莹蟾子李道纯元素　撰
门弟子损庵宝蟾子蔡志颐　编

问答语录

洁庵琼蟾子程安道问三教一贯之道

莹蟾子宴坐蟾窟，是夜寒光清气，真洁可掬。门人琼蟾子，猛思生死事大，神仙不可不敬慕，功行不可不专修。

稽首拜问曰：弟子尝闻自古上圣高真，历代仙师，皆因修真而成道，必以铅汞为金丹之根蒂，不知铅汞是何物？

师曰：夫铅汞者，天地之始，万物之母，金丹之本也。非凡铅、黑锡、水银、朱砂。奈何谬者，不知真玄，私意揣度，惑坏后学，徒费岁时，擔阁一生，深可怜悯。若不遇真师点化，皆妄为矣！紫阳真人曰："饶君聪慧过颜闵，不遇真师莫强猜。"正谓此也。我今为汝指出，真铅、真汞，身心是也。圣师云："身心两个字，是药也是火。"又云："要知产药川源处，只在西南是本乡。"西南者，坤也。坤属身，身中之精，乃阴中之阳也。如乾中一爻，入坤而成坎，外阴内阳，外柔内刚，外坤内乾。坎水之中有乾金，故强名曰"水中金"也。夫汞者，心中之炁也，阳中之阴也。如坤中一爻，入乾而成离，外阳内阴，外刚内柔，外乾内坤。离火之中有坤土，故强名曰"砂中汞"也。精炁感合之妙，故强名立象，以铅汞喻之，使学者知有体用耳。以此推之，无出"身心"两字。身心合一之后，铅汞皆无也。

问：如何是抽添？

曰：身不动炁定，谓之抽；心不动神定，谓之添。身心不动，神凝气结，谓之还元。所以取坎中之阳，补离中之阴而成乾，谓之"抽铅添汞"也。

问：如何是烹炼？

曰：身心欲合未合之际，若有一毫相扰，便以刚决之心敌之，为"武炼"也。身心既合，精炁既交之后，以柔和之心守之，为"文烹"也。此理无他，只是降伏身心，便是"烹铅炼汞"也。忘情养性，虚心养神，万缘顿息，百虑俱澄，身心不动，神凝气结，是谓"丹基"，喻曰"圣胎"也。以上异名，只是以性摄情而已。性寂情冥，照见本来，抱本还虚，归根复命，谓之"丹成"也，喻曰"脱胎"。

问：诸丹经云："用工之妙，要在玄关。"不知玄关，正在何处？

曰：玄关者，至玄至妙之机关也，宁有定位？着在身上即不是，离了此身，向外寻求，亦不是。泥于身，则着于形；泥于外，则着于物。夫玄关者，只于四大五行不着处是也。余今设一譬喻，令汝易于晓会。且如傀儡手足举动，百般舞蹈，在乎线上关捩，实由主人使之。傀儡比得人之四大一身，线比得玄关，抽牵底主人比得本来真性。傀儡无线，则不能动。人无玄关，亦不能运动。汝但于二六时中，行住坐卧着工夫，向内求之，语默视听，是个甚么？若身心静定，方寸湛然，真机妙应处，自然见之也。《易·系》云："寂然不动"，即玄关之体也；"感而遂通"，即玄关之用也。自见得玄关，一得永得。药物、火候、三元、八卦，皆在其中矣。时人若以有形着落处为玄关者，纵勤功苦志，事终不成。我欲直指出来，恐汝信不及，亦不得用，须是自见始得。譬如儒家先天之学，亦要默而识之。孟子云："浩然之气，塞乎天地之间，曰难言也。"且难言之妙，非玄关乎？且如释氏"不立文字，教外别传"，使人神领意会，谓之不传之妙。能知此理者，则能一彻万融也。

问：或谓崇释与修道，可以断生死、出轮回；学儒可尽人伦，不能了生死，岂非三教异同乎？

曰：达理者，奚患生死耶？且如穷理尽性，以至于命，原始返终，知周万物，则知生死之说，所以性命之学，实儒家正传。穷得理彻，了然自知，岂可不能断生死轮回乎？且如羲皇初画易之时，体天设教，以道化人，未尝有三教之分。故曰："皇天无二道，圣人无两心。"当来初画一者，象太极也。有一便有二，象两仪也。━者，阳也；┅者，阴也，一阴一阳之谓道。仰则观于天，上画一画以象天；俯则察于地，下画一画以象地；中画一画以象人，故三画以成乾☰，象三才也。两乾断而成坤☷，象六合也。故曰："立天之道，曰阴与阳；立地之道，曰柔与刚；立人之道，曰仁与义，兼三才而两之"，故六画而成坤。以一身言之，立天之道，曰阴与阳，心之神炁也；立地之道，曰柔与刚，身之形体也；立人之道，曰仁与义，意之情性也。心、身、意，象乾三才也。神、炁、性、情、形、体，象坤之六合也。《易》曰："远取诸物，近取诸身"，此之谓也。

问：《系辞》云："六画而成卦"。先生云："六画而成坤"者，何也？

曰：汝未知之。若谓六画而成卦者，文王重卦也。文王未重卦之前，岂可谓无三才、六合乎？先贤云："立天之道，曰阴与阳"，天之乾坤也。"立地之道，曰柔与刚"，地之乾坤也。"立人之道，曰仁与义"，人之乾坤也。以此推之，乾坤两卦，三才六合备矣。又岂以重卦言之哉？所谓"六画而成卦"者，重卦之后，名为后天也。

问：若谓未重卦之前，三才六合备矣。而《系辞》云："以制器者，尚其象"，未必因器而设象，因象而制器乎？

曰：因象而制器。

问：三皇以下，圣人制器，皆以重卦言之。若谓因象制器，文王未重易之前，岂有重卦之名乎？

曰：非也。前贤云："须信画前元有易。"所以文王未重卦之前，六十四卦俱备。

问：卦若不重，六十四卦从何而得？

曰：变卦所生也。一卦变八卦，八卦变六十四卦。且如乾卦三爻，上两爻少阳，下一爻老阳，支出巽卦来，阳变为阴。乾之巽，天风姤也。举此一卦，诸卦皆然。

问：卦不重而有六十四卦，文王如何又重之？

曰：卦不重而变六十四卦，乃羲皇心法，道统正传诱万世之下学者，同入圣门。重卦而生六十四卦者，乃文王、周孔立民极，正人伦，使世人趋吉避凶，立万世君臣父子之纲耳。故性命之学，不敢轻明于言，亦不忍隐斯道。孔子微露于《系辞》，濂溪发明于《太极》《通书》也。盖欲来者熟咀之，而自得之，此学不泯其传矣。

问："一阴一阳之谓道"，如何说？

曰：阴阳者，乾坤也。乾坤出于太极，太极判而两仪立焉。两仪，天地也。不言天地而言乾坤者，贵其用，不贵其体也。

或曰：乾阳也，坤阴也，如何又云天地？

曰：天地，即乾坤也。乾坤，即阴阳也。阴阳，一太极也。太极本无极也。以太极言之，则曰天地。以《易》言之，则曰乾坤。以道言之，则曰阴阳。若以人身言之，天地，形体也；乾坤，性情也；阴阳，神炁也。以法象言之，天龙地虎也；乾马坤牛也；阳乌阴兔也。以金丹言之，天鼎地炉也；乾金坤土也；阴汞阳铅也。散而言之，种种异名，合而言之，一阴一阳也。修仙之人，炼铅汞而成丹者，即身心合而还其本初，阴阳合而复归太极也。

问：三五一，是何也？

曰：三元五行也。东三南二，是一个五；北一西四，是两个五；中土，是三个五，是谓"三五"也。以人身言之，性三神二，是一个五；情四精一，是两个五；意五，是三个五也。三五合一，则归太极；身心意合一，则成圣胎也。紫阳真人云："三五一都三个字（三元五行，一气是也），古今明者实然稀（世鲜知之）。东三南二同成五（东三，性也；南二，神也），北一西方四共之（北一，精也；西四，情也）。戊己还从生数五（土数五，意也），三家相见结婴儿（三家者，身心意也；婴儿者，三五合一而成用也）。婴儿是一含真炁（婴儿是真一之异名，太一含真也），十月胎圆入圣基（工夫十月，脱出凡胎，超凡入圣也）。"以此求之，金丹之道，实入圣基也。

问：《系辞》云："天地设位，易行乎中"，如何？

曰：天地设位，人生于中，是谓三才。故人与物，生生而不息。所以不言人与物，而言易者。圣人言："乾坤，易之门"，随时变易，以从道也。如金丹以乾坤为鼎器者，"天地设位"也。以阴阳为化机者，即"易行乎中"也。元始采药无穷，行火候之不息也。

问："辟户谓之乾，阖户谓之坤，一阖一辟谓之变"，如何？

曰：一阖一辟者，一动一静也。乾阳坤阴，如门户之阖辟，即"乾坤易之门"也。且如阴阳互动互静，机缄不已，元亨利贞，定四时成岁。变者，变易也。至道与神炁混混沦沦，周乎三才万物，阖辟无穷，致广大而尽精微矣。以一身言之，呼吸是矣。呼则接天根，是谓之辟。吸则接地根，是谓之阖。一呼一吸，化生金液，是谓之变。阖辟呼吸，即玄牝之门，天地之根矣。所谓呼吸者，非口鼻呼吸，乃真息阖辟也。

问："乾道成男，坤道成女"，如何？

曰：乾，父也；坤，母也。乾初爻交坤而成震，震初索而得男，是谓长男。坤初爻交乾而成巽，巽初索而得女，是谓长女。乾中爻交坤而成坎，坎再索而得男，是谓中男。坤中爻交乾而成离，离再索而得女，是谓中女。乾三爻交坤而成艮，艮三索而得男，是谓少男。坤三爻交乾而成兑，兑三索而得女，是谓少女。乾生三男，坤生三女，乾坤共生六子，是谓八卦。以身言之，初受胎时，禀父母精华而成此身。精华者，丹经喻曰："天壬地癸"也。初交合时，天壬先至，地癸随至，癸裹壬，则成男子；地癸先至，天壬随至，壬裹癸，则成女子。壬癸偶然齐至，则成双胎。壬先至，癸迟至；癸先至，壬迟至，俱不成胎也。故曰"乾道成男，坤道成女"。夫天壬、地癸者，乃天地元精、元炁也。亦丹经所谓"坎戊离己"，异名铅汞也。节之于外则成人，益之于内则成丹。世人不知，生男生女，实由命分中得，不由人力。若不断淫绝欲，自为修养，直待精华耗竭，早至夭亡，大可惜也！又岂知寡欲而得男女，贵而寿；多欲而得男女，浊而夭？

问："形而上者，谓之道。形而下者，谓之器"，如何？

曰：形而上者，无形质；形而下者，有体用。无形质者，系乎性，汞也。有体用者，系乎命，铅也。总而言之，无出身心矣。

问：圣人以易"洗心退藏于密"，密是何也？

曰：诚之至也。《易》理致广大而尽精微，圣人玩味其理，洗心涤虑，藏于极诚矣。

问：《书》云："人心惟危，道心惟微。惟精惟一，允执厥中。"不知中，如何执？

曰：执者，一定之辞。中者，中正之中也。道心微而难见，人心危而不安，虽至人亦有人心，虽下愚亦有道心。苟能心常正得中，所以微妙而难见也。若心稍偏而不中，所以危殆而不安。学仙之人，择一而守之不易，常执其中，自然危者安，而微者著矣。金丹用中为玄关者，亦是这个道理。

问："上天之载，无声无臭"，如何？

曰：诚之昭著。虽无声可闻，无臭可知，天道亦不可掩。如道经云："大量玄玄"，亦是真之至也。

问："不识不知，顺帝之则"，如何？

曰：圣人生而知之，默而顺之，天理所谓不思而得，不勉而中，得无为自然之道也。此则《中庸》所谓"诚而明"也。若谓明而诚，正是圣人之教耳。学道之人，凤有根器，一直了性，自然了命也。此生而知之也。根器浅薄者，不能一直了性，自教而入，从有至无，自粗达妙，所以先了命而后了性也。此学而知之也。

问："夫子饭蔬食饮水，曲肱而枕之，乐亦在其中矣。"夫子乐在何处？

曰：夫子所乐者天，所知者命，故乐天知命而不忧。虽匡人所逼，犹且弦歌自娱于《易》，得"不远复以修身，复见天地之心"，"穷理尽性，以至于命"。此金丹之妙也。

问：颜子箪瓢之乐，如何？

曰：颜子得夫子"乐天知命不忧"之理，故不改其乐也，所以如愚。心斋坐忘[①]，黜聪明，去智虑，庶乎屡空，亦金丹之妙也。

问：曾子披破褐而颂，声满天地。天子不得而臣，诸侯不得而友，是如何？

曰：曾子一唯之妙，口耳俱忘，所以修身、齐家、治国、平天下，得一贯之道。

问：子路问死，夫子答曰："未知生，焉知死"，是如何？

曰：生死乃昼夜之常，知有昼，则知有夜。《易》云："原始返终"，则知死生之说。丹书云："父母未生以前，是金丹之基。"释云："未有此身，性在何处？"以此求之，三教入处，只要原其始，自知其终。泝其流，而知其源。人能穷究此身，其所从来，生死自然都知也。汝曾看《太极图》否？太极未判之前，是甚么？若穷得透，则知此身之前，原始可以要终也。

问：太极未判，其形若鸡子。鸡子之外，是甚么？

曰：太虚也。凡人受气之时，形体未分，亦如鸡子。既生之后，立性立命，一身之外，皆太虚也。

问：人在母腹中时，还有性否？

曰：腹中秽污，灵性岂存得住？

又问：怀胎五七个月，其胎忽动，莫非性乎？

曰：非性也，一炁而已。人在腹中时，随母呼吸。一离母胎，立性立命，便自有天地。且如蛇斩作两段，前尚走，尾尚活。又有人煮蟹既熟，遗下生脚尚动，岂性也？汝究此理，则知炁动也，非性也。

问：《语》云："吾道一以贯之。"如何？

曰：圣人言身中一天理，可以贯通三才，三教万事，无不备矣。如释氏"无我、无人、无众生、无寿者。"道教"了一万事毕。"皆一贯也。

问：世尊拈花示众，独迦叶微笑。世尊云："吾有正法眼藏，涅槃妙心，分付摩诃迦叶。"不知微笑者，何事？

曰：世尊拈花示众，众皆不见佛心，独迦叶见佛心之妙，所以微笑，故

---

① 心斋坐忘：《庄子》："回曰：敢问心斋？仲尼曰：一若志，无听之以耳而听之以心，无听之以心而听之以气。听止于耳，心止于符。气也者，虚而待物者也。唯道集虚。虚者，心斋也。"（《人间世》）"仲尼蹴然曰：何谓坐忘？颜回曰：堕肢体，黜聪明，离形去知，同于大通，此谓坐忘。"（《大宗师》）

世尊以心外之妙，分付与迦叶也。

问：达磨西来，不立文字，直指人心，见性成佛。如何是见性？

曰：达磨以真空妙理，直指人心。见性者，使人转物情空，自然见性也。岂在乎笔舌传之哉？

问：儒有《先天易》，释有《般若经》，道有《灵宝经》，莫非文字乎？

曰：非也，皆圣人以无言而形于有言，显真常之道也。释教一大藏教典，及诸家语录因果；儒教九经三传，诸子百家；道教洞玄诸品经典，及诸丹书，是入道之径路，超升底梯阶。若至极处，一个字也使不着。汝问余数事，亦只是过河之筏，向上一着，当于言句之外求之。或筑着磕着，悟得透得，复归于太极，圆明觉照，虚彻灵通，性命双全，形神俱妙，虚空同体，仙佛齐肩，亦不为难。

问：先生云，三教一理，极荷开发。但释氏涅槃、道家脱胎，似有不同处？

曰：涅槃与脱胎，只是一个道理。脱胎者，脱去凡胎也。岂非涅槃乎？如道家炼精化炁，炼炁化神，炼神还虚，即抱本归虚，与释氏归空，一理无差别也。

又问：脱胎后，还有造化么？

曰：有造化在。圣人云："身外有身，未为奇特。虚空粉碎，方露全真。"所以脱胎之后，正要脚踏实地，直待与虚空同体，方为了当。且如佛云"真空"，儒曰"无为"，道曰"自然"，皆抱本还元，与太虚同体也。执着之徒，畴克知此一贯之道哉？

洁庵曰：先生精造金丹之妙道，融通三教之玄机，随问随答，极玄极妙，岂敢自秘，当刊诸梓，与同志之士，相与开发，隋珠赵璧，自有识者。

赵定庵问答

师曰：前代祖师、高真、上圣，有无上至真之道，留传在世度人。汝还知否？

定庵曰：弟子初进玄门，至愚至蠢，蒙师收录，千载之幸也。无上正真之道，诚未知之，望师开发。

师曰：无上正真之道者，无上可上，玄之又玄，无象可象，不然而然，至极至妙之谓也。圣人强名曰道。自古上仙，皆由此处了达，未有不由是而修证者。圣师口口所授，历代心心相传。金丹之旨，乃无上正真之妙道也。

定庵曰：无上正真之妙，喻为金丹，其理云何？

师曰：金者，坚也。丹者，圆也。释氏喻之为"圆觉"，儒家喻之为"太极"，初非别物，只是本来一灵而已。本来真性，永劫不坏，如金之坚，如丹之圆，愈炼愈明。释氏曰〇此者，真如也；儒曰〇此者，太极也；吾道曰〇此，乃金丹也，体同名异。《易》曰："易有太极，是生两仪。"太极者，虚无自然之谓也。两仪者，一阴一阳也。阴阳，天地也。人生于天地之间，是谓三才。三才之道，一身备矣。太极者，元神也。两仪者，身心也。以丹言之，太极者，丹之母也。两仪者，真铅、真汞也。所谓铅汞者，非水银、朱砂、硫黄、黑锡、草木之类，亦非精津涕唾、心肾、气血，乃身中元神、身中元炁。身不动，精炁凝结，喻之曰丹。所谓丹者，丹者身也。〇者，真性也。丹中取出〇者，谓之丹成。所谓丹者，非假外而造作，由所生之本而成正真也，世鲜知之！今之修丹之士，多不得其正传，皆是向外寻求，随邪背正，所以学者多，而成者少也。或炼五金八石，或炼三逊五假，或炼云霞外气，或炼日月精华，或采星曜之光，或想空中丸块而成丹，或想丹田有物而为丹，或肘后飞金精，或眉间存想，或还精补脑，或运气归脐，乃至服秽吞精，纳新吐故，八段锦，六字气，摇夹脊，绞辘轳，闭尾闾，守脐蒂，采天癸，锻秋石，屈伸导引，抚摩消息，默朝上帝，舌拄上颚，三田还返，闭息行气，三火聚于膀胱，五行攒于苦海，如斯小法，何啻千门？纵勤功采取，终不能成其大事。经云："正法难遇，多迷真道，多入邪宗。"此之谓也。夫至真之要，至简至易，难遇易成。若遇至人点化，无不成就。

定庵曰：弟子凤生庆幸，得遇老师，幸沾法乳。金丹之要，望赐点化。

师曰：汝今谛听，当为汝谈。夫炼金丹者，全在夺天地造化。以乾坤为鼎器，日月为水火，阴阳为化机，乌兔为药物。仗天罡之斡运，斗柄之推迁。采药有时，运符有则。进火退符，体一年之节候。抽铅添汞，象一月之亏盈。攒簇五行，合和四象，追二炁归黄道，会三性于元宫，返本还元，归根复命，功圆神备，凡蜕为仙，谓之丹成也。

定庵曰：天地造化，诚恐难夺？

师曰：无出一身，奚难之有？天地，形体也。水火，精炁也。阴阳，身心也。乌兔，性情也。所以形体为鼎炉，精炁为水火，情性为化机，身心为药材。圣人恐学者无以取则，遂以天地喻之。人身与天地造化，无有不同处。身心两个字，是药也是火。所以天魂地魄，乾马坤牛，阳铅阴汞，坎男离女，日乌月兔，无出"身心"两字也。天罡斡运者，天心也。丹书云："人心若与天心合，颠倒阴阳止片时。"又云："以心观道，道即心也。以道观心，心即道也。"斗柄推迁者，玄关也。夫玄关者，至玄至妙之机关也。今之学者，多泥于形体，或云眉间，或云脐轮，或云两肾中间，或云脐后肾前，或云膀胱，或云丹田，或云首有九宫中为玄关，或指产门为生身处，或指口鼻为玄牝，皆非也。但着在形体上都不是，亦不可离此一身向外寻求。诸丹经皆不言正在何处者，何也？难形笔舌，亦说不得，故曰玄关。所以圣人只书一"中"字示人。此"中"字，玄关明矣。所谓中者，非中外之中，亦非四维上下之中，不是在中之中。释云："不思善，不思恶，正恁麽时，那个是自己本来面目。"此禅家之"中"也。儒曰："喜怒哀乐未发，谓之中。"此儒家之"中"也。道曰："念头不起处，谓之中。"此道家之"中"也。此乃三教所用之"中"也。《易》曰："寂然不动"，中之体也；"感而遂通"，中之用也。《老子》云："致虚极，守静笃，万物并作，吾以观其复。"《易》云："复其见天地之心。"且复卦，一阳生于五阴之下。阴者，静也。阳者，动也。静极生动，只这动处，便是玄关也。汝但于二六时中，举心动念处着工夫，玄关自然见也。见得玄关，药物火候，运用抽添，乃至脱胎神化，并不出此一窍。采药者，采身中真铅、真汞也。药生有时，非冬至、非月生、非子时。祖师云："炼丹不用寻冬至，身中自有一阳生。"又云："铅见癸生须急采，金逢望远不堪尝。"以此求之，身中癸生，一阳时也，便可下手采之。二炁交合之后，要识持盈，不可太过，望远不堪尝也。进火退符，无以取则，遂以一年节候，寒暑往来以为火符之则。又以一月盈亏，以明抽添之旨。且如冬至一阳生，复卦；十二月二阳，临卦；正月三阳，泰卦；二月四阳，大壮卦；三月五阳，夬卦；四月纯阳，乾卦。阳极阴生，五月一阴，姤卦；六月二阴，遁卦；七月三阴，否卦；八月四阴，观卦；九月五阴，剥卦；十月纯阴，坤卦。阴极阳生，周而复始。此火符进退之机。奈何学者执文泥象，以冬至日下手进火，夏至退符。二八月沐浴，尤不知其要也。圣人见学者错用心志，又以一年节候，促在一月之内，以朔望象冬夏至，以两弦比二八月，以两日半准一月，以三十日准一年，世人又着在月上。又以一月盈亏，促在一日，以子午体朔望，以卯酉体二弦，学者又着在日上。近代真师云："一刻之工夫，自有一年之节候。"

又曰：父母未生以前，乌有年、月、日、时？

师曰：此圣人诱喻，初学勿错用心。奈何执着之徒，不穷其理，执文泥象，徒尔劳心，余今直指与汝。身中癸生，便是一阳也。阳升阴降，便是三阳也。阴阳分，是四阳，体二月，如上弦；比卯时，宜沐浴。然后进火，阴阳交，神炁合，六阳也。阴阳相交，神炁混融之后，要识持盈。不知止足，前功俱废。故曰："金逢望远不堪尝。"然后退符，象一阴。乃至阴阳分，象三阴。阴阳伏位，宜沐浴，象八月，比下弦，如酉时也。然后退至六阴，阴极阳生，顷刻之间，一周天也。汝但依而行之，久久工夫，渐凝渐结，无质生质，结成圣胎，谓之丹成也。

定庵曰：下手工夫，周天运用，已蒙开发。种种异名，不能尽知，望师指示！

师曰：异名者，只是譬喻，无出"身心"两字。下工之际，凝耳韵，含眼光，缄舌气，调鼻息，四大不动，使精神魂魄意各安其位，谓之"五炁朝元"。运入中宫，谓之"攒簇五行"。心不动，龙吟；身不动，虎啸。身心不动，谓之"降龙伏虎"。龙吟，则炁固；虎啸，则精固，握固灵根也。以精炁，喻之龟蛇；以身心，喻之龙虎。龟蛇打成一片，谓之"合和四象"。以性摄情，谓之"金木并"。以精御炁，谓之"水火交"。木与火同源，两性一家，"东三南二同成五"也。水与金同源，两性一家，"北一西方四共之"也。土居中宫，属意，自己五数，"戊己还从生数五"。心身意，打成一片，"三家相见结婴儿"，总谓之"三五混融"也。炼精化炁，炼炁化神，炼神还虚，谓之"三花聚鼎"，又谓之三关。今之学人，多指尾闾、夹脊、玉枕为三关者，只是功法，非至要也。举心动念处为玄牝，今人指口鼻者，非也。身心意，为三要。心中之性，谓之"砂中汞"。身中之炁，谓之"水中金"。金本生水，乃水之母，金反居水中，故曰"母隐子胎"。外境勿令入，内境勿令出，谓之"固济"。寂然不动，谓之"养火"。虚无自然，谓之"运用"。存诚笃志，谓之"守城"。降伏内魔，谓之"野战"。真汞，谓之"姹女"；真铅，谓之"婴儿"；真意，谓之"黄婆"。性情，谓之"夫妇"。澄心定意，性寂神灵，二物成团，三元辐辏，谓之"成胎"。爱护灵根，谓之"温养"。所谓温养者，如龙养珠，如鸡覆子，谨谨护持，勿令差失，毫发有差，前功俱废也。阳神出壳，谓之"脱胎"。归根复命，还其本初，谓之"超脱"。打破虚空，谓之"了当"也。

定庵曰：金丹成时，还可见否？

答曰：可见。

曰：有形否？

曰：无形。

问曰：既无形，如何可见？

答曰：金丹只是强名，岂有形乎？所谓可见者，不可以眼见。释曰："于不见中亲见，亲见中不见。"道经云："观之不见，听之不闻，斯谓之道。"视之不见，未尝不见；听之不闻，未尝不闻。所谓可见可闻，非耳目所及也，心见意闻而已。譬如大风起，入山撼木，入水扬波，岂得谓之无？观之不见，搏之不得，岂得谓之有？金丹之体，亦复如是。所以炼丹之初，有无互用，动静相须。乃至成功，诸缘顿息，万法皆空，动静俱忘，有无俱遣，始得玄珠成象，太一归真也。性命双全，形神俱妙，出有入无，逍遥云际，果证金仙也。所以经典丹书，种种异名，接引学人从粗达妙，渐入佳境。及至见性悟空，其事却不在纸上。譬若过河之舟，济渡斯民，既登彼岸，舟船无用矣。前贤云："得兔忘蹄，得鱼忘筌。"此之谓也。且余今语此授汝，却不可执在言上，但只细嚼熟玩其味，穷究本源。苟或一言之下，心地开通，直入无为之境，是不难也。更有向上机关，未易轻述，当于言外求之。

金丹或问

予观丹经子书，后人笺注，取用不一。或着形体，或泥文墨，或以清净为苦空，或以汞铅为有象，所见不同，后人岂得不惑？殊不知，至道则一，岂有二哉？又近来丹书所集，多是旁门，如解七返九还，寅子数坤申之类，不亦谬乎？予今将丹书中精要，集成或问三十六则，以破后人之惑，达者味之。

或问：何谓九还？

曰：九，乃金之成数。还者，还元之义，则是以性摄情而已。情属金，情来归性，故曰"九还"。丹书云："金来归性初，乃得称还丹。"此之谓也。若以子数至申为九还者，非也。

或问：何谓七返？

曰：七，乃火之成数。返者，返本之义，则是炼神还虚而已。神属火，炼神返虚，故曰"七返"。或以寅至申为七返，非也。《悟真篇》云："休将寅子数坤申，只要五行绳准。"正谓此也。

或问：何谓三关？

曰：三元之机关也。炼精化气为初关，炼气化神为中关，炼神还虚为上关。或指尾闾、夹脊、玉枕为三关者，只是工法，非至要也。登真之要，在乎三关，岂有定位？存乎口诀！

或问：何谓玄关？

曰：至玄至妙之机关也。初无定位，今人多指脐轮，或指顶门，或指印堂，或指两肾中间，或指肾前脐后，已上皆是旁门。丹书云："玄关一窍，不在四维上下，不在内外偏傍，亦不在当中，四大五行不着处"是也。

或问：何谓三宫？

曰：三元所居之宫也。神居乾宫，气居中宫，精居坤宫。今人指三田者，非也。

或问：何谓三要？

曰：归根之窍，复命之关，虚无之谷，是谓三要。或指口耳①鼻为三要者，非也。

或问：何谓玄牝？

曰："谷神不死，是谓玄牝。"或指口鼻者，非也。紫阳真人云："念头起处为玄牝。"斯言是也。予谓念头起处，乃生死之根，岂非玄牝乎？虽然亦是工法，最上一乘，在乎口诀。

或问：何谓真种子？

曰：天地未判之先，一点灵明是也。或谓人从一气而生，以气为真种子；或谓因念而有此身，以念为真种子；或谓禀二五之精而有此身，以精为真种子，此三说似是而非。释云："无量劫来生死本，痴人唤作本来真。"此

---

① 耳，底本无，校者补。

之谓也。

或问：何谓鼎炉？

曰：身心为鼎炉。丹书云："先把乾坤为鼎器，次抟乌兔药来烹。"乾，心也；坤，身也。今人外面安炉立鼎者，谬矣。

或问：何谓药物？

曰：真铅、真汞为药物，只是本来二物是也。

或问：何谓内药？何谓外药？

曰：炼精、炼炁、炼神，其体则一，其用有二，交感之精，呼吸之气，思虑之神，皆外药也。先天至精，虚无空气，不坏元神，此内药也。丹书云："内外两般作用"，正谓此也。

或问："敲竹唤龟吞玉芝"，如何说？

曰：敲竹者，息气也。唤龟者，摄精也。炼精化炁，以炁摄精，精炁混融，结成玉芝，采而吞之，保命也。

或问："鼓琴招凤饮刀圭"，如何说？

曰：鼓琴者，虚心也。招凤者，养神也。虚心养神，心明神化，二土成圭，采而饮之，性圆明也。

或问：如何是五气朝元？

曰：身不动，精固，水朝元；心不动，气固，火朝元；性寂则魂藏，木朝元；情忘则魄伏，金朝元；四大安和则意定，土朝元。此之谓"五气朝元"也。

或问：何谓黄婆？

曰：黄者，中之色。婆者，母之称。万物生于土，土乃万物之母，故曰"黄婆"，人之胎意是也。或谓脾神为黄婆者，非也。

或问：何谓金公？

曰：以理言之，乾中之阳入坤成坎，坎为水，金乃水之父，故曰"金公"。以法象言之，金边着公字，铅[①]也。

或问：坎为太阴，如何喻婴儿？

曰：坎本坤之体，故曰太阴。因受乾阳而成坎，为少阳，故喻之为婴

---

① "铅"字，古又作"鈆"，故谓"金边着公字"。

儿，谓"负阴抱阳"也。

或问：离为太阳，却如何喻为姹女？

曰：离本乾之体，故曰太阳。因受坤阴而成离，为少阴，故喻之为姹女，谓"雄里怀雌"也。

或问：何谓真金？

曰：金乃元神也，历劫不坏，愈炼愈明，故曰"真金"。

或问：如何是子母？

曰：水中金也。金为水之母，金藏水中，故母隐子胎也。则是神乃身之母，神藏于身，喻为母隐子胎。

或问：何谓宾主？

曰：性是一身之主，以身为客。今借此身养此性，故让身为主。丹书云："饶他为主我为宾。"此之谓也。

或问：何谓先天一气？

曰：天地未判之先，一灵而已，身中一点真阳是也。以其先乎覆载，故名先天。

或问：何谓水火？

曰：天以日月为水火；《易》以坎离为水火；禅以定慧为水火；圣人以明润为水火；医道以心肾为水火；丹道以精气为水火。我今分明指出，自己一身之中，上而炎者，皆为火；下而润者，皆为水。种种异名，无非譬喻，使学者自得之也。

或问：如何是火中有水？

曰：从来神水出高原。以理言之，水不能自润，须仗火蒸而成润。以法象言之，火旺在午，水受气在午。以此求之，火中有水明矣。若以一身言之，则是气中之液也。

或问：如何水中有火？

曰：以理言之，日从海出。以法象言之，水旺在子，火受胎在子。以一身言之，则是精中之气也。

或问：如何是既济？

曰：水升火降曰既济。《易》曰："山下有泽，损，君子以惩忿窒欲。"此既济之方也。惩忿则火降，窒欲则水升。

或问：如何是未济？

曰：不能惩忿，则火上炎；不能窒欲，则水下湿。无明火炽，苦海波翻，水火不交，谓之未济。

或问：如何是金木并？

曰：情来归性，谓之交并。情属金，性属木。

或问：如何是间隔？

曰：情逐物，性随念，情性相违，谓之间隔。

或问：如何是清浊？

曰：心不动，水归源，故清；心动，水随流，故浊。

或问：何谓二八？

曰：一斤之数也。半斤铅，八两汞，非真有斤两，只要二物平匀，故曰二八。丹书云："前弦之后后弦前，药物平平火力全。"比喻阴阳平也。亦如二八月，昼夜停也。

或问：如何是沐浴？

曰：洗心涤虑，谓之沐浴。

或问：如何是丹成？

曰：身心合一，神气混融，情性成片，谓之丹成，喻为圣胎。仙师云："本来真性是金丹。四假为炉炼作团"是也。

或问：何谓养火？

曰：绝念为养火。

或问：如何是脱胎？

曰：身外有身为脱胎。

或问：如何是了当？

曰：与太虚同体，谓之了当。物外造化，未易轻述，在人自得之也。

全真活法

授诸门人

全真道人，当行全真之道。所谓全真者，全其本真也。全精，全气，全神，方谓之全真，才有欠缺，便不全也。才有点污，便不真也。

全精，可以保身。欲全其精，先要身安定。安定则无欲，故精全也。

全气，可以养心。欲全其气，先要心清静。清静则无念，故气全也。

全神，可以返虚。欲全其神，先要意诚，意诚则身心合而返虚也。是故精气神为三元药物，身心意为三元至要。

学神仙法，不必多为，但炼精气神三宝为丹头，三宝会于中宫，金丹成矣。岂不易知？岂为难行？难行难知者，为邪妄眩惑尔。

炼精之要，在乎身。身不动，则虎啸风生，玄龟潜伏，而元精凝矣。

炼炁之要，在乎心。心不动，则龙吟云起，朱雀敛翼，而元气息矣。

炼神之要，在乎意。意不动，则二物交，三元混一，而圣胎成矣。

乾坤鼎器，坎离药物，八卦三元，五行四象，并不出"身心意"三字。全真至极处，无出"身心"两字。离了身心，便是外道。虽然亦不可着在身心上，才着在身心上，又被身心所累。须要即此用、离此用。予所谓身心者，非幻身肉心也，乃不可见之身心也。且道如何是不可见之身心？云从山上，月向波心。

身者，历劫以来清静身，无中之妙有也。心者，象帝之先灵妙，本有中之真无也。无中有，象坎☵；有中无，象离☲。

祖师云："取将坎位中心实，点化离宫腹内阴。自此变成乾健体。潜藏飞跃尽由心。"予谓"身心"两字，是全真致极处，复何疑哉？

炼丹之要，只是"性命"两字。离了性命，便是旁门。各执一边，谓之偏枯。祖师云："神是性兮气是命"，即此义也。

炼气在保身，炼神在保心。身不动，则虎啸；心不动，则龙吟。虎啸，则铅投汞；龙吟，则汞投铅。铅汞者，即坎离之异名也。坎中之阳，即身中之至精也。离中之阴，即心中之元气也。炼精化炁，所以先保其身；炼气化神，所以先保其心。身定则形固，形固则了命。心定则神全，神全则了性。身心合，性命全，形神妙，谓之"丹成"也。精化炁，炁化神，未为奇特，夫何故？犹有炼神之妙，未易轻言。

予前所言，金丹之大概，若向这里具只眼，方信大事不在纸上。其或未然，须知下手处。既知下手处，便从下手处做将去，自炼精始。精住，则然后炼炁；气定，则然后炼神；神凝，则然后返虚。虚之又虚，道德乃俱。

炼精在知时。所谓时者，非时候之时也。若着在时上，便不是。若谓无时，如何下手？毕竟作么生？咦！古人言："时至神知。"祖师云："铅见癸生须急采。"斯言尽矣！

炼气在调燮。所谓调燮者，调和真息、燮理真元也。《老子》云："玄牝之门，是谓天地根。绵绵若存，用之不勤。"其调燮之要乎！

今人指口鼻为玄牝之门，非也。玄牝者，天地阖辟之机也。《易·系》云："阖户之谓坤，辟户之谓乾。一阖一辟之谓变。"一阖一辟，即一动一静。《老子》所谓"用之不勤"之义也。

丹书云："呼则接天根，吸则接地根。呼则龙吟云起，吸则虎啸风生。"予谓："呼则接天根，吸则接地根"，即"阖户之谓坤，辟户之谓乾"也。"呼则龙吟云起，吸则虎啸风生"，即"一阖一辟之谓变"，亦"用之不勤"之义也。指口鼻为之玄牝，不亦谬乎？此所谓呼吸者，真息往来无穷也。

口诀

外阴阳往来，则外药也；内坎离辐辏，乃内药也。外有作用，内则自然。精气神之用有二，其体则一。

以外药言之：交合之精，先要不漏；呼吸之气，更要细细，至于无息；思虑之神，贵在安静。

以内药言之：炼精，炼元精，抽坎中之元阳也。元精固，则交合之精自不泄。炼炁，炼元炁，补离中之元阴也。元气住，则呼吸之气自不出入。炼神，炼元神也，坎离合体成乾也。元神凝，则思虑之神泰定。

其上更有炼虚一着，非易轻言，贵在嘿会，心通可也。勉旃！勉旃！

（大德丙午 [①] 中秋刊于翠峰丹房）

---

① 大德丙午，1306 年。

《清庵先生中和集》后集卷之上

都梁清庵莹蟾子李道纯元素　撰

门弟子损庵宝蟾子蔡志颐　编

论

性命论

夫性者，先天至神，一灵之谓也。命者，先天至精，一气之谓也。精与神，性命之根也。性之造化系乎心，命之造化系乎身。见解智识，出于心也；思虑念想，心役性也。举动应酬，出于身也。语默视听，身累命也。命有身累，则有生有死。性受心役，则有往有来。是知"身心"两字，精神之舍也。精神，乃性命之本也。性无命不立，命无性不存。其名虽二，其理一也。嗟乎！今之学徒，缁流道子，以性命分为二，各执一边，互相是非。殊不知孤阴寡阳，皆不能成全大事。修命者，不明其性，宁逃劫运？见性者，不知其命，末后何归？仙师云："炼金丹，不达性，此是修行第一病。只修真性不修丹，万劫阴灵难入圣。"诚哉言欤！高上之士，性命兼达。先持戒定慧而虚其心，后炼精气神而保其身。身安泰，则命基永固；心虚澄，则性本圆明。性圆明，则无来无去；命永固，则无死无生。至于混成圆顿，直入无为，性命双全，形神俱妙也。虽然，却不可谓性命本二，亦不可做一件说，本一而用则二也。苟或执着偏枯，各立一门而入者，是不明性命者也。不明性命，则支离为二矣。性命既不相守，又焉能登真蹑境者哉？

卦象论

海琼真人云："上品丹法无卦爻。"诸丹书皆用卦爻者，何也？此圣人设教而显道也。古云：大道无言，无言不显其道，即此义也。所谓卦者，挂也。如挂物于空悬示人，犹"天垂象，见吉凶"，使人易见也。象也者，像此者也。爻也者，效此者也。卦有三爻，象三才，即我之三元也。画卦六爻，象六虚，即我之六合也。丹书用卦、用爻者，盖欲学者法象安炉，依爻进火，易为取则也。海琼真人谓"无卦爻"者，警拔后人不可泥于爻象，即此用而离此用也。譬如此身未生之前，如如不动，即太极未分之时。因有此身，立性立命，即太极生两仪也。有形体，便有性情，即两仪生四象也。至于精、神、魂、魄、意、气、身、心悉皆足具，即四象生八卦也。先贤云："崇释则离宫修定，归道乃水府求玄。"谓修炼性命之要也。离宫修定者，持戒定慧，使诸尘不染，万有一空，即去离中之阴也。水府求玄者，炼精气神，使三花聚鼎，五气朝元，而存坎中之阳也。特达之士，二理总持，负阴抱阳，虚心实腹，即取坎中之阳，而补离中之阴，再成乾体也。紫阳真人云："取将坎位心中实，点化离宫腹里阴。自此变成乾健体，潜藏飞跃尽由心。"正谓此也。行火候用卦爻者，乾坤二卦，健顺相因，往来推荡，定四时成岁，四德运化，无有穷也。行火进退，抽添加减，则而象之。簇一年于一月，簇一月于一日，簇一日于一时，簇一时于一刻，簇一刻于一息，大自元会运世，细至一息之微，皆有一周之运。达此理者，进火退符之要得矣。虽然，丹道用卦，火候用爻，皆是譬喻，却不可执在卦爻上。当知过河须用筏，到岸不须船，得鱼忘筌，得兔忘蹄可也。紫阳真人云："此中得意休求象，若究群爻谩役情。"又云："不刻时中分子午，无爻卦内定乾坤。"皆谓此也。予谓，生而知之者，不求自得，不勉而中，又岂在诱喻？故上品丹法，不用卦爻也。中下之士，不能直下了达，须从渐入，故诸丹书皆以卦爻为法则也。达者味之，而自得之矣！

说

死生说

太上云："人之轻死，以其求生之厚，是以轻死。"又曰："夫惟无以生为者，是贤于贵生。"是谓求生了不可得，安得有死耶？有生即有死，无死便无生。故知性命之大事，死生为重焉。欲知其死，必先知其生。知其生，则自然知死也。子路问死，子曰："未知生，焉知死？"大哉圣人之言也。

《易·系》所谓："原始要终"，故知死生之说，其斯之谓欤？予谓：学道底人，欲要其终，先原其始；欲明末后，究竟只今。只今脱洒，末后脱洒；只今自由，末后自由。亘古亘今，历代圣师，脱胎神化、应变无穷者，良由从前淘汰得净洁，末后所以轻举。若复有人于平常一一境界，觑得破，打得彻，不为物眩，不被缘牵，则末后一一境界眩他不得，一一情缘牵他不住。我见今时打坐底人，才合眼，一切妄幻魔境，都在目前，既入魔境，与那阴魔打成一片，不自知觉。间有觉者，亦不能排遣，却如个有气底死人，六根具足，不能施为，被他扰乱，摆拨不下。只今既不得自由，生死岸头怎生得自由去也？若是个决烈汉，合眼时，与开眼时则一同，于一一妄幻境界都无染着，去来无碍，得大自在。只今既脱洒，末后奚患其不脱洒耶？清庵道人，不惜两片皮，为损庵辈饶舌，只如今做底工夫，便是末后大事。只今是因，末后是果。只今一切念虑都属阴趣，一切幻缘都属魔境。若于平常间，打并得洁净，末后不被他惑乱。念虑当以理遣，幻缘当以志断。念虑绝则阴消，幻缘空则魔灭，阳所以生也。积习久久，阴尽阳纯，是谓仙也。或念增缘起，纵意随顺，则阴长魔盛，阳所以消也。积习久久，阳尽阴纯，死矣。大修行人，分阴未尽则不仙；一切常人，分阳未尽则不死。作是见者，玄门高士。诸法眷等，立决定志，存不疑心，直下打并，教赤洒洒，空荡荡，勿令秋毫许尘染着，便是清静法身也。汝若不着一切相，则一切相亦不着汝。汝若不执[1]一切法，则一切法亦不执汝。汝若不见一切物，则一切物亦不见汝。汝若不知一切事，则一切事亦不知汝。汝若不闻一切声，则一切声亦不闻汝。汝若不缘一切觉，则一切觉亦不缘汝。至于五蕴六识，亦复如是。六尘不入，六根清静；五蕴皆空，五眼圆明。到这里，六根互用，通身是眼，群阴消尽，遍体纯阳，性命双全，形神俱妙，与道合真也。更有甚死生可超？更有甚只今末后也？无因也无果，和无也无，倒大轻快，倒大自在。咦！无生法忍之妙，至是尽矣。

　　至元壬辰[2]上元日，清庵莹蟾子书于中和庵，赠蔡损庵辈

---

　　① 执，《道藏》本作"染"。
　　② 至元壬辰，1292 年。

动静说

太上云："致虚极，守静笃，万物并作，吾以观其复。"此言静极而动也。"夫物芸芸，各复归其根，归根曰静，是谓复命。"此言动极而复静也。又云："复命曰常。"此言静一动，动一静，道之常也。苟以动为动，静为静，物之常也。先贤云："静而动，动而静，神也。动无静，静无动，物也。"其斯之谓欤？是知保身心之要，无出乎动静也。学道底人，收拾身心，致虚之极，守静之笃，则能观复。《易》曰："复，其见天地之心乎？"夫复之为卦，自坤而复，自静而动也。五阴至静，一阳动于下，是谓复也。非静极而动乎？观复则知化，知化则不化，不化则复归其根也。归根曰静，是谓复命，非动而复静乎？《易·系》云："阖户之谓坤，辟户之谓乾。一阖一辟之谓变，往来不穷之谓通。"一阖一辟，一动一静也。往来不穷，动静不已也。互动互静，机械不已。运化生成，是谓之变。推而行之，应变无穷，是谓之通。太上云："谷神不死，是谓玄牝。"此言虚灵不昧，则动静之机不可撡也。又云："玄牝之门，是谓天地根。"即乾阳坤阴，一阖一辟而成变化也。又云："绵绵若存，用之不勤。"即往来不穷之谓通也。天地①阖辟，犹人之呼吸也，呼则接天根，是谓辟也；吸则接地根，是谓阖也。呼则龙吟云起，吸则虎啸风生，是谓变也。风云际会，龙虎相交，动静相因，显微无间，是谓通也。予所谓呼吸者，非口鼻。真息绵绵，往来不息之谓也。苟泥于口鼻而为玄牝，又焉能尽天地鼓舞之神哉？知天地变动，神之所为者，是名上士。达是理者，则知乾道健而不息，即我之心动而无为，工夫不息也。坤道厚德载物，即我之身静，而应物用之无尽也。心法天，故清；身法地，故静。常清常静，则天地阖辟之机，我之所维也。经云："清者，浊之源。动者，静之基。人能常清净，天地悉皆归。"正谓此也。经闲庵辈，叩予保身心之要，予以动静告之。盖欲使其收拾身心，效天法地之功用也。夫保身在调燮，保心在捡摄。调燮贵乎动，捡摄贵乎静。一动象天，一静象地，身心俱静，天地合也。至静之极，则自然真机妙应，非常之动也。只这动之机关，是天心也。天心既见，玄关透也。玄关既透，药物在此也，鼎炉在此矣，火候在此矣，三元、八卦、四象、五行，种种运用悉具其中矣。工夫至此，身心混

---

① 地，《道藏》本作"根"，误。

合，动静相须，天地阖辟之机，尽在我也。至于心归虚寂，身入无为，动静俱忘，精凝气化也。到这里，精自然化气，气自然化神，神自然化虚，与太虚混而为一，是谓返本还元也。咦！长生久视之道，至是尽矣。

至元壬辰上元后四日，清庵莹然子书于中和精舍，赠经闲庵辈。

歌

原道歌

（赠野云）

玄流若也透玄关，蹑景登真果不难。

只是星儿孔窍子，迷人如隔万重山。

世间纵有金丹客，大半泥文并着物。

虽然苦志教门中，却似痴猫守空窟。

或将金石为丹母，或云口鼻为玄牝。

或云心肾为坎离，或云精血为奇偶。

劳形苦体费精神，妙本支离道不伸。

直待灵源都丧尽，尚犹执着不回身。

人人自有长生要，道法法人人不肖。

浮华乱目孰回光，薄雾牵情谁返照？

我观颍川野云翁，奇哉道释俱贯通。

玉锁金枷齐解脱，急流勇退慕玄风。

我今得见知音友，故把天机都泄漏。

坎水中间一点金，急须取向离中轇。

一句道心话与贤，从今不必乱钻研。

九夏但观龙取水，明明天意露真诠。

会得此机知采药，地雷震处鼓橐籥。

霎时云雨大滂沱，万气咸臻真快乐。

水中取得玉蟾蜍，送入悬胎鼎内储。

进火退符功力到，无中生有结玄珠。

获得玄珠未是妙，调神温养犹深奥。

铅要走而汞要飞，水怕寒兮火怕燥。

火周须要识持盈，静定三元大宝成。

迸破顶门神蜕也，与君同步谒三清。

炼虚歌

（并引，授钱塘王竹斋）

道本至虚，虚无生气，一气判而两仪立焉。清而上者，曰天；浊而下者，曰地。天圆而动，北辰不移，主动者也；地方而静，东注不竭，主静者也。北辰，天地之心；东注，天地之气。以虚养心，心所以静；以虚养气，气所以运。人心安静，如北辰之不移。神至虚灵，作是见者，天道在己；气常运动，如东注之不竭，形固常存，作是见者，地道在己。天地之道在己，则形神俱妙，阴阳不可得而推迁，超出造化之外也。是知虚者，大道之体，天地之始，动静自此出，阴阳由此运，万物自此生，是故虚者，天下之大本也。古杭王高士，以竹名斋，盖有取于此也。处事以直，处世以顺，处心以柔，处身以静，竹之节操也。动则忘情，静则忘念，应机忘我，应变忘物，竹之中虚也。立决定志，存不疑心，内外圆通，始终不易，竹之岁寒也。广参至士，遍访明师，接待云水，混同三教，竹之丛林也。兼之见素抱朴，少私寡欲，调息运诚，观化知复，非天下之至虚，其孰能与于此？以竹名斋，宜矣。辛卯岁，有全真羽流之金陵中和精舍，尝谈盛德，予深重之。自后三领云翰，观其言辞，有致虚安静之志，于是乎横空飞剑而访先生，是乃已亥重阳日也。观其行，察其言，足见其深造玄理者也。于是乎，以珏蟾扁子名。珏之为字，二玉相并，俾之虚实相通，为全形神之大方也。虚为实体，实为虚用，虚实相通，去来无碍。玉又取其洁白之义，虚室生白，神宇泰定，自然天光发露，普照无私也。工夫至此，仙佛圣人之能事毕矣。辞已既，故作是篇以记之。歌曰：

为仙为佛与为儒，三教单传一个虚。

亘古亘今超越者，悉由虚里做工夫。

学仙虚静为丹旨，学佛潜虚禅已矣。

扣予学圣事如何？虚中无我明天理。

道体虚空妙莫穷，乾坤虚运气圆融。

阴阳造化虚推荡，人若潜虚尽变通。

还丹妙在虚无谷，下手致虚守静笃。

虚极又虚元气凝，静之又静阳来复。

虚心实腹道之基，不昧虚灵采药时。

虚己应机真日用，太虚同体丈夫儿。

采铅虚静无为作，进火以虚为橐籥。

抽添加减总由虚，粉碎虚空成大觉。

究竟道冲而用之，解纷剉锐要兼持。

和光混俗忘人我，象帝之先只自知。

无画以前焉有卦，乾乾非上坤非下。

中间一点至虚灵，八面玲珑无缝罅。

四边固密剔浑沦，个是中虚玄牝门。

若向不虚虚内用，自然阖辟应乾坤。

玄牝①门开功则极，神从此出从此入。

出出入入复还虚，虚空②一声春霹雳。

霹雳震时天地开，虚中迸出一轮来。

圆陀陀地光明大，无欠无馀照竹斋。

竹斋主人大奇特，细把将来应时物。

虚里安神虚里行，发言阐露虚消息。

虚至无虚绝百非，潜虚天地悉皆归。

虚心直节青青竹，总③是炼虚第一机。

破惑歌

吁④嗟世上金丹客，万别千差殊不一。

执象泥文胡作为，摘叶寻枝徒费力。

---

① 玄牝，底本作"不是"，校者据《道藏》本改。
② 虚空，《道藏》本作"平地"。
③ 总，《道藏》本作"个"。
④ 吁，《道藏》本作"堪"。

采日精，吸月华，含光服气及吞霞。

敛身偃仰为多事，转睛捏目起空花。

炼稠唾，咽津液，指捏尾闾并夹脊。

注想存思观鼻端，翻沧倒海食便溺。

守寂淡，落顽空，兀兀腾腾做奔功。

更有按摩并数息，总与金丹理不同。

八段锦，六字气，辟谷休粮事何济？

执着三峰学采阴，九浅一深为进退。

扰腰兜肾守生门，屈伸导引弄精魂。

对炉食乳强兵法，个样家风不足论。

更有缩龟并闭息，熊伸鸟引虚劳役。

摩腰居士腹中温，行气先生面上赤。

击天鼓，抱昆仑，叩齿集神视顶门。

虚响认为雄虎啸，肚鸣道是牝龙吟。

烧丹田，调煮海，昼夜不眠苦打睚。

单衣赤脚受煎熬，前生欠少饥寒债。

常持不语谩徒然，默朝上帝怎升迁？

呵手提囊真九伯，摩娑小便更狂颠。

弄金枪，提金井，美貌妇人为药鼎。

采他精血唤真铅，丧失元和犹不省。

有等葛藤口鼓禅，斗唇合舌逞能言。

指空话空干打哄，竖拳竖指不知原。

提话头，并观法，捷辩机锋喧雪雪。

拈槌竖拂接门徒，瞬目扬眉为打发。

参公案，为单提，真个高僧必不然。

理路多通为智慧，明心见性待驴年。

道儒僧，休执着，返照回光自忖度。

忽然摸着鼻孔尖，始信从前都是错。

学仙辈，绝谈论，受气之初穷本根。

有相有求俱莫立，无形无象更休亲。

心非火，肾非水，凡精不可云天癸。

黄婆元不在乎脾，玄牝亦休言口鼻。

卯非兔，酉非鸡，子非坎兮午非离。

一阳不在初三四，持盈何执月圆时？

肝非龙，肺非虎，精华焉得称丹母？

五行元只一阴阳，四象不离二玄牝。

采药川源未易知，汞产东方铅产西。

离位日魂为姹女，坎宫月魄是婴儿。

为无为，学不学，缘觉声闻都倚阁。

我今一句全露机，身心是火也是药。

身心定，玄窍通，精气神虚自混融。

三百日胎神脱蜕，翻身拶碎太虚空。

玄理歌

（二首，授田宇庵）

其一

至道虽然无处所，也凭师匠传规矩。

屯蒙取象配朝昏，复姤假名称子午。

进火无中炼大丹，安炉定里求真土。

身心意定共三家，铅汞银砂同一祖。

加减依时有后先，守城在我分宾主。

南山赤子跨青龙，北海金公骑白虎。

两般药物皆混融，一对龟蛇自吞吐。

直超实际归大乘，顿悟圆通非小补。

密会真机本自然，可怜小法胡撑拄。

口灵舌辩自夸能，气大心高谁敢睹。

未会潜心入窈冥，何劳立志栖圜堵？

初机自是不求师，老倒无成甘受苦。

积功累行满三千，返照回光穷二五。

起火东方虎啸风，涤尘西极龙行雨。

驱雷掣电役天罡，辅正除邪任玄武。
姹女才离紫极宫，金公已到朱陵府。
炉中大药一丸成，室内胎仙三叠舞。
四象五行都合和，九还七返功周普。
皎蟾形兆出庵来，烁烁光明充大宇。

其二

治人事天莫若啬，夫啬谓之重积德。
性天大察长根尘，理路多通增业识。
聪明智慧不如愚，雄辩高谈争似嘿。
绝虑忘机无是非，隐耀含华远声色。
寡欲薄味善根臻，省事简缘德本植。
一念融通万虑澄，三心剔透诸缘息。
谛观三教圣人书，息之一字最简直。
若于息上做工夫，为佛为仙不劳力。
息缘达本禅之机，息心明理儒之极。
息气凝神道之玄，三息相须无不克。
说与知堂田皎蟾，究竟自心为轨则。

性理歌

（授潘学士）

两仪肇判分三极，乾以直专坤辟翕。
天地中间玄牝门，其动愈出静愈入。
道统正传指归趣，仲尼授参参授伋。
风从虎兮云从龙，火就燥兮水流湿。
致知格物有等伦，入圣超凡无阶级。
君子居易以俟命，内省不疚何忧悒？
致用推明生杀机，存身究竟龙蛇蛰。
回光照破梦中身，直下掀翻旧书笈。
磨光刮垢绝根尘，释累清心无染习。

潜心入妙感而通，万里长江一口吸。

何须乾鼎炼金精，不假坤炉烹玉汁。

透彻羲皇未画前，世界收来藏黍粒。

火候歌

（授陈月谷）

欲造玄玄须谨独，谨独工夫机在目。

绝断色尘无毁辱，清虚方寸莹如玉。

极致冲虚守静笃，静中一动阳来复。

初九潜龙须摄伏，进至见龙休太速。

才见乾乾光内烛，或跃在渊时沐浴。

九五飞龙成化育，阳极阴生须退缩。

防微杜渐坤初六，退至直方金并木。

六三不可荣以禄，括囊以后神丹熟。

若逢野战志钤束，阴剥阳纯火候足。

一粒宝珠吞入腹，作个全真仙眷属。

一夫一妇常和睦，三偶三奇时趁逐。

素女青郎一处宿，黑汞赤铅自攒簇。

虚空造就无为屋，这个主人诚不俗。

山岳藏云天地肃，烁烁蟾光照虚谷。

龙虎歌

（并引，授钱塘赵束斋）

龙虎者，阴阳之异名也。阴阳运化，神妙莫测，故象之以龙虎。《易系》云："一阴一阳之谓道，阴阳莫测之谓神。"丹书云："偏阴偏阳之谓疾。"阴阳者，太极之动静也。一分为二，清升浊沦，大而天地，小而物类，皆禀阴阳二气而有形名。故覆载之间，纤洪巨细，未有外乎阴阳者也。丹经子书，种种异名，不出"阴阳"二字。历代仙师，假名立象，喻之为龙虎，使学徒易取则而成功也。龙虎之象，千变万化，神妙难穷，故喻之为药物，立之为鼎炉，运之为火候，比之为坎离，假之为金木，字之为男女，配之为夫妇，以上异名，皆龙虎之妙用也。以其灵感，故曰药物；以其成物，故曰鼎炉；以其变化，故曰火候；以其交济，故曰坎离；以其刚直，故曰金木；以其升沉，故曰男女；以其妙合，故曰夫妇。若非龙虎，何以尽之？《文言》曰："云从龙，风从虎，圣人作而万物睹。"此发明乾元九五之德也。是知龙虎之妙，非神德圣功，何以当之哉？反求诸己，情性也。化而裁之，身心也，魂魄也，精气也。推而行之，玄牝之门也，阖辟之机也。太上云："谷神不死，是谓玄牝。玄牝之门，是谓天地根。绵绵若存，用之不勤。"《易》云："阖户谓之坤，辟户谓之乾。一阖一辟谓之变，往来不穷谓之通。"丹书云："呼则接天根，吸则接地根。"即乾坤阖辟之机也。"呼则龙吟云起，吸则虎啸风生"，即"一阖一辟谓之变"也。风云感合，化生金液，即"往来不穷谓之通"也。金液还返，结成大丹，故假名曰"龙虎大丹"也。采而饵之，长生久视。此所谓呼吸者，非口鼻也。真机妙应，一出一入之门户也。若向这里透得，龙虎丹成，神仙可冀。修真至士，诚能于龙虎上打得彻，透得过，真常之道，虽曰至玄至微，又奚患其不成哉？至于种善根，植德本，养圣胎，未有不明龙虎而成者也。紫阳云："收拾身心，谓之降龙伏虎。"心不动则龙吟，身不动则虎啸。龙吟则气固，虎啸则精凝。元精凝，则足以保形；元气固，则足以凝神。形神俱妙，与道合真，神仙之能事毕矣。非天下至神，其孰能与于此哉？赵束斋者，古杭人也，幼为内侍，职任中官。因乾旋坤转而勘破浮生，故弃利捐名，而参求道要。虽红尘而混迹，实玄境以栖心，真脱略世事者也。意欲混合凝神，故留心于龙虎。一日携是图示予，求其赘语。予辞不可，于是着笔而塞责焉。告之曰：古人因道而设象，予今因象而立言。束斋者，贵在明加眼力，觑破端的，莫教错认定盘星。苟能因言会意，观图得旨，便知道真龙、真虎不在纸上，而在自己也。至于言象两忘，道德备矣。咦！真龙、真虎不难寻，只要抽阳去补阴。四德运乾诚不息，潜飞见跃尽由心。虽然也是平地起波涛，青天轰霹雳。勉旃！勉旃！歌曰：

> 真龙真虎元无象，谁为起模传此样？
>
> 若于无象里承当，又落断常终莽荡。
>
> 青青白白太分明，也是无风自起浪。
>
> 时人要识真龙虎，不属有无并子午。
>
> 休将二物浑沦吞，但把五行颠倒数。

根芽本是太玄宫，造化却在朱陵府。
虽然运用有主张，毕竟虚灵无处所。
一条大道要心通，些子神机非目睹。
忽然迸开顶囟门，勘破木金同一母。
高高绝顶天罡推，耿耿银河斗柄斡。
兴云起雾仗丁公，掣电驱雷役玄武。
瞬息之间天地交，刹那之顷坎离补。
虎从水底起清风，龙在火中降甘雨。
云行雨施天下平，运乾龙德功周普。
人言六龙以御天，孰知一龙是真主。
人言五虎透玄关，孰知一虎生真土。
会得龙虎常合和，便知龟蛇互吞吐。
圣人设象指蹄筌，象外明言便造玄。
言外更须穷祖意，元来太极本无〇。
得意忘象未为特，和意都忘为极则。
稽首束斋赵隐居，彻底掀翻参学毕。

无一歌

（赠孙似山）

道本虚无生太极，太极变而先有一。
一分为二二生三，四象五行从此出。
无一斯为天地根，玄教一为众妙门。
易自一中分造化，人心一上运经纶。
天得一清地得宁，谷得以盈神得灵。
物得以成人得生，侯王得之天下贞。
禅向一中传正法，儒从一字分开阖。
老君以一阐真常，曾参一唯妙难量。
道有三乘禅五派，毕竟千灯共一光。
抱元守一通玄窍，惟精惟一明圣教。
太玄真一复命关，是知一乃真常道。

休言得一万事毕，得一持一保勿失。

一彻万融天理明，万法归一未奇特。

始者一无生万有，无有相资可长久。

诚能万有归一无，方会面南观北斗。

至此得一复忘一，可与化元同出没。

设若执一不能忘，大似痴猫守空窟。

三五混一一返虚，返虚之后虚亦无。

无无既无湛然寂，西天胡子没髭须。

今人以无唤作无，茫荡顽空涉畏途。

今人以一唤作一，偏枯苦执费工夫。

不无之无还会得，便于守一知无一。

一无两字尽掀翻，无一先生大事毕。

抱一歌

（赠焦达卿治中）

无极极而为太极，太极布妙始于一。

一分为二生阴阳，万类三才从此出。

本来真一至虚灵，亘古亘今无变易。

只因成质神发知，善恶机缘有差忒。

随情逐幻长荆榛，香味色声都眩惑。

诚能一上究根原，返本还元不费力。

一夫一妇定中交，三女三男无里得。

三元八卦会于壬，四象五行归至寂。

忽然迸破顶囟门，烁烁金光满神室。

虚无之谷白透通，玄牝之门白阖辟。

一阳来复妙奚穷，四德运乾恒不息。

浩气凝神于窈冥，出有入无于恍惚。

中间主宰是甚么，便是达卿元有的。

慧剑歌

自从至人传剑诀，正令全提诚决烈。

有人问我觅踪由，向道不是寻常铁。

此块铁，出坤方，得入吾手便轩昂。

赫赫火中加火炼，工夫百炼炼成钢。

学道人，知此诀，阳神威猛阴魔灭。

神功妙用实难量，我今剖露为君说。

为君说，泄天机，下手一阳来复时。

先令六甲搧炉鞴，六丁然后动钳锤。

火功周，得成剑，初出辉辉如掣电。

横挥凛凛清风生，卓竖莹莹明月现。

明月现，瑞光辉，烁地照天神鬼悲。

激浊扬清荡妖秽，诛龙斩虎灭蛟螭。

六贼亡，三尸绝，缘断虑捐情网裂。

神锋指处山岳崩，三界魔王皆剿拆。

此宝剑，本无形，为有神功强立名。

学道修真凭此剑，若无此剑道难成。

开洪濛，剖天地，消碍化尘无不备。

有人问我借来看，拈出向君会不会。

挽邪归正歌

（示学徒）

道自虚无生一气，谁为安名分五太？

一气判而生两仪，清升浊沦成覆载。

阴阳经纬如掷梭，乾坤阖辟如搧鞴。

两仪妙合有三才，七窍凿开生万类。

无极之真剔浑沦，日用平常无不在。

生生化化百千机，不出只今这皮袋。

诚能自己究根宗，四象五行本圆备。

三反昼夜志不分，绝利一源功百倍。

打透精关与气关，潜通天籁并地籁。

头头合辙有规绳，窍窍光明无窒碍。

若向这里具眼睛，便将两采做一赛。

抬头撞倒须弥峰，举步踏翻玄妙寨。

单提一理阐真宗，会合万殊归正派。

炼阳神了出阳神，自色界超无色界。

我见今时修行人，多是造妖并捏怪。

气高强大傲同侪，逞俊夸能云自会。

机锋捷辩假聪明，驾驭谈空干智慧。

初机学者受欺瞒，博学玄流不见爱。

只管目前逞强梁，不顾末后受殃害。

人前饶舌口喃喃，却如担水河头卖。

生烟发火念头差，逐境随时心地隘。

涝涝漉漉弄精魂^①，热热乱乱苦打睡。

搬精运气枉辛勤，数息按^②摩徒意快。

昏沉掉举难主张，不昏即散如之奈。

神衰气散怎医治，髓竭形羸空后悔。

若求正道出迷津，免使填还冤业债。

收拾从前狂乱心，掀翻往日豪强态。

事父之心推事师，得旨先须持禁戒。

恕己之心推恕人，不责于人因善贷。

不自明而全其明，不自大而成其大。

无事无欲及无知，去甚去奢并去泰。

立基下手要严持，触境遇缘更淘汰。

只凭铅汞做丹头，莫认涂泥为宝贝。

更须上下交坎离，勿谓东西为震兑。

---

① 魂，《道藏》本作"神"。

② 按，底本作"接"，校者据《道藏》本改。

交梨火枣非肾心，木液金精岂肝肺？
休泥缘觉及声闻，不属见知并学解。
究竟无中养就儿，禅天净尽绝纤芥。
九还七返那机关，不在内兮不在外。
本来实相了无形，亘古虚灵终不昧。
抱元守一蕴诸空，笃志力行休懈怠。
合和四象聚三元，攒簇五行会八卦。
烹庚炼甲有抽添，阳火阴符知进退。
虚无湛寂运机缄，恍惚杳冥旋造化。
两般灵物入中宫，一道金光明四下。
西南黄氏老婆心，鼓合南陵丁女嫁。
青衣女子才归房，白首金公来入舍。
夫欢妇合交阴阳，雨态云情忘昼夜。
气固精凝结圣胎，产颗玄珠太希诧。
四方剔透太光明，八面玲珑无缝罅。
都来些子圆团圞，黄金万两难酬价。
稽首全真参学人，记取清庵说底话。
诚能直下肯承当，便是渠侬把底靶。
话靶做成又作么？无位真人乘鹤驾。

《清庵先生中和集》后集卷之中

都梁清庵莹蟾子李道纯元素　撰
门弟子损庵宝蟾子蔡志颐　编

诗

述工夫

（十七首）

一、发蒙

九转还丹下手功，要知山下出泉蒙。
安炉妙用凭坤土，运火工夫藉巽风。
兑虎震龙才混合，坎男离女便和同。
自从四象归中后，造化机缄在我侬。

二、采药

炼汞烹铅本没时，学人当向定中推。
客尘欲染心无着，天癸才生神自知。
情寂金来归性本，精凝坎去补南离。
两般灵物交并后，阴尽阳纯道可期。

三、进火

既通天癸始生时，自有真阳应候回。
三昧火从离位发，一声雷自震宫来。
气神和合生灵质，心息相依结圣胎。
透得里头消息子，三关九窍一齐开。

四、日用

真铅真汞大丹头，采取当于罔象求。
有作有为终有累，无求无执便无忧。
常清常静心珠现，忘物忘机命宝周。
动静两途无窒碍，不离当处是瀛洲。

五、固形

全真妙理不难行，惟恐随缘逐色声。
万幻不侵情自绝，一心无染念安生？
屏除人我全天理，把握阴阳合泰亨。
说与修丹高士道，色声无漏性圆明。

六、交合

造道元来本不难，工夫只在定中间。
阴阳上下常升降，金水周流自返还。
紫府青龙交白虎，玄宫地轴合天关。
云收雨散神胎就，男子生儿不等闲。

七、透关

真常之道果何难，只在如今日用间。
一合乾坤知阖辟，两轮日月自循环。
归根自有归根窍，复命宁无复命关？
踏遍^①两重消息子，超凡越圣譬如闲。

八、出入

谷神不死为玄牝，个是乾坤阖辟机。
往往来来终不息，推推荡荡了无违。
白头老子乘龙去，碧眼胡儿跨虎归。

---

① 遍，底本作"泛"，据《道藏》本改。

试问收功何所证？周天匝地月光辉。

九、警众

口头三昧谩矜夸，阔论高谈事转差。
比似着①形求实相，却如捏目起空花。
随将物去终归幻，裂转头来便到家。
莫怪清庵多臭口，打开心孔要无遮。

十、挽邪

三千六百法旁门，执着之人向里昏。
每日只徒心有见，何时得悟命归根？
聪明特达何须道，智慧精通不足论。
一切形名声色相，到头都是弄精魂。

十一、敌魔

坐中昏睡怎禁他，鬼面神头见也么？
昏散相②因由气浊，念缘断续为阴多。
潮来水面浔堤岸，风定江心绝浪波。
性寂情空心不动，坐无昏散睡无魔。

十二、显正

火符容易药非遥，天癸生如大海潮。
两种汞铅知采取，一齐物欲尽捐消。
掀翻万有三元合，炼尽诸阴五气朝。
十月脱胎丹道毕，婴儿形兆谒神霄。

---

① 着，《道藏》本同，《道统大成》本作"虚"。
② 相，《道藏》本同，《道统大成》本作"皆"。

十三、调燮

三元大药意心身，着意心身便系尘。
调息要调真息息，炼神须炼不神神。
顿忘物我三花聚，猛拚机缘五气臻。
八达四通无罣碍，随时随处阐全真。

十四、明本

身自空来强立名，有名心事便牵萦。
阴阳消长磨今古，日月升沉运死生。
会向时中存一定，便知日午打三更。
虽然处世凭师授，出世工夫要自明。

十五、铸剑

明师授我铸神锋，全藉阴阳造化功。
煅炼乾刚坤作冶，吹嘘离火巽为风。
做成龙象心官巧，扫荡妖氛志帅雄。
学道高人知此趣，等闲劈碎太虚空。

十六、蟾窟

蟾窟清幽境最佳，主人颠倒作生涯。
玉炉煅炼黄金液，金鼎烹煎白雪芽。
斡运周天旋斗柄，推迁符火运雷车。
自从打透都关锁，恣意银河稳泛槎。

十七、清庵

吾庵非是等闲庵，未许常人取次观。
一妇一夫能做活，三男三女打成团。
里头世界元来大，外面虚空未是宽。
试问主人为的事，报言北斗面南看。

咏真乐

（十二首）

（一）

佛仙总是世人为，争奈迷途自不知。
若匪贪名争计较，定须逐利苦奔驰。
波波漉漉担家业，劫劫忙忙赡妇儿。
假使财荣妻貌美，无常到后岂相随？

（二）

争似全真妙更奇，个中真乐自心知。
丹从不炼炼中炼，道向无为为处为。
息念息缘调祖气，忘闻忘见养婴儿。
自从立定丹基后，五彩光华透幌帷。

（三）

炉用坤兮鼎用乾，穷微尽理便通仙。
无非摄伏情归性，便是烹煎汞合铅。
绝尽机缘丹赫赤，全存正定宝凝坚。
即斯便是抽添法，不必忉忉更问玄。

（四）

火符容易药非遥，造化全同大海潮。
药物只于无里采，大丹全在定中烧。
九三辐辏诸缘息，二八相交五气朝。
阴尽阳纯功就也，真人出见谒神霄。

（五）

炼丹先把气神调，法水频浇慧火烧。
三物混融三性合，一阳来复一阴消。
金炉端正千神会，宝鼎功成万象朝。
药就丹圆神脱蜕，全身露出赤条条。

（六）

先天至理妙难穷，铅产西方汞产东。

水火二途分上下，玄关一窍在当中。

有知不有真为有，空会无空实是空。

无有有无端的意，滔滔海底太阳红。

（七）

寂然不动契真常，消尽群阴自复阳。

坤里黄婆生赤子，离中姹女嫁呆郎。

山头水降黄芽长，地下雷轰白雪飚。

万里银河无点翳，金蟾独露发神光。

（八）

妖娆少女嫁金公，全藉黄婆打合功。

一对夫妻才会合，两情云雨便和同。

闲时共饮朱陵府，醉后同眠紫极宫。

暮乐朝欢恩义重，一年生个小孩童。

（九）

人人身内有夫妻，争奈愚痴太执迷。

不向里头求造化，却于外面立丹基。

妄将御女三峰术①，伪作轩辕九鼎奇。

个样畜生难忏悔，阎公不久牒来追。

（十）

身内夫妻说与公，青衣女子白头翁。

金情木性相交合，黑汞红铅自感通。

对月临风神逸乐，行云布雨兴无穷。

这些至理诚能会，凝结真胎反掌中。

（十一）

九还七返大丹头，学者须当定里求。

些子神机诚会得，两般灵物便相投。

三年造化须臾备，九转工夫顷刻周。

便把鼎炉掀倒了，丹光烛破四神州。

---

① 术，底本作"御"，据《道藏》本改。

（十二）

不立文书教外传，人人分上本来圆。

玄风细细清三境，慧月娟娟印百川。

兜率三关皆假喻，天龙一指匪真传[①]。

威音那畔通消息，不是濂溪太极圈[②]。

咏四缘警世

身心世事四虚名，多少迷人被系萦。

祸患只因权利得，轮回都为爱缘生。

安心绝迹从身动，处世忘机任事更。

触境遇缘常委顺，命基永固性圆明。

咏葫芦

灵苗种子产先天，蒂固根深理自然。

逐日壅培坤位土，依时浇灌坎中泉。

花开白玉光而莹，子结黄金圆且坚。

成就顶门开一窍，个中别是一坤乾。

心镜

采将乾矿入坤炉，六合虚空作一模。

法相就时圆烁烁，水银磨处莹如如。

放光周遍三千界，收敛归藏一黍珠。

举起分明全体现，更须打破合元枢。

为孚庵指玄牝

玄门牝户不难知，收拾身心向内推。

会得两仪推荡理，便知一气往来时。

---

① 传，《道藏》《道统大成》本作"诠"。

② 圈，底本作"图"，校者据《道藏》本改。

乾坤阖辟无休息，离坎升沉有合离。
我为孚庵明指出，念头复处立丹基。

和翁学录韵

密意参同白玉蟾，元来穷理便通仙。
未明太极生叁伍，徒涉蓬莱路八千。
释氏家风凭祖印，羲皇道统必心传。
青天独露瑶台月，普印千潭一样圆。

赠邓一蟾

禅宗理学与全真，教立三门接后人。
释氏蕴空须见性，儒流格物必存诚。
丹台留得星星火，灵府销熔种种尘。
会得万殊归一致，熙台内外总登春。

自得

（七首）

（一）

打破鸿濛窍，都无佛与仙。
即非心外妙，不是口头禅。
尽日优游过，通宵自在眠。
委身潜绝境，万事付之天。

（二）

一切有为法，般般尽是尘。
穷通诸物理，放下此心身。
随处安禅定，趋时乐至真。
每将周易髓，警拔世间人。

（三）

得造无为妙，终朝不出门。
机缘全绝断，天理自然存。

日用天行健，平常地势坤。

警提门弟子，复命与归根。

（四）

打透都关锁，天然合大同。

龟毛元自绿，鹤顶本来红。

可道非常道，行功是外功。

些儿真造化，恍惚窈冥中。

（五）

自得身心定，凝神固气精。

身闲超有漏，心寂证无生。

乌兔从来去，乾坤任变更。

廓然无所碍，独露大光明。

（六）

日用别无事，维持一己诚。

静中调气息，动则顺人情。

晦德同其俗，含华不显明。

真闲真乐处，常静与常清。

（七）

静抱无名朴，尘情了不侵。

汞铅熔作粉，瓦砾变成金。

觑见羲皇面，参同释老心。

顿空超实际，无古亦无今。

自题相

黄面肌瘦子，看来有甚奇？

分明乔眼孔，刚道绝闻知。

勘破三千法，参同十七师。

低头叉手处，泄尽那些儿。

镜中灯

（二首）

（一）

宝镜本无相，传灯发慧光。

真如元莹净，法体本莹煌。

金鼎烧真火，华池浴太阳。

个中端的意，元不离中黄。

（二）

静室开心镜，虚堂剔慧灯。

外头明皎皎，里面晃腾腾。

黍米光中现，银蟾水底澄。

悬胎金鼎内，一粒大丹凝。

咏藕

（二首）

（一）

一种灵苗异，其他迥不同。

法身元洁白，真性本玲珑。

外象头头曲，中间窍窍通。

淤泥淹不得，发露满池红。

（二）

我本清虚种，玲珑贯古今。

为厌名利冗，且隐污①泥深。

每有济人意，常怀克己心。

几多捞漉者，那个是知音？

---

① 污，《道藏》《道统大成》本作"淤"。

卓庵

（二首）

（一）

择尽虚无地，因缘在玉京。

筑基须稳稳，立鼎要平平。

直竖须弥柱，横安太极楹。

青天为盖覆，庵主乐无生。

（二）

大地划教平，庵基即日成。

来山从丙入，去水放西行。

门户全通达，窗棂透底明。

庵中谁是伴？月白与风清。

《清庵先生中和集》后集卷之下

都梁清庵莹蟾子李道纯元素　撰

门弟子损庵宝蟾子蔡志颐　编

词

沁园春

其一

得遇真传，便知下手，成功不难。待癸生之际，抽铅添汞，火休太燥，水莫令寒。鼓动巽风，搧开炉鞴，武炼文烹不等闲。金炉内，个两般灵物，煅炼成丸。

先须打破疑团，方透归根复命关。使赤子乘龙，离宫取水，金公跨虎，运火烧山。金公无言，姹女敛袄，一个时辰炼就丹。浑吞了，证金刚不坏，超出世间。

其二

身处玄门，不遇真师，徒尔劳辛！若绝学无为，争知阖辟，多闻博学，宁脱根尘。固守自然，终成断灭，着有着无都不真。般般假，那星儿妙处，参访高人。

一言说破元因，直指出丹头精气神。问一窍玄关，本无定位，两般灵物，只在心身。动静相因，有无交入，五气朝元万善臻。幽奇处，把一元簇在，一个时辰。

其三

道曰五行，释曰五眼，儒曰五常。矧仁义礼智，信为根本，金木水火，土①在中央。白虎青龙，玄龟朱雀，皆自勾陈五主张。天数五，人精神魂魄，意历中黄。

乾坤二五全彰，会三②五归元妙莫量。火二南方，东三成五，北玄真一，西四同乡。五土中宫，合为三五，三五混融阴返阳。通玄士，把铅银砂汞，炼作金刚。

其四

道本虚无，虚无生一，一二成三。更三生万物，物皆虚化，形形相授，物物交参。体体元虚，头头本一，未许常人取次谈。虚无妙，具形名相貌，虚里包含。

虚中密意深探，致虚极工夫问老聃。那虚寂湛然，无中究竟，虚无兼达，勘破瞿昙。象帝之先，威音那畔，清净虚无孰有儋。诸玄眷，以虚无会道，稽首和南。

---

① 土，底本作"上"，校者据《道藏》本改。
② 三，底本作"二"，校者据《道藏》本改。

其五

叉手者谁，合掌者谁，擎拳者谁？只这些伎俩，人犹错会，无为妙理，孰解操持？我为诸公，分明举似，老子瞿昙即仲尼。思今古，有千贤万圣，总是人为。

可怜后学无知，辩是是非非没了期。况天地与人，一源分判，道儒释子，一理何疑？见性明心，穷微至命，为佛为仙只在伊。功成后、但殊途异派，到底同归。

其六

说与学人，火无斤两，候无卦爻。也没抽添，也无作用，既无形象，不必烹炮。件件非真，般般是假，着意做工空谩劳。君知否，但一切声色，都是诮淆。

见闻知觉俱抛，直打并灵台无一毫。更休言炉灶，休寻药物，虚灵不昧，志力坚牢。神室虚闲，灵源澄静，就里自然天地交。全真辈，苟不全真性，劫运宁逃？

其七

（赠静庵口诀）

历劫元神，亘初祖气，太始元精。这三般至宝，同根并蒂，欲求端的，勿泥身形。息定神清，缘空气固，清静无为精自凝。丹头结，运阴阳符火，慢慢调停。

尤当固济持盈，把铅汞银砂一处烹。四象和合，命基永固，三元辐辏，觉性虚灵。性命两全，形神俱妙，与道合真无变更。逍遥处，任遨游八极，自在纵横。

其八

（赠春谷清禅师）

智断坚刚，奋心决烈，便透玄关。把杀人手段，轻轻拈出，活人刀子，慢慢教看。一剑当空，万缘俱扫，方信道瞿昙即老聃。玄风播，看春生寒谷，觌面慈颜。

从他雪覆千山，那突兀孤峰青似蓝。况击竹拈花，都成骨董，扬眉瞬目，也是颠顸。劫外风光，目前荐取，擘破面皮方罢参。如何是，那祖师的意，合掌和南。

其九

（赠括苍张希微。号几庵）

不识不知，无声无臭，名曰希微。只这个便是，全真妙本，人能透得，即刻知几。闻法闻经，说禅说道，执象泥文都属非。君还悟，这平常日用，总是玄机。

仍凭决烈行持，把四象五行收拾归。会两仪妙合，三元辐辏，一灵不昧，万化皈依。精气凝神，情缘返性，迸出蟾光遍界辉。形神妙，向太虚之外，独露巍巍。

其十

曲径旁蹊，三千六百，门门不同。若泥在一身，终须着物，离于形体，又属顽空。无有兼行，如何下手，两下俱捐理不通。修真士，若不知玄窍，徒尔劳工。

些儿妙处难穷，亲见了方能达本宗。况听之不闻，抟之不得，观之似有，觅又无踪。个个见成，人人不识，我把天机泄与公。玄关窍，与虚无造化，总在当中。

其十一

（赠吴居士丹旨）

向上工夫，乾宫立鼎，坤位安炉。这火候幽微，元无作用，抽添进退，不费枝梧。阴往阳来，云行雨施，主宰机缄总在渠。心安定，那虚灵不昧，照破昏衢。

性宗悟了玄珠，这命本成全太极图。向圈圈圈外，圆光迸出，存存存里，独见真如。一气归根，六门互用，到此全凭德行扶。混尘世，且藏锋挫锐，了事凡夫。

其十二

（赠安闲子周高士）

真鼎真炉，不无不有，惟正惟中。向静里施工，定中斡运，寂然不动，应感潜通。老蚌含珠，螟蛉咒子，个样真机妙莫穷。只这是，若疑团打破，顿悟真空。

采铅不离坤宫，运符火须当鼓巽风。向北海波心，生擒白虎，南山火里，捉住青龙。二物相投，三关一辏，炼出神丹满鼎红。藏身处，且和光混俗，是谓玄同。

其十三

（赠邓松溪）

若拙若愚，若慵若懒，若呆若痴。只这底便是，造玄日用，果行得去，密应神机。学解见知，声闻圆觉，增长根尘塞肚皮。都无用，但死心蹋地，寿与天齐。

金仙不在天西，那碧眼胡儿不必题。问性宗一着，从空自悟，命基上事，务实为基。虚实相通，有无交入，混合形神圣立跻。禅天净，看云藏山岳，月照松溪。

其十四

（赠损庵入静）

九转工夫，三元造化，百日立基。便打扑精神，存决定志。掀翻妄幻，绝断狐疑。剔起眉毛，放开心地，物物头头一笔挥。行功处，便横拖斗柄，倒斡璇玑。

为中会取无为，个不有中间有最奇。到恍惚之间，窈冥之际，守之即妄，纵又成非。不守不忘，不收不纵，勘这存存存底谁。只怎么，待六阳数足，抱个蟾儿。

其十五

（赠王提点）

慧海深澄，德山高耸，主人不凡。况剉锐解纷，黜聪屏智，掀翻物我，不露机缄。立志虚无，潜心混沌，象帝之先密意参。玄玄处，老先生元姓，一贯乎三。

曾和至士玄谈，故默默昏昏契老聃。矧灵地虚闲，禅天湛寂，忘知忘识，无北无南。收拾身心，圆融造化，覆载中间总作龛。神丹就，看圆陀陀地，照耀崧庵。

其十六

（勉中庵执中妙用）

中是儒宗，中为道本，中是禅机。这三教家风，中为捷径，五常百行，中立根基。动止得中，执中不易，更向中中认细微。其中趣，向词中剖露，慎勿狐疑。

个中造化还知，却不在当中及四维。这日用平常，由中运用，兴居服食，中里施为。透得此中，便明中体，中字元来物莫违。全中了，把中来劈破，方是男儿。

其十七

（赠圆庵蒋大师）

人心惟危，道心惟微，中藏化机。那些儿妙处，都无做造，灵明不昧，慧月光辉。曰炁曰神，惟精惟一，玉莹无暇天地归。通玄处，把坎中一画，移入南离。

赤龙缠定乌龟，六月里严霜果大奇。那白头老子，来婚素女，胎仙舞罢，共入黄帏。布雨行云，阳和阴畅，一载工夫养个儿。常温养，待玉宸颁诏，足蹑云归。

其十八

（勉诸门人）

道在常人，日用之间，人自不知。奈业识纷纷，红尘滚滚，灵源不定，心月无辉。人我山高，是非海阔，一切掀翻便造微。诸贤眷，听清庵设喻，切勿狐疑。

先将清净为基，用静定为庵自住持。以中为门户，正为床榻，诚为径路，敬作藩篱。卑顺和人，谦恭接物，服食兴居弗可违。常行此，若工夫不间，直入无为。

满江红

其一

（赠虚庵）

日用工夫，只一味，存虚抱素。会殊途同归，一致百虑。紫极宫中元气息，悬胎鼎内三花聚。问安炉立鼎事如何？乾金铸。

缚金乌，搏玉兔，捉将来，封土釜。这火候抽添，更须防护。至宝圆成明出入，法身形兆无来去。便潜身，直谒太清宫，神常住。

其二

（赞谁庵殷管辖）

谁是庵儿，阿谁在、庵中撑拄？看饥来吃饭，谁知甘苦？角徵宫商谁解听，青黄皂白谁能睹？向平常日用应酬人，谁区处？

是谁行，是谁举，是谁嘿，是谁语？这些儿透得，便知宾主。外面形躯谁做造，里头门户谁来去？造无为，毕竟住谁庵？朱陵府。

其三

（授觉庵）

道本自然，但有为、头头是错。若一味谈空，如何摸索？无有双忘终不了，两边兼用遭缠缚。都不如嘿嘿守其中，神逸乐。

过去事，须忘却，未来事，休详度。这见在工夫，更休泥着。六欲不生三毒灭，一阳来复群阴剥。悟真空，抱本返元虚，为真觉。

其四

（赠丁县尹三教一理）

三教正传，这蹊径、元来蓦直。问老子机缄，至虚静极。释氏性从空里悟，仲尼理自诚中入。算始初立教派分三，其源一。

道玄关，常应物，易幽微，须嘿识。那禅宗奥旨，真空至寂。刻刻兼持无间断，生生受用无休息。便归根，复命体元虚，藏至密。

其五

（赠睡着李道判）

好睡家风，别有个、睡眠三昧。但睡里心诚，睡中澄意。睡法既能知止趣，便于睡里调神气。这睡功消息睡安禅，少人会。

身虽眠，性不昧，目虽垂，内不闭。向熟睡中间，稳帖帖地。一枕清风凉彻骨，梦于物外闲游戏。觉来时，身在广寒宫，抱蟾睡。

其六

（赞圆庵傅居士）

这个〇儿，自历劫、以来无象。况端端正正，亭亭当当。细入微尘无影迹，大周天界难安放。更通天彻地任纵横，无遮障。

没根宗，没形状，烁烁明，团团亮。只这个便是，本来模样。放出直超无色界，收来隐在光明藏。待顶门，裂破现圆通，金色相。

其七

（赠止庵张宰公）

惟正惟中，只这是，修仙秘诀。若稍有偏颇，动生差别。试向动中持得定，自然静里机通彻。会三元五炁入黄庭，金花结。

运火功，有时节，海潮生，天上月。那一升一降，复圆复缺。十月工夫无间断，一灵妙有超生灭。更问予，向上事如何？无言说。

其八

（赠密庵述三教）

教有三门，致极处、元来只一。这一字法门，深不可测。老子谷神恒不死，仲尼心易初无画。问瞿昙教外涅槃心，密密密。

学神仙，须定息。学圣人，忘智识。论做佛机缄，只凭慧力。道释儒流都勘破，圆明觉照工夫毕。看顶门，迸破见真如，光赫赫。

其九

（赠唯庵宗道人）

观复工夫，要默默、存存固守。静极中一动，便通玄牝。惚恍中间情合性，虚无谷里奇投偶。我今将向上祖师机，为君剖。

说话底，非干口。把物底，非干手。那没脚童儿，会翻筋斗。解得个些奇特处，自然勘破无中有。问西来的的意云何，擘鼻扭。

其十

（赠密庵）

一粒金丹，这出处、孰知年劫？若不识根源，怎生调燮？况是自家元有底，何须着相胡施设。我分明举似学仙人，天机泄。

软如绵，硬似铁，利如金，圆似月。又不方不圆，无亏无缺。放则迸开天地窍，收来隐在虚无穴。问不收不放作么生？应难说。

其十一

（赠一庵）

三五真机，应用处、头头总是。况日用平常，今巍巍地。向有无中忘二见，便于罔象通三昧。却如何成少不成多？因滞泥。

水乡铅，只一味，个便是，先天炁。会蟾乌合璧，身心合意。西四归来投北了，东三便去交南二。把五般，攒簇入炉中，丹完备。

其十二

（赠孙居士）

这点虚灵，自古来、无亏无缺。更烁烁圆圆，澄澄彻彻。照破洪濛前底事，分开蟾窟中间穴。向庵中养个白虾蟆，皎如雪。

那些儿，无可说，利如金，团似月。运化化生生，了无休歇。山水蒙时天癸降，地雷复处玄霜结。驾青鸾，直谒广寒宫，超生灭。

其十三

（赠嘿庵。元号嘿说）

默即说兮，这说处，元来有默。只默说便是，金丹秘诀。默识潜通为大要，声闻缘觉皆虚设。向说中认得默之根，无生灭。

会说底，非干舌，与默底，无差别。这默底宁如，说底亲切。若向不言中得趣，便于不默俱通彻。将默默说说尽掀翻，天机泄。

其十四

（赠敬庵葛道人）

道本无言，要学者，潜通默识。若万虑俱捐，虚灵湛寂。动处调停水中火，定中究竟波罗密。问玄关一窍在何宫？中间觅。

不是心，不是物，不是仙，不是佛。只这些端的，鲜人知得。迷者到头空苦志，悟来不费些儿力。看无中生有产灵胎，阳神出。

其十五

（受①记门人）

吾道玄关，决不许、外边人入。有学者来参，防他做贼。猛把杀人刀子举，活人手段轻拈出。更单提、独弄逞神通，谁能敌。

若是个，善知识，便承当，心不惑。仗奋心刚胆，逢佛杀佛。举步便能欺十圣，口开便要吞三极。把乾坤大地尽掀翻，真奇特。

其十六

（令门人和）

采药归来，这鼎器、乾金铸泻。那些儿道理，全凭主者。先把根尘都扫尽，从前熟处休沾惹。问行工进火事如何？凭般若。

五雷车，青龙扯，烧山符，心匠写。更涤虑洗心，灵泉浇洒。九转功成丹道毕，一灵真性还虚也。那赤条条地法王身，无可把。

---

① 受，《道藏》本作“授”。

满庭芳

其一

（赠焦提举。号素庵，大蟾子）

寂寞山居，喧轰市隐，头头总是玄关。贤明高士，须向定中参。我把活人手段，杀人刀、慢慢教看。君还悟，只今荐取，超脱不为难。

一言明说破，起初下手，先炼三三。自玄宫起火，运入昆山。把定则云横谷口，放行也，月落寒潭。工周竟，太①蟾成象，名姓列仙班。

其二

（受记定庵）

学佛学仙，参禅穷理，不离玄牝中间。可怜迷谬，往往相瞒。一味寻枝摘叶，徒坐破、几个蒲团。堪伤处，外边寻觅，笑②杀老瞿昙。

些儿真造化，诚能亲见，胆冷心寒。定庵高士，好向定中参。看破娘生面目，把从前，学解掀翻。真空透，髑髅迸破，真主自离庵。

水调歌头

其一

（赠和庵王察判。号中蟾）

土釜要端正，定里问黄公。流戊就己，须待山下出泉蒙。采药隄防不及，行火休教太过，贵在得其中。执中常不易，天理感而通。

那些儿，玄妙处，实难穷。自从会得，庵中无日不春风。便把西方少女，嫁与南陵赤子，相见永和同。十月圣胎备，脱蜕烁虚空。

---

① 太，《道藏》本作"大"。
② 笑，《道藏》本作"咲"。

其二

（赠秋蟾周先生）

铅汞了无质，炉鼎假安名。始因动静，迷人不觉堕声闻。这个先天妙理，日用着衣吃饭，相对甚分明。接物应机处，不动感而灵。

不是心，不是佛，匪为金。明加眼力，莫教错认定盘星。片片迷云涣散，湛湛禅天独露，个是本来真。风定浪头息，月满水光清。

其三

（赠宝蟾子）

学佛学仙要，玄妙在中诚。真铅真汞，无非只是性和情。但得情来归性，便见铅来投汞，二物自交併。日用了无间，大药自然成。

识抽添，明进退，要持盈。坤炉乾鼎，阴符阳火慢调停。一窍玄关透了，八片顶门裂破，迸出宝蟾明。功行两圆备，谈笑谒三清。

其四

（赠刘居士）

在俗心不俗，尘里不沾尘。处身中正，何妨闹市与山林。践履不偏不易，日用无争无执，只此是全真。方寸莫教昧，便是上乘人。

采元精，炼元气，复元神。三元合一，自然鼎内大丹凝。更把玄风鼓动，天外迷云消散，慧月朗然明。叩我第一义，江上数峰青。

其五

（赠张蒙庵）

雷在地中复，山下出泉蒙。明斯二理，自然造化合玄同。密密至虚守静，便见无中妙有，九窍一齐通。直下承当去，个是主人公。

莫着无，莫着有，莫迷①空。疑团打彻，只今突出妙高峰。拨置纷纷外境，收拾灵灵底个，生化了无穷。毕竟作么道，日向岭东红。

---

① 迷，《道藏》本作"着"。

其六

（赠实庵）

道乃法之体，法乃道之余。双全道法，横拈倒用总由渠。只这元神元炁，便是天兵将吏，除此外都无。说与洞蟾子，定里做工夫。

守为胎，用为窍，假为符。既明此理，何须苦泥墨和朱。若使精凝炁固，便可驱雷役电，妖怪悉皆诛。行满功成日，谈笑谒仙都。

其七

（示众无分彼此）

道释儒三教，名殊理不殊。参禅穷理，只要抱本还元初。解得一中造化，便使三元辐辏，宿疾普消除。屋舍既坚固，始可立丹炉。

炼还丹，全太极，采玄珠。的端消息，采将坎有补离无。若也不贪不爱，直下离声离色，神炁总归虚。了达一切相，赤子出神庐。

其八

（赠白兰谷）

三元秘秋水，微密实难量。未①分清浊，天地人物一包藏。一乃太玄真水，二气由兹运化，三极理全彰。上下降升妙，根本在中黄。

兔怀胎，牛喘月，蚌含光。人明此理，倒提斗柄戽银潢。绝断曹溪一派，掀倒蓬莱三岛，无处不仙乡。谁为白兰谷，安寝感羲皇。

其九

（言道）

三元秘秋水，未悟谩猜量。诚能参透，洗心涤虑密归藏。意与身心不动，精与气神交合，天理自然彰。三善备于我，翻笑炼玄黄。

性圆融，心豁达，德辉光。牛郎织女，一时会合到天潢。勘破乘槎伎俩，密契浴沂消息，游泳有无乡。日用别无事，读易对三皇。

---

① 未，底本作"末"，校者据《道藏》本改。

其十

（言性）

三元秘秋水，都不属思量。收来毫末，放开大地不能藏。过去未来见在，只是星儿消息，体物显然彰。本自无形象，随处见青黄。

性源清，心地静，发天光。木人半夜，倒骑铁马过银潢。正是露寒烟冷，那更风清月白，乘兴水云乡。识破梦中梦，稽首礼虚皇。

百字令

其一

（赠真蟾子叶大师）

玄关欲透，做工夫，妙在一阳来复。天癸才生忙下手，采处切须虔笃。绝虑忘机，清心释累，认取虚无谷。铅银砂汞，一时辰内攒簇。

霎时天地相交，甲庚无间，龙虎齐降伏。取坎填离乾体就，阳火阴符行足。至宝凝坚，真蟾形兆，宜把灵泉沃。德圆功备，大师名注仙箓。

其二

（指中庵性命次序）

玄关一窍，理幽深，至妙了无言说。阴极阳生初动处，便是采铅时节。地下雷轰，山头水降，满地红尘雪。行功之际，马猿休纵颠劣。

霎时虎啸龙吟，夫欢妇合，鼎内丹头结。身外有身犹未了，圆顿始能通彻。郁郁黄花，青青翠竹，此理应难泄。为君举似，水中捞取明月。

其三

（赠陈制干）

修真慕道，乐清虚，任意陶陶兀兀。富贵荣华都不恋，甘分清贫彻骨。名利俱捐，是非不辨，且把身埋没。真闲真静，谁知如是消息！

为言向上机缄，玄珠罔象，火候无时刻。一窍玄关通得透，顿悟非心非佛。情念双忘，有无交入，胎备元神出。眼睛开放，光明周遍无极。

其四

（赠胡秀才）

亘初一点，莹如如，无相无形无质。不荡不摇常正定，直是断踪绝迹。变化无方，显微无间，妙理应难测。为伊言破，屏除缘虑尘识。

放教方寸虚澄，里头宁贴，方见真端的。三五混融心月皎，照破本元来历。烁烁圆明，如如不动，运化无休息。静中拈出，蟾光烁破无极。

其五

（指老蟾张大夫下手）

金丹大要，不难知，妙在阳时下手。日用平常须谨独，莫纵虎龙奔走。心要安闲，身须正定，意在常存守。始终不怠，自然通透玄牝。

其间些子淆①讹，为公直指，地下听雷吼。立鼎安炉非小可，运用斡旋凭斗。性本圆明，命基牢固，勘破无中有。老蟾成象，直同天地齐寿。

其六

（赠通庵）

太初一点，本灵明，元自至纯无杂。执着些儿千里远，悟得只消时霎。方寸中虚，纤尘不立，何用调庚甲。承当得去，目前方信无法。

个中显诀难传，无名可唤，贵在心通达。信手拈来君荐取，无罅岂容针劄。人我山头，是非海里，更要知生杀。养其无象，忘形灵地开发。

其七

（示众破惑）

成仙捷径，在玄关，一窍四通八达。说与学人先立志，悟后只消时霎。可笑迷徒，不求师指，执着傍门法。搬精搬气，到头都是兜搭。

争知大道堂堂，坦平蓦直，也要师开发。会得善行无辙②迹，玄牝自然开阖。一念无生，谷神不死，九转工周匝。脱胎归去，大罗天上行踏。

---

① 淆，底本作"肴"，校改。
② 辙，底本作"彻"，校者据《道藏》本改。

西江月

其一

（赠潘道人）

真土真铅真汞，元神元炁元精。三元合一药方成，个是全真上品。
动静虚灵不昧，成全实相圆明。形神俱妙乐无生，直谒虚皇绝境。

其二

（赠善友）

至道本无言说，全凭立志刚坚。心常不昧究根源，一月千潭普现。
会取击风捕影，便知火里栽莲。任他海水变桑田，只这本来无变。

其三

（赠周守正）

识破无人无我，何须求佛求仙。随时随处总安禅，一切幻尘不染。
选甚山居野处？何妨闹市门前。执中守正固三田，久久神珠出现。

炼丹砂

其一

（咏玄牝示众）

玄牝少人通，说与诸公。休言南北与西东，不在四维并上下，不在当中。
阖辟妙无穷，天地根宗。生生化化运神功，动静机缄应不息，广纳包容。

其二

（示众）

至道本无传，只要心坚。始终立志莫教偏，九载三年常一定，便是神仙。
真息自绵绵，灵地平平。饥来吃饭困来眠，夏月单衣冬盖被，玄外无玄。

隐语

教外隐语 ①

佛书云："若人欲了知，三世一切佛，应观法界性，一切由心造。"是谓有造则有化，造化皆由心。人皆谓：造化万物者，造化之工也。予独不然。造化本无工，万物自造化也。何以故？一切万物，均有是心，既有是心，便有造化，岂非自造化耶？且如世间一切有形，形本无，无而生有，是谓造；有生便有灭，有灭则复归于无，是谓化。造造化化，物之常也。一真之性本有，有而无象，故无造无化，道之常也。人只知无造无化为不造化，殊不知有大造化存焉。非明了者，其孰能知之？明了之士，智慧圆通，则能万事见空，一心归寂，超然独存，故无造化也。若不明了，外着于身心世事，内住于受想行识，所以随世变迁，随形生灭也。目所见者，谓之色；领纳在心，谓之受；既受之在心，谓之意想；想而不已，至于作为，谓之行；随行善恶各有报，谓之业识。业识纷纷，轮回之根本也，故不能出造化。苟有不被幻缘缠缚，不被法尘染污，不被迷情障碍，不被爱欲苦恼，则能照见五蕴皆空。五蕴既空，造化何有？此即是涅槃妙心也。予谓造化由心，复何疑哉？

道书云："有无相生。"是谓无生有，造也；有生无，化也。又云："致虚极，守静笃，万物并作，吾以观其复。"是谓观复知化也。知化则不化，不化则安得有造？非洞观无碍者，孰能及此？洞达之士，清静光明，故能勘破身心世事。因虚幻中有，有则为物，物极则返，返则复归虚幻也。作是观者，则知无象之象，乃是实象。养其无象，象故常存；守其无体，体故全真。至于纯纯全全合乎大方，溟溟滓滓合乎无伦，超出虚无之外，是谓无造化也。执着之者，身心不定，念虑交攻，所以丧其无象，散其无体，故流浪生死，常沉苦海也。苟有收拾身心，屏除念虑，内境勿令出，外境勿令入，内外清静，名为照了。至于内忘其心，外忘其形，一真洞然如太虚，廓然无碍，造化又何有焉？

儒书云："不忮不求，无咎无誉。"是谓不忮不求，则不受造也；无咎无誉，则不受化也。《易·系》云："远取诸物，近取诸身。"予谓：远取诸物，

---

① 《道藏》本作"教外名言"。

则知万缘虚假；近取诸身，则知五蕴皆空。外屏万缘，内消五蕴，故能顺天地施运，欢乐于天。知物之始终，知幽明之故，知死生之说，穷理尽性，以至于命也。乐天故不忧，尽性故不疑。非致知者，孰能及此？致知者，诚明静定，故知生灭不停者，幻形也；差别不平者，妄心也；迁变不定者，时世也；败坏不久者，事务也。观炼纯熟，是名圣功。一以贯之，故无造化。若不致知，则不能格物；不能格物，则随物变迁，性命安在？苟有变动不居，周流六虚，故天地合乎我，万物备于我。至于复见天心，万有归一无，则造化息矣。譬如乾坤不变动，日月不运行，六子何有？六子不交重，阴阳不升降，万物何有？乾坤之体，纯一不杂，倒正不变，故无造化。造无造之造，大造也；化无化之化，大化也。作是见者，故知世间万物，皆是假合阴阳运用，无非幻妄，非天下之至变，其孰能与于此？

观之三教，惟心也。造化，由心也；出造化，亦由心也。学佛之要，在乎见性。若欲见性，必先以决定之志，夺习俗之气，以严持之力，保洞然之明，然后照破种种空妄，心不着物，念不随情。念是烦恼根，心是法尘种。念起则一切烦恼起，念息则一切烦恼息；心生则种种法生，心灭则种种法灭。念起即止，皆由自心。至于生灭灭己，寂灭为乐，是见性也。今之学者，不能见性者，为事理二障所碍也。非大观则不能解理障，非大止则不能除事障。大观，谓智断也；大止，谓力制也。智断纯熟，则理理皆空；力制纯熟，则事事皆空。了三空之大空，知一真之至真，此大观之至也；即时身心、世事、念虑、情识，一齐都止，此大止之至也。非上上智，其孰能与于此？

学道在乎存性。若欲存性，必先以慧剑斩群魔、火符消六欲，次以定力忘情绝虑、释累清心，至于心清累释、虑绝情忘，是谓存性。真性既存，则无造化。今之学者，为情识之所夺也。欲去情识，先除生灭心，心无生灭，身无生灭，定矣。去生灭心，必自无念始。无念之积习纯熟，足可致无梦；无念之静定纯熟，足可致无生。无梦，乃见在之大事也；无念，乃末后之大事也。无生则不造，无梦则不化。不造不化，即不生不灭也。非高上之士，其孰能与于此？

儒学之要，在乎尽性。若欲尽性，在明明德，在止于至善。知止而后有定，有定则能忘物我。《艮卦》辞云："艮其背，不获其身；行其庭，不见其人，无咎。""艮其背"，忘其心也。"不获其身"，忘我也。"行其庭，不见其人"，忘物也。三者既忘，何咎之有？此知止之至也。知止，故能忘物我，而全天理，是谓尽性也。今人不能尽性者，为身心之累也。既有累，便有窒碍，必以刚断果决。刚断，故能忘物；果决，故能忘我。物我两忘，尽性至命定矣。非神德圣功，其孰能与于此？

予见世人，多以此身为有我，其不思之甚也！且如此身，因造而有，未造之前，有象乎？有名乎？有我乎？既化之后，有象乎？有名乎？有我乎？前后两既俱无，安得中间偏执者有我耶？殊不知身心世事，本来虚妄，三世推求，了不可得。过去杳然何在？只今念念变迁，未来决定如是。历劫以来，大梦幻中，坚执妄缘，结成轮回种子，是以出生入死，无有了期。若复有人于此梦幻境中，证明了知，而善消遣，岂非至人乎？

予一日，举此公案，令门人参，二三子稍合符节，故作此书以赠之。以心传心，若能直下承当，潜通默会，即时知止，不谋其前，不虑其后，不恋只今，三者混成，得大自在。徜徉乎大寂灭之海，逍遥乎无何有之乡，游泳乎自得之场，至此方知，造化于此何预焉！虽然更有向上事在，且道唤甚么做向上事？咦！掀翻无字①脚，粉碎太虚空，方为了事汉。秘之！秘之！

绝学无忧篇

（并叙。示众）

所为绝学者，非不学也。若以不学为绝学，则罔无所知，只同常流也。此所谓绝学者，博学而至于绝学也。盖由世人多学为奇特，转学转不会也。圣人云："其出弥远，其知弥少。"又云："多则惑，少则得。"正谓此也。前儒云："有为终日息，无为便不息。"即此意也。故作是篇以证之，使学徒不为声闻、缘觉、学解、见知所累也。

日用总玄玄，时人识未全。当推心上好，放下口头禅。

法法非空法，传传是妄传。不曾修福始，焉能有祸先？

不益便无损，不变岂能迁？不垢亦不净，无缺亦无圆。

莫着嗔和喜，何愁迍与邅？不作善因果，那得恶因缘？

---

① 无字，底本作"元宁"，校者据《道藏》本改。

不闻兴废事，名利不相牵。精粗无爱恶，妍丑不憎怜。
不偿欢喜债，都无恩怨缠。打开人我网，跳出是非圈。
清虚不好古，恬澹倦希贤。休思今世后，放下未生前。
从他佛是佛，任伊仙是仙。既无尘俗累，何忧业火煎？
有无俱不立，虚实任相连。都缘无取舍，自然无过愆。
来去浑忘却，死生何预焉？居止无余欠，随处任方圆。
饥来一碗饭，渴则半瓯泉。兴来自道遣，困来且打眠。
达者明此义，休寻天外天。见前赤洒洒，末后亮娟娟。

第七篇

三天易髓

莹蟾子李清庵　撰

混然子　校正

儒曰太极

火符直指

乾坤鼎器

上柱天，下柱地，只这人，是鼎器。咦！既知下手。工夫简易。

潜龙勿用

一阳生，宜守静，常存诚，心正定。咦！龙得潜藏，勿宜轻进。

见龙在田

鼓巽风，进火功，刹那间，满炉红。是么？见龙在田，光遍虚空。

终日乾乾

天地交，阴阳均，汞八两，铅半斤。呵呵！姹女敛伏，婴儿仰承。

或跃在渊

水制火，金克木，到斯时，宜沐浴。团！或跃在渊，存中谨笃。

飞龙在天

五炁朝，三花聚，木金交，铅汞住。吽！飞龙在天，云行雨致。

亢龙有悔

体纯乾，六阳备，便住火，莫拟议。住！若不持盈，亢龙有悔。

履霜至冰

始生阴，莫妄行，牢执捉，谨守城。仔细！防微杜渐，履霜至冰。

直方大

逢六二，渐渐退，阴正中，阳伏位。聻！烟雨濛濛，不习自利。

含章可贞

白雪凝，黄芽生，牢爱护，莫驰情。收！阳炉固济，含章可贞。

括囊无咎

汞要飞，铅要走，至斯时，宜谨守。嘎！把没底囊，括结其口。

黄裳元吉

群阴尽，丹道毕，至精凝，元炁息。咄！收拾归中，黄裳元吉。

龙战于野

阴既藏，阳再生，到这里，再隄防。小心！若逢野战，其血玄黄。

温养灵胎

虚其心，实其腹，守安静，待阳复。咦！一刹那间，周天数足。

玄珠成象

掀倒鼎，踢翻炉，功备也，产玄珠。归根复命，抱本还虚。

上十五颂，准三五之数。

道曰金丹

金丹者，如金之坚，如丹之圆，愈炼愈明，故喻性为金丹也。丹，炉鼎也，药物也。

颂曰：

丹

亘古此物，无形无质。

无欠无余，无休无息。

其利如金，其红如日。

释曰玄珠，儒曰太极，

道曰金丹，名三体一。

只在目前，世人不识。

只这便是，休更疑惑。

金丹了然图

凡图并绝句九首，发明命本，为丹之用。注脚颂显，为丹之性。

一、下手

下手立丹基，休将子午推。

静中才一动，便是癸生时。

丹

切忌错会，春花秋月，桃红李白，九夏酷热。三冬下雪，夏间如何，无法可说。咦！休更疑惑。

腊月梅含玉，霜天菊吐金。

风来听浪吼，月上看潮生。

二、安炉

　　　　外象为炉鼎，中间是药材。
　　　　诚能收拾得，即刻结灵胎。

丹

种麻得麻，无为立鼎，罔象安炉，鼎炉坚固，勿用工夫。咄！空不空中烹至宝，无为无处炼真如。

　　　　白雪未开花，黄芽先结子。
　　　　欲得婴儿生，先教姹女死。

三、采药

　　　　汞向南山采，铅从北海寻。
　　　　调和藉坤土，制伏仗乾金。

丹

采个甚么，山头求汞，海底求铅，水中捞月，地下寻天。呵呵！不知真种子，徒尔费烹煎。

　　　　入海捉蛟龙，工夫擒日月。
　　　　送入鼎中烧，炼作一团雪。

四、行功

　　　　火候无多事，无非只慧刚。
　　　　木金常不间，至宝愈增光。

丹

切忌眼生花，杀人手段，无非铁汉，提起疑团，一刀两断。嘎！文以怀胎，武以讨叛。

　　　　会举烧山火，能兴刮地风。
　　　　迷云全扫尽，独现一轮红。

五、持盈

　　　　火大炉难稳，铅多鼎必危。
　　　　得中无过极，丹作汞无亏。

丹

过犹不及，能撰不如能使，多入不如少出。常作贼心，莫偷他物。知么？慢藏诲盗，冶容诲淫。

闭门屋里坐，自然少灾祸。

家贼最难防，也须休托大。

六、温养

性定金砂结，心空赤子成。

更须常暖养，拈出便光明。

丹

牢把捉，温养工夫，如鸡覆子，差之毫厘，失之千里。仔细看，牢着脚跟，放开心地。

养育提携子，须凭没口婆。

分毫失照顾，鹞子过新罗。

七、调神

怎足婴儿蜕，提携全在娘。

养教全大体，出入了无妨。

丹

休动动着三十棒，出有入无，纵横自在，放去收来，廓然无碍，细入微尘，大周天界。

赤子出天关，纵横去复还。

须更游八极，倏忽过三山。

八、脱胎

行满功成日，神通妙无量。

去来无所碍，定里谒虚皇。

丹

当脚住，根在苗先，子从花后，花谢子成，云天齐寿。

石破方逢玉，沙无始得金。

水清鱼自现，云散月华明。

九、了当

踢到烧天鼎，掀翻煮海炉。

虚空擘拶碎，独露一真如。

丹

家破人亡，了得一个，万事全毕，彻底莹然，虚空突兀。咄！独角火龙飞上天，惊起一声春霹雳。

　　了时真了了，无后实无无。

　　了了无无了，身多混太虚。

释曰圆觉

《心经》直指

　　济庵居士奉持《般若心经》，一日访余，请益解义。余曰："夫此一卷经，未举先知，何须解说？若强添注脚，是头上安头也。"济庵曰："然！如是初机之人，未能深解义趣，兼之诸家解多有异，同学者不能无疑，望师慈悯，开我迷云。"余曰："当来世尊宣说此经，诱化群品，直指玄要，自起初一句，至末后一句，都不出一个'空'字。其间语言三昧，再四叮咛，反覆自解，使学者易为晓会。奈何后人着在文字上，或泥形体，或着空见，到底不通玄要，前代宗师不获已下个注脚，设立种种方便，随机应物，使世人随其所解而入。只为老婆心切，反使上乘之人疑上添疑，正所谓中人以下，不可以语上也。今公有疑求解义，即是悟底根本。余今不免饶舌，谛听，谛听。"且如：

　　摩诃般若（大智慧也）**波罗蜜多**（到彼岸也）**心**（性本也）**经**（径路也。总而言之，大智慧而到彼岸也，是为见性法门，众所通行之捷径也。行斯道者，向日用常行处）

　　观（诀己。常切照顾，念兹在兹，勿令间断，久久纯熟，得大）**自在**（四通八达，造化难拘，故名）**菩萨**，行深般若波罗蜜多时，（则是行斯道之时也。功深力到，智慧圆通，合和本来，入于圆顿，超凡越圣，是谓到彼岸也。当此之时）照见五蕴皆空，（五蕴既空，万象何有？所以能）度一切苦厄（者也）。舍利子（者，舍中之利子。子者，犹屋中之主人，是谓清净法身也），色不异空，空不异色，色即是空，空即是色，受想行识，亦复如是。（此经上文，五蕴皆空。色，）舍（中之）利子。是诸法空相，（与虚空同体，历劫不坏，所谓）不生不灭（者，无往来也）。不垢不净（者，无染着也）。不增不减（者，无余欠也）。是故，空中无色，无受想行识，无眼耳鼻舌身意，无色声香味触法。（此谓空相，元无五蕴，亦无六识，岂有六尘？识者，由眼界而所染，有眼界便有五蕴，有五蕴便有六根，有六根便有六识，有六识便有六尘也。）无眼界，（尘识何有？故曰）乃至无意识界。（意识界者，前十八界也。无此意识，则）无无明，亦无无明尽，（所谓无无明尽者，只是无明不起也。若尽无无，则落顽空矣！丹书云："息念为养火"，此之谓也。无明者，生死之根本。丹书云："念头起处为玄牝。""玄牝之门，是谓天地根。"岂非生死之根本乎？所以无无明，则）乃至无老死，亦无老死尽，无苦集灭道，（亦）无智（慧，而无愚痴，亦）无得，以无所得。（以无所得，亦无所失，）故（是以心法皆空也。了得心法，名曰）菩提，（了得法空，名曰）萨埵。（初机之人，）依般若波罗蜜多故，心无罣碍，（此谓自有入无，从粗达妙，发大智慧而破愚痴，常清净而合和本来，且于圆满极则，心同太虚，廓然无碍也。既）无罣碍故，无有恐怖，远离颠倒梦想。（梦想心者，昏迷之为也。既无昏乱，则法身清净，所以能）究竟涅槃（也）。三世诸佛，（历代祖师，皆）依般若波罗蜜多故，得阿耨多罗三藐三菩提。（后正学佛者，依是而行，发六慧智，以清净合和本来故，证无上至真、正等正觉也。以此之）故，（方）知般若波罗蜜多，（是四咒也。摩诃，是）大神咒，（谓四大坚固身，神通莫测也。般若，）是大明咒，（谓智慧圆通，精进明妙也。波罗，）是无上咒，（谓合和本来，是最上一乘也。蜜多，）是无等等咒，（谓圆满极则，无上可上也。了此四咒者，然后）能除一切苦，（是）真实不虚（妄也）。故（世尊）说（此）般若波罗蜜多咒，即（是解）说（前四句）咒（之义也。故）曰：揭谛，（谓人空也；又）揭谛，（谓法空也。）波罗揭谛，（到彼岸，心法俱空也。）波罗僧揭谛，（到岸不须船也。此四揭谛神咒，即身中四大也。四大俱空，真常独露。故曰：）菩提萨婆诃，（菩提为始也，萨婆诃谓终也，始终如一，则抱本还虚，超返佛祖。）

虽然如是，传济庵者，要在竖起脊梁，急着眼力，莫教蹉过，诚能于日用常行中，筑着磕着，认得自家底，方信此经不从外得。不惟此卷《心经》，至于释老一《大藏》教典，诸子百家，只消一喝，彻头彻尾都竟，其或未然，参○，只此便是，休更疑惑。

引儒、释之理证道，使学者知三教本一，不生二见。

阴符经

《阴符经》，阴阳符合之机，众所通行之义。

上篇①

观天之道，（天垂象，示吉凶，圣人则之。）执天之行，尽矣！（天地变化，圣人效之。）天有五贼，（五炁生万物，五炁盗万物。）见之者昌，（照见五蕴皆空，度一切苦厄。）五贼在心，（盗机在内。）施行于天，（天理弗违。）宇宙在乎手，（执天之行。）万化生乎身，（天地即我。）天性，人也。（天付之与人者，性也。）人心，机也。（人发其机者，心也。）立天之道，以定人也。（立天垂统，设教化人。）天发杀机，（天机发泄本无心，故杀中有生意者存。）龙蛇起陆。（龙蛇之蛰，至静无欲，故能应机顺时而起。）人发杀机，（人心发泄本由心，故能隐而显。）天地反覆。（神机妙用，故反覆莫测。）天人合发，（人机合天机。）万变定基。（以心立基，万变俱定。）性有巧拙，（物之不齐。）可以伏藏。（巧拙不分。）九窍之邪，（一窍不定，九窍俱邪。）在乎三要，（身心意定，九窍俱通。）火生于木，（犹五贼在心。）祸发必克，（心为五贼客。）奸生于国，（万化生身。）时动必溃。（身为万化机。）知之修炼，（善御寇者，谨火防奸。）谓之圣人。（富国安民，是谓圣人。）

中篇

天生，天杀，（鼓万物，不与圣人同忧。）道之理也。（生生化化，道之常理。）天地，万物之盗。（天生万物，亦杀万物。）万物，人之盗。（万物养人，亦能盗人。）人，万物之盗。（人成万物，亦盗万物。）三盗既宜，（人能转物，三盗俱化。）三才既安，（人循天理，三才俱安。）故曰：食其时，百骸理。（饮食有节，百骸俱理。）动其机，万化安。（动静应机，万化俱安。）人知其神而神，（认贼为子。）不知不神之所以神。（即非法相，是名法相。）日月有数，（日月亏盈，因有定数。）大小有定。（大小不齐，自有定体。）圣功生焉，（大小不分，圣功生。）神明出焉，（日月合德，神明著矣。）其盗机也，（不离方寸。）天下莫不见，（物物全彰。）莫能知。（对面不相识。）君子

---

① 底本无，现在据通行本《阴符经》原文分章，下同。

得之固躬，（君子时中。）小人得之轻命。（小人无忌惮。）

下篇

瞽者善听，（声色专于耳。）聋者善视。（绛色专于目。）绝利一源，（绛色潜于心。）用师十倍。（心专于一，克功十倍。）三反昼夜，（反视反听，反身而诚。）用师万倍。（旦夕不忘，克功万倍。）心生于物，（心生，种种法生。）死于物。（心灭，种种法灭。）机在目。（无眼界，乃至无意识界。）天之无恩，（天发杀机。）而大恩生。（万物遂其生。）迅雷烈风，（洊雷，震，君子以恐惧修省。①）莫不蠢然。（恐致福也。）至乐性余，（常乐我静。）至静性廉。（极于静，俭于动。）天之至私，（有生有杀。）用之至公。（无党无偏。）禽之制在气，（禽盗之制，在乎御气。）生者死之根，（气盛则神冥。）死者生之根。（气泯则神活。）恩生于害，（停日长智。）害生于恩。（擒盗获功。）愚人以天地之文理圣，（愚者不能循天理、文理以为圣。）我以时物文理哲。（达者以天地备乎身，故以时物文理以为哲。○观天之道，执天之行，尽矣。）人以愚虞圣，我以不愚虞圣；人以其奇其圣，我不以奇期圣。沉水入火，自取灭亡。自然之道静，故天地万物生。天地之道浸，故阴阳胜。阴阳相推，而变化顺矣。是故圣人知自然之道不可违，因而制之。至静之道，律历所不能契。爰有奇器，是生万象，八卦甲子，神机鬼藏。阴阳相胜之术，昭昭乎进于象矣。②

---

① 语出《周易》震卦《象》词。
② 人以愚虞圣……昭昭乎进于象矣，底本缺，据《阴符经》原文补录。

第八篇

全真集玄秘要

清庵李道纯　著

注《读〈周易参同契〉》

（推明火候之大本）

大丹妙用法乾坤，

大者，极致之谓。丹者，至圆之谓。大颠云：还识这个〇么？天地不能喻其大，日月不能喻其圆。圣师云："本来真性号金丹，四假为炉炼作团。"是知大丹者，真性之谓也。法乾坤者，即效天法地也。

乾坤运兮五行分。

乾坤，即身心也。五行，即精、神、魂、魄、意也。乾坤运行而生五行，即身心运动，五炁具也。

五行顺兮，常道有生有灭；

祖师云："五行顺行，法界火坑。"所谓五行运动而生万物，五常之道也。五常之道，属生灭法也。

五行逆兮，丹体长灵长存。

祖师云："五行颠倒，大地七宝。"所谓逆行者，攒簇五行，真常之道也。

真常之道，常存而不坏也。

一自虚无兆质，

《老子》云："道生一。"虚无，自然之谓者。"道自虚无生一炁"，即人之虚化神也。

两仪因一开根。

《老子》云："一生二。"一炁判而两仪立焉，即人之立性、立命故也。

四象不离二体，

邵子云："二分为四。"《易》云："两仪生四象。"即人之性立命故也。

八卦互为祖孙。

《易》云："四象生八卦。"所谓祖孙者，乾坤生六子，六子生六十四卦。乾坤，祖也；诸卦，孙也。达者返穷诸己，自得之也。

万象生乎变动，

八卦变动，六十四卦生焉。即人之一动，诸缘万虑生也。

吉凶悔吝兹纷。

周子云："吉凶悔吝，生乎动者也。"噫！吉一而已，可不慎乎？故知吉凶悔吝，由变动而生也。

百姓不知日用，

百姓日用，无非此理。百姓日用而不知者，为情识之所蔽也，故君子之道鲜矣！

圣人能究本源。

圣人仰观俯察，究本推源，体天立极，设象垂辞，《易》之书自此作矣。

顾易道妙尽化之体用，

《易》之为书，尽造化之体用也。通天下之变，定天下之事，极广大，尽精微，故曰《周易》。

遂托象于斯文。

《易》之道，广大悉备，以之学佛则佛，以之学仙则仙，以之修齐治平，则修齐治平，故魏伯阳托象于丹道《参同契》也。

否泰交，则阴阳或升或降；

否泰二卦，阴阳交际之要津也。泰卦三阳升，当此之时宜防危。否卦三阴降，当此之时宜固守。

屯蒙作，则动静在朝在昏。

屯蒙，乃下手之初也。以年言之，冬至后六日为屯，六日为蒙；以月言之，初一日子至巳为屯，午至亥为蒙；以身言之，天癸才生曰屯，山下出泉曰蒙。

坎离为男女水火，

坎为中男，离为中女，坎离交则水火既济也。平叔云："取将坎位中心实，点化离宫腹里阴。"

震兑乃龙虎魄魂。

震为龙，为魂；兑为虎，为魄，总而言之性情也。祖师云："金来归性初，乃得称还丹"，此之谓也。

守中则黄裳元吉，

守中，则无过不及也。退符之时，至坤六五，守中行下，则无过不及之患，故曰"黄裳元吉"。

遇亢则无位而尊。

亢，谓乾上九"亢龙有悔"也。进火至上九，要识持盈。不识持盈，前功俱废。

既未慎万物之终始，

既未，火候周也。周而复始，故曰慎万物之终始。

复姤昭二炁之归奔。

乾、坤为八卦之门，复、姤为六十四卦之二炁，往来无穷无息，造化成焉。

月亏盈应精神之衰盛，

月盈亏，表抽添加减之则。

日出没合荣卫之寒温。

日出没，表运养调爕之法。

本立言以明蒙，

立言明蒙者，鼎用乾坤，药须乌兔之类是也。

既得象以忘言。

金丹之道，种种异名，皆是比喻。欲知其要，当咀言玩味。既得其要，忘其言可也。

犹设象以指意，

既得其象，犹当求其意。

悟其言则象须捐。

过河须用筏，到岸不须船。

达者惟简惟易，

乾，生物之道易；坤，成物之道简。达者推而行之，易简之理得矣。

迷者愈烦愈难。

苟或执象安炉，按图索骏，愈烦愈难，终身无成矣。

故知修真志士，读《参同契》，不在乎泥象执文。

修真高士，读《参同契》者，当咀味求玄，必得之也。执文泥象，奚益者哉？

《太极图》解

无极而太极，

○，虚无自然之谓也。始于无始，名于无名，亦无言说，因说不得，强名曰○。圣人有以示天下后世，泝流求源，不忘其本，故立象垂辞，字之曰"无极而太极"，是谓莫知其极而极，非私意揣度可知也。亦非谓太极之先，又有无极也。太极，本无极也。达者但于"而"字上着意，自然见之也。释氏所谓："历劫之先明妙本"，即此意也。《老子》所谓："象帝之先"，亦谓此也。大颠云："还识这个○么？"天地不能喻其大，日月不能喻其明，收来小者无内，放开大者无外，此非太极之妙乎？返穷诸己，无极而太极，即虚化神也。物之大者，终有边际，惟神之大，周流无方化成天地，无有加焉。由其妙有难量，故字之曰"神"。神也者，其无极之真乎？

太极动而生阳，动极复静，静而生阴，静极复动，一动一静，互为其根，分阴分阳，两仪立焉。

⊖者，太极之变也。太极未判，动静之理已存；二炁肇分，动静之机始发。太极动而生阳，太极变动也。动而复静，阳变阴也。静而生阴，静而复动，阴变阳也。互为其根者，阴错阳而阳错阴也。一动一静，分阴分阳，清升浊沦，二炁判矣。清而升者曰天，浊而降者曰地。天动地静，二炁运行，变化之迹，不可掩也。《老子》云："玄牝之门，是谓天地根。"此谓玄牝阖辟而生天、生地。玄牝，即阴阳动静之机也。反穷诸己，则知虚化神，有神则有感，神感动而生炁，即动而生阳也。炁聚而生精，即动极而静，静而生阴也。精化而有形，即静极而复动也。精炁相生，性命立，身心判矣。炁运乎心，天道所以行也；精主乎身，地道所以立也。是知身心，即两仪也。

阳变阴合，而生水火木金土，五行顺布，四时行也。

°°°者，两仪之变也。两者，二也。不言二而言两者，何也？两者，配合之谓也。合则有感，感则变通也。阳变阴合，阴阳感合而生五行也。天一生水，地二生火，天三生木，地四生金，天五生土，此五行生数也。五行运化，机缄不已，四时行而百物生焉。以身言之，身心立而精炁流行，五脏生而五神具矣。天一生水，精藏于肾也；地二生火，神藏于心也；天三生木，魂藏于肝也；地四生金，魄藏于肺也；天五生土，意藏于脾也。五行运动，而四端发矣。达是理者，则能随时变易以从道也。

五行，一阴阳也；阴阳，一太极也。太极本无极也。

天一、天三、天五，阳数也。地二、地四，阴数也。故曰："五行，一阴阳也。"阳者，太极之动；阴者，太极之静。动静不二则返本，故"阴阳，一太极也"。返本则合乎元虚，故曰："太极本无极也。"修炼之士，运炁回还，周而复始，惟神不变，由其不变，故运化无穷。攒簇五行者，神也。会合阴阳者，亦神也。神本虚也。炼精化炁，炼炁化神，炼神还虚，谓之返本还元。还元者，复归于无极。

五行之生也，各一其性。

五行各一其性者，谓五行各具一太极也。五行生数，各以五数加之，即成数也。天一生水加五，地六成水也；地二生火加五，天七成火也；天三生木加五，地八成木也；地四生金加五，天九成金也；天五生土加五，地十成土也，是谓五行各具五行。前文谓："五行，一阴一阳也。"阴阳一太极者，言其体也。此谓"五行各一其性"者，言其用。言其体，则五行同一太极；言其用，则五行各具一太极也。言其体，返本还元也；言其用，设施之广也。体者，逆数也；用者，顺数也。逆数知其所始，顺数知其所终。知始而不知终，则不能致广大；知终而不知始，则不能尽精微。原其始，则浑浑沦沦，合乎无极；推其终，则生生化化，运乎无穷。逆顺相须，则始终不二；显微无间，则性理融通，是谓体用兼而合道也。

无极之真，二五之精，妙合而凝。

无极之真者，元神之妙应也。二五之精者，五行之妙合也。妙合而凝者，作成万有也。大哉无极之真也，先天之祖，太乙之根，三元之母，众妙之尊，上下不变，古今常存。天得之确然而定位，地得之隤然而立形。乾定位而万物资始，坤立形而万物资生。至哉二五之精也，非有非无，非浊非清，恍恍惚惚，杳杳冥冥，妙乎无体，合乎无伦，天地由之而立位，日月由之而运行，一炁由之而融化，万物由之而生成。人只知受天地之生，而不知受炁于无极之真；人只知立天地之中，而不知立形于二五之精。无极之精而不变，神不足以化炁；二五之精不妙合，炁不足以变形。欲炼其神，必先保真；欲固其形，必先保精。真精不泄，炁固神灵，形神俱妙，与道合真，圣人之能事毕矣。

乾道成男，坤道成女。二炁交感，化生万物。万物生生，而变化无穷焉。

〇者，人之极也。人之生也，得乾道则成男，得坤道则成女。以卦言之，乾初爻交坤成震，震为长男；坤初爻交乾成巽，巽为长女；乾中爻交坤成坎，坎为中男；坤中爻交乾成离，离为中女；乾上①爻交坤成艮，艮为少男；坤上爻交乾成兑，兑为少女。六子者，乾坤之互体也。六子互交，六十四卦备矣。六十四卦变动无穷，万物生生化化而无息也。以身言之，乾为首，坤为腹，天地定位也；离为目，坎为耳，水火不相射也；震为足，巽为手，雷风相薄也；艮为鼻，兑为口，山泽通炁也。此形体之八卦也。若以性情言之，乾坤身心也，坎离精神也，震兑魂魄也，艮巽意炁也。八卦成列，神行乎其中矣。有无交入，内外感动，诸缘万虑，自此出矣，非一身之万物乎？《易・系》云："天地絪缊，万物化醇；男女媾精，万物化生。"正谓此也。天地生成，运化不息，

---

① 上，底本无，校者据上下句文义增补。

万物生生化化而无穷也。○者，万物之太极也。

惟人也，得其秀而最灵，形既生矣，神发知矣，五炁感动，善恶分，而万事出矣。

天位乎上，地位乎下，人物位乎中。天地，万物父母。人于万物最灵者，得其中和之正，故神与道浑浑沦沦一而不离也。"天地设位，易行乎其中"，即身心立而神行乎其中矣。天人初不间，人自以为小，何也？盖由不知其原也。推其本原，人之未生之先，抱养于太初，纯纯全全，未尝须臾离也。人之既生，炁变有形，形生炁聚，神发知矣。本元灵觉之真，即无极之真也。五炁感动，真机妙应，发于外也。精感于耳谓之听，地六成水也。神感于口谓之言，天七成火也。魂感于目谓之视，地八成木也。魄感于鼻谓之嗅，天九成金也。意感于身谓之动，地十成土也。真机一发，邪正分，万事自此出矣。若复有人，收拾身心，消遣情识，聚五攒三，抱元守一，收视返听，缄炁调息，外境勿令入，内境勿令出，一炁归虚，潜神入寂，又岂有善恶之分也？至于抱二五之精，含太和之液，复无极之真，造虚无之域，是谓返本还元、归根复命。玉蟾曰："父母未生以前，尽有无穷活路。身心不动之后，复有无极真机。"其斯之谓欤！

圣人定之以中正仁义

圣人钩深致远，动必循理，理之在乎天下，莫能与之较，故进修德业，必先穷理。穷理之要，必先以中正仁义为本，故圣人定之以中正仁义，立极设教也。中正者，天①性也。仁义者，天性之发也。贯天充地，斡运枢机。寂然不动，体物无违，曰中；坦平蓁直，柔顺大方，安常主静，应物无疆，曰正；克己复礼，普济博施，成全委曲，接物无私，曰仁；出处语默，感应随顺，利己利人，与物无竞，曰义。中也者，天下之大本也；正也者，天下之至当也；仁也者，天下之大公也；义也者，天下之至和也。《文言》曰："利者，义之和也。"又曰："利物足以和义。"是知仁义，进修德业之要也；中正者，穷理尽性之要也。中正、仁义包罗天地，揆叙万类，以之修身，则

---

① 天，底本作"不"，校者据字形和文义改。

身修；以之治国，则国治。周旋四海，经纬天地，巨细纤洪，无不具备。修进君子，诚能三反昼夜，用志不分，吾见其成道也易矣。

而主于静，立人极焉。

所谓静者，非不动。若以不动为静，土石皆可圣也。《通书》云："动无静，物也。"是谓动中之静，真静也。立冬后，闭塞而成冬，谓静也。日月星辰，运行而不息，谓之不动可乎？冬至日，闭关示民，以静待动也。是动中有静，静中有动，变化之机也。静极而动，天心可见矣。子曰："复，其见天地之心乎？"是知万物之本，莫贵乎静，静而又静，神得其正，理所以穷，性所以尽，以至于命，超凡越圣。《老子》所谓："清静为天下正。"《大学》云："定而后静。"人生以静者，天性也。若复有人以静立基，向平常践履处摄动心，除妄情，息正炁，养元精，自然于寂然不动中，感通于万物也。怎么？则静亦静，动亦静。动而应物，其体常静，是谓真静。真静久久，则明妙。明妙而后莹彻，莹彻而后灵通，莹彻灵通，十方无碍，是谓至清静也。心清静，则身清静，定矣。一身清静，则多身清静。多身清静，则山河大地一切清静。一切清静，则天下将自正。经云："人能常清静，天地悉皆归。"此之谓也。古圣人云："而主于静，立人极焉。"此圣人教人之功也。非观复知化者，孰能及此？

故圣人与天地合其德，日月合其明，四时合其序，鬼神合其吉凶。

圣人之于天下，犹天之于万物也。故与天地齐德，日月齐明，四时合序，造化合机也。圣人体阴阳之运，达事物之理，先天①也。君子法则圣人，奉顺天时，后天也。先天者，天理自然，不我违也。后天者，我弗敢违乎天也。《文言》曰："先天而天弗违，后天而奉天时。"天且弗违，况于人乎？况于鬼神乎？

君子修之吉，小人悖之凶。

君子奉顺天时，正心诚意而修之，故常吉。小人背理违义，肆情逐妄而

---

① 天，底本作"地"，校者据文义改。

悖之，故常凶。修之之要，贵在顺时；顺时之要，莫若静。静则无不克，无不克则莫知其极，莫知其极可以合圣，合圣而后知先天之道，至是复矣。广成子云：“无视无听，抱神而静，静将自正，必静必清，无劳汝形，无摇汝精，汝神守形，形乃长生。”是知静者，入圣之基也。圣哉！周夫子一言以蔽之，“主于静”，其为万世人天之师欤！

故曰：立天之道，曰阴与阳；立地之道，曰柔与刚；立人之道，曰仁与义。

立天之道，曰阴与阳，天之乾坤也；立地之道，曰柔与刚，地之乾坤也；立人之道，曰仁与义，人之乾坤也。是谓三才肇形，各具一天地也，各具一太极也，各有变化也。推原其始，则本同一太极也。反穷诸己，三才之道，一身备矣。“立天之道，曰阴与阳”，心之神炁也；“立地之道，曰柔与刚”，身之精魄也；“立人之道，曰仁与义”，意之情性也。身心意定，三花聚而圣功成矣。

原始返终，故知生死之说。

原其始，则万物同出于一太极也；反其终，则万物复归于一太极也。反穷诸己，元炁乃身之始也。原乎元炁，先天而生，后天而存，周流六虚，弥满八极，彻地通天，透金贯石，三才由之而立位，圣人体之而归根复命。返性之初，恍惚之中，千和万合，自然成真，一切有形，得之则生，失之则亡，卷之则藏于一毫端上，放之充塞太虚之表，包括万有，至大难量，原其所自，先乎覆载，混然成真，身之元也，由其始物，强名曰元炁。故此身因炁而有形，形变而有生，生变而有死。生者，炁之聚，万物出于机者也；死者，炁之散，万物入于机者也。出生入死，一聚一散，即太极动静之机也。动必终于静，出必终于反，生必终于死，故原始返终，故知生死之说也。惟神莫测其始，莫知其终，历千万世而不变不易，无古无今，不生不灭，由其不变，故能运化生成，无休无息也。神也者，圣而不可知之者也。达是理者，静坐而养神，安寝以养炁，冥情于寂，潜心于极，长生久视之道得矣。

大哉《易》也，斯其至矣。

《易》之在天下，无时不变，无时不化。生生化化而无穷者，易之妙也。神无方，易无体。通天下之变者，易也；尽天下之变者，神也。《易·系》云："易有太极，是生两仪。两仪生四象，四象生八卦。八卦定吉凶，吉凶生大业。"太极者，变化之始也。两仪者，太极之变也。四象者，两仪之变也。八卦者，四象之变也。吉凶者，八卦之变也。六十四卦，万事万理，一切有情，皆八卦之变。始终不变者，易也。由其不变，故变易无穷也。原其始也，一炁生万有。反其终也，万有归一无。始终不变者，神也，由其不变，故能运化不息也。散一无于万有者，神也。会万有归一无者，亦神也。神也，易也，至矣！大矣！

第九篇

《清庵莹蟾子语录》

《清庵莹蟾子语录》序

作家话靶，打头相遇，便把自家屋里话拈出，此岂非道中之作家者乎？予自幼业儒，壮爱谈空，虽愚贱者，有能道酸馅气话，亦不以儒自高，必屈己下问，但未能遇作家尔。一日归茅山旧隐，清庵莹蟾子李君来访，座未温，发数语，字字无烟火气，继而讲羲皇未画以前《易》，透祖师过不切底关，把三教纸上语，扫得赤洒洒；将我辈瞎汉眼，点出圆陀陀，清气袭人，和光满座，恍不知移蟾窟于予身中耶？抑予潜身入蟾窟中耶？是夜，惊喜万倍，整心虑，爇心香，拜于床下曰："真我师也，真作家也。师不我弃，愿加警诲。"是后从师日久，问答颇多，集成一编，时为展敬，直待向清庵座下，踢翻玄妙塞，粉碎太虚空，方为了事汉。于斯时也，若有个出来问清庵老曰："到这里要这骨董做甚？"必则曰："便是我打头遇作家底话靶。"

时至元戊子①夏季大雨时行日，茅山道士嘿庵广蟾子稽首谨书

---

① 至元戊子，1288 年。

《清庵莹蟾子语录》卷之一

门弟子嘿庵柴元皋　编

一

大颠《心经注》云：有僧问岑和尚：二鼠侵藤，如何淘汰？岑曰：今时人须是隐身去。敢问：何谓隐身？

师曰：何须待零落，然后始知空。须是只今件件不着，事事不染，我不见一切物，则一切物亦不见我，是谓隐身也。

问曰：欲言言不及，山东河北好商量，此意如何？

师曰：此事若以言说，说不能尽，末后一句至广至大，都包尽了，更有何说？只这言不及，已自说了。

问曰：要识此经么？曰：西瞿耶尼，北郁单越，何故偏指此二句？

师曰：我不如是道，若有人问我如何是此经，我只向他道东西十万，南北八千。

问曰：是大神咒，是大明咒，是无上咒，是无等等咒，此四句，三教书中比得甚么？

师曰：比得道书妙中之妙，玄之又玄，无上可上，不然而然。又比得儒书中真观真明，真胜一，虽然最上一着，又在言句之外。

二

问曰：罔明菩萨初地出家，如何出得女子定？文殊菩萨是七佛之师，如何出不得？

师曰：臭庵云："犬迎曾宿客，鸦护落巢儿"，说得好分晓，休更疑惑。

师问予曰：因出不得女子定，文殊召罔明参不二法门，文殊云不得动，动着三十棒子，作么会？

予方拟议间，因定庵动身，偶触其机，遂举似，师然之。

师曰：井底泥蛇舞柘枝，窗间明月照梅梨，作么生会？

予拟议良久曰：吹出窍中一曲，烁破眼里空花。

师曰：不是。

予又曰：脑盖撞开惟有我，眼睛突出更无他。

师曰：较些子。

三

问曰：昔两僧卷帘公案，其间一得一失，谓何？

师曰：仁者见之谓之仁，智者见之谓之智。

问曰：僧问夹山，如何是法身？山云：法身无相。僧云：如何是法眼？山云：法眼无瑕。道吾闻之不许。后参船子回来，再举此话，亦依前答。道吾云：今番有师子，敢问吾师，一般问，一般答，如何不许前，却许后？

师曰：云月是同，溪山各异。

师曰：问洞山有宝镜三昧，五位显诀，云正中偏，偏中正，正中来，偏中至，兼中到，五事如何参？

答曰：正不得中，莫见其偏，偏不得中，莫显其正，正者来归中，偏者亦至中，偏正合一皆中，则兼到矣。到此偏正两忘，惟中独存是也。

师曰：欠些子。若于动静中会意，始得。

四

一日，师与四人同坐次。

师曰：川老云："是心非心不是心。"如何说？

众答，皆不当。

答曰：是心也不是，非心也不是。

师曰：如何即是？

予一喝。

师曰：牢收取。

师曰：如何是道？

予拍台下。

又曰：如何是道中人？

予又拍一下。

师曰：欠些个。

予随声一喝。

师曰：早迟八刻。

五

问曰："三十辐，共一毂"，如何说？

师曰：辐与毂，只是器之体。辐来辏毂，方成车之用，比得三十日共一月，以成明之用；又比得万法归空，以成性之用，皆同也。

六

问曰："生之徒，十有三；死之徒，十有三。"此说譬之者多，请师为我正之。

师曰：生之徒，水火既济也；死之徒，水火相违也。水成数六，火成数七，六与七合十三数。古人道："七六十三爻，月宫春色"者是也。或谓七情六欲，合十三者，稍通。或以八卦五行言之者，非也。岂不闻下经有云："坚强死之徒，柔弱生之徒"乎？坚强，为忿欲使也。柔弱，谓惩忿窒欲也。忿欲起，则上炎下湿，水火违也。忿欲绝，则阳降阴升，水火济也。复何疑哉？

七

问曰："天地之间，其犹橐籥乎？虚而不屈，动而愈出。"其橐籥可以建天地造化之妙欤？愿师明以告之。

师曰：橐是没底囊，籥是三孔笛，总谓之鼓风韛。此喻天地至虚，无穷妙义，悉具其中。又喻人之虚灵不昧也。不屈，言其舒徐通畅之义也。动而愈出，应变无穷也。

八

问曰："朝屯暮蒙"，如何说？

师曰：乾坤坎离为匡廓，六十卦运化于其中，始于屯蒙，终于既未，以为火符之则。丹书以乾坤为鼎器，坎离为药物，诸卦为化机者是也。六十卦，共三百六十爻，象一年三百六十日之数，自冬至后起屯蒙，大雪尽日是既未也。以一月言之，初一日起屯蒙，月晦日是既未。以一日言之，子时起屯蒙，亥时是既未。若以工夫言之，顷刻之工夫，夺一年之节候。自起手便是屯蒙，收拾便是既未。所谓"朝屯暮蒙"，只此总名也。达是理者，一刹那间，周天数足，诸卦悉在其中矣。祖师谓"无爻卦内定乾坤"者是也。

九

问曰："宝瓶里面养金鹅"，如何说？

师曰：以无为言之，是两则公案；以有为言之，是一段工夫。且先以无为向公道，僧问赵州："狗子有佛性也无？"州云："有。"僧曰："为甚有？"州云："无。"僧云："为甚无？"州云："为伊了无。"又古德云："瓶中鹅子成鹅了，如何出得瓶去？"此两则公案，今人多有过不得底，如有人下得一转语，参学事毕。又以有为言之，狗者，无中有也，阴中阳也。又狗乃司寇帐中狗者，防内盗也。宝瓶里面养金鹅，水中金也，炉中丹也。养金鹅，则是养圣胎也。圣胎成，如瓶中鹅子也。瓶破鹅出，世俗之常理也。鹅出而瓶不破，此脱胎之妙也。故祖师云："锦帐之中藏玉狗，宝瓶里面养金鹅"，其金丹之妙欤！

十

问曰："休妻谩遣阴阳隔"，其说如何？

师曰：紫阳云："未得真铅莫隐山"，此一句颇同。今时学道底人，被谬师所惑，传得个工法，便道他得道了也。休妻弃子，入山隐遁，及至行功无验，便生退悔。或还俗归家者，或再聚妻者，如此之人极多。又有下愚无学之人，不达圣人之理，却言休妻不是道，反指妇人为鼎器，或谓妇人身中有药，或指产门为生身处，此大乱之道也。殊不知祖师当来指示世人，若不能绝欲，徒尔休妻。又见学者错会其意，故复云："自然有鼎烹龙虎，何必担家恋子妻？"今之无学，只着在前句上，全不思后句，真罪人也！

十一

问曰：我师尝谓，修丹者，不可着在年月日时上，如何却又道"采药须知昏晓"？

师曰：此即与屯蒙同一意也。其用处稍异，立春、立秋，乃年中昏晓；上下两弦，月中昏晓；寅申二时，日中昏晓。阴阳交会之时，乃身中昏晓也。通乎昼夜之道，则知阴阳推荡之理，推幽明之故，则知死生之说。佛仙圣之人，大要尽在是矣。

十二

问曰："视之不见名曰希，听之不闻名曰夷，抟之不得名曰微。"与视不见我，听不得闻，离种种边，名为妙道，是同是异？

师曰：大概相似，其理实不同，前是体，后是用。《中庸》曰："戒慎乎其所不睹，恐惧乎其所不闻，莫见乎隐，莫显乎微，故君子常慎其独。"即视不见我处，听不得闻处，离得种种边，方谓之妙道也。若谓视之不可见，听之不可闻，抟之不可得，曰希、曰夷、曰微，又有甚种种边可离也？

十三

印愚乐问曰：一年十二月，有个子月；一日十二时，有个子时。不知人身中子时，在甚处？

师曰："致虚极，守静笃，万物并作，吾以观其复。"其斯之谓欤？

答曰：癸生之时。时动必溃，此说如何？

师曰：然。

印又问曰：元始悬一宝珠，去地五丈。

师曰：相公如何说？

印曰：五者，阳数也。

师曰：非也。去地五丈，则是离五浊辱也。在虚玄之中，则是潜神入妙也。

答曰：五浊之上，即玄牝之门欤？

师曰：虽然，不下实工夫，不曾亲见得，徒说得有此象，又济得个甚么事？

十四

问曰："天地不仁，以万物为刍狗；圣人不仁，以百姓为刍狗。"何譬之至贱也？

师曰：天地圣人，不以仁为仁，故视万物百姓至微而譬之，自生自杀也。虽自生自杀，实归根复命也。《易·系》云："显诸仁，藏诸用，鼓万物不与圣人同忧。"即"天地不仁，以万物为刍狗"之义也。"乾以美利利天下，不言所利，大矣哉"，即"圣人不仁，以百姓为刍狗"也。

十五

问曰："婴儿之未孩。"孟子云："大人者，不失其赤子之心。"是同否？

师曰：同此言，其大朴未散，其复不远也。

十六

问曰：《老子》云："道之为物，惟恍惟惚。恍兮惚，其中有物；惚兮恍，其中有象；窈兮冥，其中有精。其精甚真，其中有信。"如何三者之中，独言"其精甚真，其中有信"耶？

师曰：圣人言："有物混成，先天地生。"则这先天地生，便是道之显象也。象，因天地而显，天地因有物而混成，物应二五之精，妙合而凝，所以二五之精，道之体也；象与物，道之用也。

十七

问曰："戒慎乎其所不睹"一节，以"视不见我"四句譬喻得甚切。若只以儒家话，引喻得切更好，愿师着一语。

师曰：前两句如在无人之境，而常存乎诚也。后两句如与人对面，常防其有不测之意也。且如上天之载，无声无臭，诚之不可揜，非见隐显微之密乎？上天之载，虽无声无臭之可闻知，然天理昭昭，诚不可揜也。

十八

问曰："忧悔吝者，存乎介。"如何说？

师曰：介，谓我心匪石不可转也。凡举心动念处，先存乎介，介然大定，则毫毛之动，悉皆先兆，奚悔吝之有？只要先觉为上。

十九

问曰："先甲三日，后甲三日"，与"先庚三日，后庚三日"，同否？

师曰：不同。蛊者，乱也。觉之于未然，不至于乱；觉之于已然，而后治之，乱亦可救也。苟不觉，乱之甚也。甲者，首也。觉于三日之先，谓之先甲；觉于三日之后，谓之后甲。后于三日之远，非觉也。先庚、后庚，在巽九五，巽为风，天之命令也。令有改更，则民不信已日乃孚。若于未更前三日，先告诫利害，然后有所革变，则民从而信之也。又于己更三日之后，复告诫，使其乐然为善也。甲至戊己为中庚，过中也。过中则变，故曰庚。所谓庚者，更革之义也。

二十

师曰：非道不可言，即道，如何说？速道速道？

予举似，师然之。

师曰：不可道，不可名。公作何说？

答曰：说则说矣，恐所以见浅近，愿师言之。

师曰：从自然出者，不可道之道；本无名唤，是不可名之名。从道中出者，是可道之道，才可名道，是可名之名。不可道、不可名，是天地之始；可道、可名，是万物之母。欲见其始，"常无欲以观其妙"；欲见其母，"常有欲以观其徼"。妙，玄妙，始于无始也。徼，边徼，见于可见者也。此两者，同出而异名，同谓之玄也。

二十一

师曰：吾昔日侍坐于适庵师之前，师令我对一对句曰："精关神关与气关，三关一辖。"对曰："天籁地籁与人籁，万籁俱鸣。"师改"鸣"字，作"澄"字。公对个甚么？

答曰：文火武火加慧火，总火全功。

师又曰：吾有一对，"以先觉而觉后觉"，对个甚？

答曰：由外观而观内观。

师曰：改"由"字，作"返"字更好。

二十二

冬至夜。师曰："一阳来复，先王以至日闭关"，对个甚么？

对曰：六画备坤，君子故及时修业。

师然之。

一日，师对众云："先圣易心，即是后人心易。"各请一对。

答曰：吾身神炁，本是元始炁神。

詹宰云：太初真性，岂非今日性真？

师曰：吾自有一对，诸人谛听。

师曰：小生经藏，元同老子藏经。

诸人莫能及。

二十三

师曰：肺属金，金本沉也。为甚却浮？肝属木，木本浮也，为甚却沉？

诸人皆无答。

师曰：肺因受炁而有乙木在内，故浮。肝因受炁而有庚金在内，故沉。以卦言之，兑为金，金性本沉，因金生北一之水为坎，坎中真火上炎，故浮。震为木，木性本浮，震下实，因木生南二之火为离，离中真水下降，故沉。以药物言之，铅属金本沉，见火即升，故浮；汞属木本浮，见水则坠，故沉。以法象言之，月属坎本沉，进火故浮；日属离本浮，退符故沉。古人云："潭底日红阴怪灭"，因水而沉也。"山头月白药苗新"，因炁而浮也。总而言之，金空即浮，木实即沉，此之谓也。

二十四

师曰：主中主，宾中宾，宾中主，主中宾，诸人作么会？

众皆不解此机。

詹宰曰：身外身是主中主，梦中梦则宾中宾，情中性是宾中主，性中情是主中宾。

师曰：较些子。

答曰：我惟有我，他又去说他，他来使我，我又役他，即此意也。

师曰：未彻在。

答曰：又心外无心主中主，念中起念宾中宾，未动先觉宾中主，动后方觉主中宾。

师曰：不若以动静言之最亲切。静中极静主中主，动而又动宾中宾，动中守定宾中主，静中散乱主中宾。

二十五

师曰：乾有四德，坤有几德？

答曰：坤亦有四德。

师曰：未尽善。夫坤，元亨利，与乾同。"贞"之一字，不同。顺承而后方贞，故曰"牝马之贞"也。牝马，柔顺健行之谓也。

师曰：屯有几德？

答曰：元亨利贞，与乾同。其辞其德，则不同也。

师曰：何谓不同？

吾思之，未及对。

师曰：若同德，则非屯难也。所谓元亨者，元有大亨通之义也。利贞者，利在正固也，苟非正固，则不足以免屯难矣，何亨之有？若能固守元有之亨，则能济屯难而已。

二十六

师曰："西南得朋，东北丧朋"，何谓也？

吾思之，未及答。

师笑曰：公未知之。盖阴类又得阴朋，阴焉愈盛，则愈迷乱矣，故曰失常。至东北之阳位，又丧其阴朋，是以安贞，吉也。阴既从阳，有生成之理，故曰得常。修真之士，情念一动，是阴也。若纵意随之，是阴得朋也，亦谓之失常。苟以刚志断之，念从何起？念情绝，则丧其朋也，亦谓之得常。非天下之至明，其孰能与于此？

二十七

师曰：谦，六爻皆吉，何也？

答曰：由其谦下之致也。

师曰：然！诸爻皆言谦，第五爻不言谦，何也？盖五为君，不过于谦，则不失其权也。故有"利用侵伐，无不利"之说也。所以修真之士，须要刚柔兼济，不可过于柔也。

师曰："先天而天弗违，后天而奉天时"，何也？

答曰：未生以前为先天，故无所违。既生以后为后天，故有所奉。

师曰：只当以先觉喻先天，出乎自然。后觉喻后天，出乎不得已。出乎自然，天理弗违；出乎不得已，我不敢违乎天，故曰"奉天时"也。

二十八

师曰："喜怒哀乐未发谓之中，发而皆中节谓之和。"我试问公辈，欲发未发，作么生会？

良久应之。

师曰：是已发也。

予默然。

师曰：是未发也。

再一答，师许之，曰：留取自受用，恐瞎却后人眼。自悟者，始得用也。

《清庵莹蟾子语录》卷之二

门弟子定庵赵道可　编

道德心要

清庵授《道德会元》于道可，时诸门人同沾法乳，得参言外经旨。今将诸子参传语，集成一篇，与同志之士相与开发，以其心领意会，故曰《心要》。

一

师曰：这个"道"字，不属"有"句，不属"无"句，不属有象，不属无象，诸人作么会？

定庵曰：咄。

嘿庵喝。

师曰：这个"德"字不属修，不属不修，如何即是？

嘿庵曰：为无为。

定庵举似。

师曰：诸法眷离却语言三昧，把出自己经来。

嘿庵书空，诚庵拳。

师曰：第一章末后句云："玄之又玄，众妙之门。"切谓三十六部尊经，皆从此经出，且道此经，从甚处出？离却父母所生口，道一句来。

嘿庵作开经势，定庵喝。

二

师曰：第二章云："有无相生"，且道不着有无一句，又作么生？若道得入地狱似箭，道不得入地狱似箭。

众举似，皆未端的。

诚庵问曰：如何即是？

师曰：如是如是。

三

师曰：第三章，结句云；"为无为，则无不治"，既是无为，如何说个"为"字在上？若有为，却如何说个"无为"在下？

定庵曰：体用兼资。

唯庵曰：即此用，离此用。

四

师曰：第四章，"象帝之先"一句，以口说，烂却舌根；以眼视，突出眼睛；含光嘿嘿，正好吃棒。诸人作么会？

李监斋举似，实庵打圆相。

五

师曰：第五章，"天地之间，其犹橐籥乎？"

师颂曰：无底谓之橐，三孔谓之籥。中间一窍子，无人摸得着。为君吹出无声乐，且道如何是一窍？

嘿庵曰：照顾鼻孔。

实庵曰：吽！且道如何是无声乐？

师代云：碧落空歌。

六

师曰：第六章，"玄牝之门"。

师曰：出息不涉万缘，入息不居阴界。不出不入，作么会？

嘿庵曰：寂然不动。

师曰：万籁俱澄。

七

师曰：第七章，"非以其无私耶，故能成其私"，是谓修行人只为自己属私，普度一切属情，不属私情一句，作么道？

定庵曰：先人后己。

八

师曰：第八章，"上善若水"。

师曰：放下这点子，黄河几度清。且道这点子，放在甚处？

定庵、嘿庵一般举似。

九

师曰：第九章，"功成名遂身退，天之道"。且道退向甚处去？

定庵曰：虚空一喝无踪迹。

嘿庵曰：无处去。

师曰：都未是。

或曰：如何是？

师曰：两脚橐驰藏北斗。

十

师曰：第十章，"载营魄。"

师曰：魄好驰骋，好运动，好刚勇，以何法度治之？有心治则属情，无心又治不得，作么治？

嘿庵弹指一下。

十一

师曰：第十一章，"三十辐，共一毂，当其无，有车之用。"且道辐不辏毂时，车在甚处？

嘿庵曰：转辘轳。

定庵推车势。

十二

师曰：第十二章，"五色令人目盲"。

师曰：离色离相，瞎却眼睛。诸人作么会？

嘿庵曰：见如不见。

十三

师曰：第十三章，"贵大患若身。"

师曰：有身则有患，无身何以见道？毕竟如何即是？

定庵曰：放下着。

嘿庵曰：养其无象。

十四

师曰：第十四章，"视之不见。"

师曰：无缝罅，诸人作么会？

实庵曰：浑如鸡子。

师曰：未是。

或曰：师如何道？

师曰：对面不相识。

十五

师曰：第十五章，"微妙玄通，深不可测。"

师曰：水将杖探，人将语探，道将甚么探？

定庵、嘿庵皆举拳。

师曰：一状领过。

十六

师曰：第十六章，"致虚极，守静笃，万物并作，吾以观其复。"切谓复见天心，且道天心在甚处？

又曰：不可动，动着三十棒。

定庵夺棒。

十七

师曰：第十七章，"太上，下之有知。"

师曰：不属有相，不属无相，要见自己太上。

诸子无对。

师曰：只今见在说法。

十八

师曰：第十八章，"智慧出，有大伪。"

师曰：聪明迷大本，智慧丧天真，诸人作么会？

止庵曰：无为。

损庵曰：智不如愚。

十九

师曰：第十九章，"绝圣弃智"，诸人作么会？

定庵曰：忘其所自。

二十

师曰：第二十章，"绝学无忧。"

师曰：诸人唤甚么做绝学？

嘿庵曰：系风捕影。

师曰：学不学，覆众人之所过。

二十一

师曰：第二十一章。

师曰：有物、有象、有情，果有乎？若谓有来，且参学眼；若谓无来，去参学眼。毕竟作么道？

嘿庵曰：有无俱不涉，惟有一真实相。

损庵打圆相。

二十二

师曰：第二十二章，"曲则全，枉则直。"

师曰：木不材者寿，鹰不材者烹，如何即是？

诸人皆不答。

师曰：材不材，各顺时。

二十三

师曰：第二十三章，"希言自然"。

师曰：默默无言，落第二机，如何是第一机？

诸人答，皆不中节。

师曰：开口不在舌上。

二十四

师曰：第二十四章，"跂者不立，跨者不行"，诸人作么会？

定庵曰：举步不在脚跟上。

二十五

师曰：第二十五章，"有物混成"。

师曰：有个甚物？

定庵举似。

又曰：域中有四大，还更有大底么？

嘿庵喝。

二十六

师曰：第二十六章，"轻则失臣，躁则失君"。

师曰：不轻不躁，又作么生？

定庵曰：道泰时清。

嘿庵曰：成性存存。

二十七

师曰：第二十七章，"善行无辙迹"，诸人会么？

嘿庵曰：大力量人，抬脚不起。

二十八

师曰：第二十八章。

师曰：守黑、守雌、守辱，是用也；无极、太朴、婴儿，是体也。朴散为器，诸人作么会？

定庵曰：生生化化。

二十九

师曰：第二十九章，"将欲取天下为之者，吾见其不得已。"

师曰：予谓错，且过在甚处？

定庵曰：在为处。

三十

师曰：第三十章，"以道佐人主者，不以兵强天下。"

师曰：设有寇至，作么敌？

嘿庵曰：以德化之。

师曰：不若以慈卫之。

三十一

师曰：第三十一章，"佳兵不祥之器"。

师曰：不用兵，无以御敌，用兵则非道，作么是？

定庵曰：逆行顺化。

三十二

师曰：第三十二章，"道常无为，朴虽小，天下不敢臣。"

师曰："朴虽小"一句，作么会？

定庵曰：芥纳须弥。

嘿庵曰：卑而不可逾。

三十三

师曰：第三十三章，"死而不亡者寿"。

师曰：不亡底是甚么？

嘿庵曰：无中有。

密庵曰：虚灵不昧。

三十四

师曰：第三十四章，"圣人不自大，故能成其大。"

师曰：如何是不自大？

嘿庵曰：勃勃从珠口入。

师曰：上善若水。

三十五

师曰：第三十五章，"执大象"。

师曰：若云有象便不大，若云无象，如何执？

嘿庵曰：黍珠中世界。

师曰：似不肖，故大。

三十六

师曰：第三十六章，"将欲歙之，必固张之。"

师曰：睫上眉毛早错过，且道错向甚处去？

定庵曰：当处。

嘿庵曰：鹞过新罗。

实庵曰：不得乱走。

师曰：一状领过。

三十七

师曰：第三十七章，"道常无为，而无不为。"

师曰：予颂云，有作皆为幻，无为又落空，两途俱不涉，请颂一句。

嘿庵曰：对面不相逢。

止庵：一定守其中。

密庵曰：自有大神通。

师曰：当处阐宗风。

三十八

师曰：第三十八章，"上德不德，是以有德。"

师曰：唤甚么做德？

嘿庵曰：不自有其有。

师曰：不自矜。

三十九

师曰：第三十九章，"昔之得一者，天得一以清。"

师曰：且道得一，安在甚处？

嘿庵曰：安在无为处。

师曰：无用处更好。

四十

师曰：第四十章，末后一句云，"天下万物生于有，有生于无。"

师曰：无有之外，更有甚么？

嘿庵曰：有这个。举似。

四十一

师曰：第四十一章，"下士闻道，大笑之。"

师曰：笑个甚么？

嘿庵举云：笑这个。

密庵曰：笑个无为。

四十二

师曰：第四十二章，"或损之而益，或益之而损。"

师曰：不损不益时如何？

嘿庵曰：无欠无余。

师曰：剔浑沦。

四十三

师曰：第四十三章，"天下之至柔，驰骋天下之至刚。"

师曰：触来勿与竞，事过心清凉。如何是清凉境？

嘿庵曰：无热恼。

师曰：无无明。

四十四

师曰：第四十四章，"名与身孰亲，财与货孰多。"川老云："若能运出家中宝，啼鸟山花一样新。"如何是家中宝？

嘿庵曰：哩哩啰。

定庵喝。

师曰：一曰慈。

四十五

师曰：第四十五章。

师曰：上章"知足不辱，知止不殆"，谓常足也。此章云："大成若缺，大盈若冲"，不足也。足底是？不足底是？

损庵、止庵曰：满招损，谦受益。

师曰：德有余而为不足者寿，财有余而为不足者鄙，故云。

四十六

师曰：第四十六章，"罪莫大于可欲"。

师曰：不见可欲，使心不乱。急走回来，救得一半。且道那一半如何？

定庵曰：不离当处。

四十七

师曰：第四十七章，末后句云："不见而名，无为而成。"

师曰：名个甚？成个甚？

定庵、嘿庵皆曰：成德名道。

四十八

师曰：第四十八章，"为学日益，为道日损。"

师曰：益人甚？损人甚？

定庵曰：损己益人。

嘿庵曰：损情益性。

四十九

师曰：第四十九章。

五十

师曰：第五十章，"生之徒十有三，死之徒十有三。"

师曰：涅槃心易晓，差别智难明。如何差别智？

众无答。

师曰：仁者谓仁，智者智。

师曰：如何涅槃心？

众无答。

师曰：前无往古，后无只今。

五十一

师曰：第五十一章，"道生之，德畜之。"

师曰：生个甚？畜个甚？

实庵曰：生之畜之，只是这个。

师曰：较些子。

五十二

师曰：第五十二章，"天下有始，以为天下母"。首章云："有名万物之母"。名唤甚么？

诸人答不中。

诚庵问曰：唤作甚么名？

师唤诚庵。诚庵应诺。

师曰：安名了也。

五十三

师曰：第五十三章，"使我介然有所知，行于大道，惟施是畏。"

师曰：畏个甚？

嘿庵曰：畏天命。

五十四

师曰：第五十四章，"以国观国"。

师曰：观国非容易，观身意更深。海枯终见底，人死不知心。还有知心底么？

诸人答，不应机。

诚庵问师：还有知心底么？

师应之曰：问者是谁？

五十五

师曰：第五十五章，"含德之厚，比于赤子。"

师曰：即孟子谓"大人者，不失赤子之心"意，且道赤子之心，是已发？

嘿庵曰：纯一。

定庵曰：寂然不动。

师曰：未尽在，殊不知返者，道之用也。

五十六

师曰：第五十六章，"知者不言，言者不知。"

师曰：言底是？不言是？

诸人答，不切。

师曰：父母所生口，终不为君通。

五十七

师曰：第五十七章，"以正治国，以奇用兵，以无事取天下。"

师曰：取天下，安得无事？无事何以取天下？

众无对。

师曰：导之以德。

五十八

师曰：第五十八章。

师曰：末后一句，"光而不耀"，作么会？

众无语。

师曰：被褐怀玉。

五十九

师曰：第五十九章，"治人事天，莫若啬。"作么会？

止庵曰：俭。

师曰：从俭。

六十

师曰：第六十章，"以道莅天下，其鬼不神。"如何说？

嘿庵曰：无以施其能。

定庵曰：邪不干正。

六十一

师曰：第六十一章，"大国者下流"。

师曰：等闲伸出无为手，不动干戈定太平。唤甚么做无为手？

嘿庵曰：掀翻三教。

诚庵曰：打破虚空。

六十二

师曰：第六十二章，"有罪以免耶"。

师曰：过在甚处？

定庵曰：觅过了不可得。

师掷经云：休翻疑。

六十三

师曰：第六十三章，"图难于其易"。

师曰：说易非容易，言难未是难，个中奇特处。请续一句。

嘿庵云：元只在中间。

实庵云：元不离玄关。

师曰：北斗面南看。

六十四

师曰：第六十四章，"其安易持"。

师曰：诸人作么会？

嘿庵：防微杜渐。

六十五

师曰：第六十五章，"古之善为道者，非以明民，将以愚之。"

师曰：一切有为法，三千六百门。从头都勘破，总是弄精魂。惟予独抱无名朴，无限群魔倒赤幡。诸人会么？

定庵曰：认着一物即不中。

嘿庵掷经。

六十六

师曰：第六十六章，"江海所以能为百谷王者，以其善下之。"

师曰：且道江海下百谷耶？百谷下江海耶？

嘿庵曰：聚散皆归一。

定庵曰：上逊下顺。

师曰：下下下。

六十七

师曰：第六十七章，"舍其慈且勇，舍其俭且广，舍其后且先，死矣。"

师曰：莫饮无明水，且道唤作么做无明水？

定庵曰：陆地平沉。

嘿庵曰：无风浪起。

六十八

师曰：第六十八章，"善为士者不武"。

师曰：不文不武，无得无失，摸着鼻孔，通身汗出，且道父母未生前，鼻孔在甚处？

定庵曰：出息入息处。

嘿庵曰：在阖辟处。

实庵曰：只在眉毛下。

六十九

师曰：第六十九章，"用兵有言，吾不敢为主而为客"。且道主客如何分？

诸人无答。

师曰：你是何人，我是谁？

又曰：两眼对两眼。

七十

师曰：第七十章，"吾道甚易知，甚易行。"如何又道莫能知、莫能行？若向这里下得一转语，参学事毕。其或未然，参。

定庵曰：百姓日用而不知。

嘿庵曰：只在目前人不识。

师曰：只为大分明。

七十一

师曰：第七十一章，"知不知上，不知知病。"此病作么治？

嘿庵曰：寸心不昧。

其诸子，皆不的当。

师曰：吾将镇之以无名之朴。

又曰：不然，则浑沦吞个热铁丸。

又曰：下士须是吃服药过，泻去恶知识矣。

七十二

师曰：第七十二章，"民不畏威，则大威至。"如何是大威？

嘿庵曰：生死事大。

师曰：无常迅速。

七十三

师曰：第七十三章，"勇于敢则杀，勇于不敢则活。"

师曰：如何是杀活机？

众无答。

师曰：如王秉剑。

七十四

师曰：第七十四章，"代大匠斲，希有不伤其手者。"

师曰：作么会？

定庵曰：不是当行家。

七十五

师曰：第七十五章，末后句云："夫惟无以生为者，是贤于贵生。"

师曰：诸人作么会？

定庵曰：以其无死地。

七十六

师曰：第七十六章，"民之生也柔弱，其死也坚强。"作么会？

定庵曰：柔弱生之徒。

七十七

师曰：第七十七章，"天之道，损有余而补不足；人之道，损不足以奉有余。"

师曰：且道不损、不益时如何？

众无对。

师曰：也不剩兮也不少，信手拈来便恰好。

七十八

师曰：第七十八章，"受国之不祥，能为天下王。"

师曰：作么会？

诸人无答。

师曰：无忌讳。

七十九

师曰：第七十九章，"和大怨，必有余怨，安可以为善。"如何说？

惟庵①曰：克己为善。

定庵曰：克己复礼。

嘿庵曰：慈忍为善。

师曰：一状领过。

或曰：师作么道。

师曰：恩怨两忘。

八十

师曰：第八十章，末后句云："民至老死，不相往来。"如何说？

嘿庵曰：安其家。

定庵曰：无争。

师曰：内境不出，外境不入。

---

① 庵，底本作"安"，校者据后文"唯庵"云云改。

八十一

师曰：第八十一章，"圣人之道，为而不争。"

师曰：作么是不争？

众答，不应机。

师曰：放倒门刹竿着。

八十二

师又曰：各人要一联句，体"道德"二字。

嘿庵曰：道藏诸用，德显诸仁。

定庵曰：道不在修，德不在求。

唯庵曰：道不无中无，德不有中有。

实庵曰：道，可道非道；德，上德不德。

师曰：道，寂然不动；德，感而遂通。

又云：道，清静光明；德，谦柔巽顺。

八十三

师曰：各人要一联，证无为"道德"二字。

众无答。

师曰：道擎拳，德稽首。

师指烛，云：各人作联，要见此烛体用。

嘿庵曰：体塞破虚空，用照破黑暗。

实庵曰：体圆陀陀，用光烁烁。

师曰：体如如不动，用烁烁圆明。

又曰：体撑天拄地，用照天烁地。

师曰：各人要"无"说一联，要见烛体用。

诸人无答。

师举似，众有省。

《清庵莹蟾子语录》卷之三

知堂实庵苗善时　编

　　初入中和精舍，庵门银山铁壁，由谁建立？透得此关，了无阃辟。且道此关，作么透？卓拄杖一下云：咦！便从这里入圣堂。才说金阙化身，已自天机露泄。重增外象庄严，又是一场败缺。毕竟作么？咄！要见黄金满月相，大家进步里头来参圣，至慈至仁，至灵至圣，掌生死关，行杀活令，激浊扬清，驱邪辅正，恶不报，善不应。虽然显现许大神通，也向清庵手中乞命。既如是，又拜个甚么？咦！因我得礼，孰敢不敬？

冬至升堂讲经

　　升座上香，祝语毕。师举拄杖，云："道本无言，予亦不会多说，借这拄杖子，有时在予手中为体，有时在予手中为用。"横按拄杖，云："是体？是用？"良久，又云："用则撑天拄地。这条拄杖神通莫测，妙用难量，方才举起，十方无极，飞天神王，长生大神，无鞅数众，齐立下风。太上老君，也来拄杖头乞命，何以故？一朝权在手，便把令来行。"举起拄杖，云："大众，看！"打一下，云："打一棒，打得虚空蹦跳。"搅一搅，云："搅一搅，搅得混沌密融。"画一画，云："画一画，画开三教藩篱。"卓一下，云："卓一卓，卓透诸人鼻孔。虽然有许大神通，尽大地不曾打得一个，何以故？清庵拄杖不打钝汉。"喝一喝，云："莫有要吃棒底么？便请出来。"

　　实庵出，拜而问曰：冬至下雪，此意如何？

　　师曰：这一问，滴水滴冻，不可作祥瑞会，不可不作祥瑞会，未具参学眼；不作祥瑞会，未具参学眼。且道作么生？咦！地雷震动一阳至，素女、青郎会绛宫，歌罢酒阑云雨散，乱将碎玉撒虚空。这个莫是冬至月雪么？咦！莫作境会。何以故？守城不用寻冬至，身中自有一阳生。年中自有年中冬至，月中自有月中冬至，日中自有日中冬至，时中自有时中冬至。一阳节，是年中冬至；每月初一日，是月中冬至；每日子时，是日中冬至。且道如何是身中冬至？

实庵曰：请师开示。

师曰：月到天心处，风来水面时。一般清意味，料得少人知。会么？

实庵曰：唯。

师曰：犹恐有未会底，再念得"致虚极"一章么？

曰：念得。

师曰：先念起头四句。

曰："致虚极，守静笃，万物并作，吾以观其复。"

师曰：孔子云："雷在地中，复。先王以至日闭关，商旅不行，后不省方。"此谓上古帝王，于冬至日闭关，不许商旅往来，使民致虚守静，以待新阳复也。新阳既复，四时顺序，五谷丰登。世人于一阳来复之时，守其安静，使内境不出，外境不入，以待一阳来复。一阳既复，四大咸安，百骸俱理，此长生久视之道也。且如今日，冬至下雪，商旅自然不往来也，岂得不是祥瑞？虽然，万般祥瑞不如无。你再念四句。

曰："夫物芸芸，各复归其根。归根曰静，静曰复命。"

师曰：此四句，谓观化知复也。且如复卦，自坤而复，坤静也，阳动也，静极复动，天心见矣。

再念四句曰："复命曰常，知常曰明。不知常，妄作凶。"

师曰：世人会得这些消息，直造真常境界，故曰明。苟或一阳来复，昧而不知，妄有施为，丧身必矣，故曰凶。

再念四句曰："知常容，容乃公，公乃王，王乃天。"

师曰：容，谓广纳包容也。公者，谓普及一切也。至公且普，则可以作之君，作之师，天人同一理也。

再念后句曰："天乃道，道乃久，没身不殆。"

师曰：体天合道，长生久视之道尽矣。到这里更进一步，方证无生法忍之妙。有人认得亲切，直下承当，下静定工夫，至于致虚之极，守静之笃，天心见矣。天心既见，便于当处，放大光明，遍照三千大千世界。于一一世界中，各具三千大千国土；于一一国土中，各具三千大千法门；于一一法门，各具三千大千善智识；于一一善智识，各具三千大千眷属；于一一眷属，各具如是眼，各见如是天心，各放如是光明，遍照三千大千世界。恁么则尽大地人，同一个鼻孔出气也。到这里方知道，月月日日都是冬至，时时刻刻都是冬至，今日冬至，只是寻常日也。古德云："大都只是寻常日，蒿扰众生乱一场。"既说道只是寻常日，为甚么今日作法事？莫是分外么？虽然只得随乡入乡，依例下个注脚，有人会这个注脚么？

实庵曰：不会。

师曰：你问我。

曰：如何是冬至注脚？

师曰：即日仲冬喜雪，恭惟尊候，动止万福。会么？

曰：唯。

师曰：既会，如何不拜？

实庵拜。

师曰：且住，更有向上事在。

曰：更有甚么？

师曰：清庵举似，瑞雪应至日之休祥；会首复此，令辰纳自天之福佑。珍重！珍重！

便下座放参。

师举拂子，示众云："夫道体于无体，名于无名，亦无可说，说亦不得。今日既升座，借这拂子，代吾说法，这个拂子，不是拂子，是惹闹，何以故？才拈起来，便是翻祖师疑，便瞎众人眼，便要寻订斗。这个拂子，通身都是口；这个拂子，通身都是手；这个拂子，通身都是眼；这个拂子，神通莫测，变化无穷。"竖起，云："看有眼也无？"敲一敲，云："听有耳也无？"掷下拂子，云："咦！有神通也无？"侍者拈拂子与师，师曰："即此用，离此用。"良久，又云："山河大地，都在这拂子头上；森罗万象，都在这拂子头上；三贤十圣，都在拂子头上；尽大地人，都在这拂子头上。"摇拂子，云："大众，莫有不在拂子头上底么？便请出来相见。"

黄居士出，云：雷发一声惊霹雳，震动满天星斗寒。上启吾师，如何是一阳消息？

师打圆象，云：会么？

黄曰：会。身中一阳，又作么生？

师振拂子，喝一声。

黄曰：直下承当。

师曰：只恁么去。

黄拜谢，曰：不是我师亲说破，几乎错过一阳生。

戴甲庵问曰：大都只是寻常日，蒿扰众生乱一场。为甚么唤作冬至？又道一阳生，却如何下雪，毕竟作么生？

师曰：大地坦平，乾坤一色。会么？

曰：未会。

师曰：近前来，向你道。

戴至师前。

师曰：纵教雪覆千山白，孤峰元自别巍巍。

戴拜谢而退。

师曰：我有一个隐语，请你众人参。经云："惚兮恍，其中有象；恍兮惚，其中有物。"且道是个甚么物？若有人参得着，便从法座上，拖下李清庵来，一顿打死，深掘坑，厚着土埋，教不见踪迹不为过。若参不着，却被李清庵埋却你去也。其或未然，我更添个注脚，颂曰：我有一件物，能小亦能大，体则同太虚，用则遍法界，拈起天不容，放下地莫载。见之者，则突出眼睛；闻之者，则迸裂脑盖。道人会此，振动蓬岛三山；缁流会此，掌握曹溪一派。以之治国，国安民丰；以之助道，时清道泰。若论酬价，价值万两黄金。若遇知音，不用一文便卖。为甚不用一文？不图利，只图快，只今举似向君，试问会也不会？

实庵曰：不会。

师曰：休论会与不会？只今自买自卖。

打圆象，云：看两手缝合，中间拈出自然香。

太上老君圣诞上堂

师升座，云：太上元无上，常存日用间。可怜无学辈，刚道出幽关。大众，且道太上，在甚么处？咦！只今见在说法，诸人还会么？纵饶直下会意，犹隔清庵一线道在。何以故？若言他是太上，自己却是甚？须是向自己究竟，方见得亲切。太上云："真常之道，悟者自得。"即此意也。又云："众生所以不得真道者，为有妄心。"是谓妄心一动，起种种差别因缘。因缘缠缚，失道之本也。圣人为见众生迷真之故，于是设立种种方便，诱喻世人，离诸染着，出诸迷径，是经所以作也。经也者，返道之径欤！读是经者，当知此经元是强名，本无可说，说亦不得。取不得，舍不得，添不得，减不得，形容不得，举似人不得。不属讲论，不属智识，不属见闻，不属有无。莫作实相会，莫作虚无会，莫作文理会，莫作断常会。然则从事于道者，将奚所自耶？非执大象者，则不足造也！太上云："执大象，天下往。往而不害，安平太。乐与饵，过客止。道之出口，淡乎其无味"。是谓以声色见道者，属无常法，终有尽期。道之出口，淡而无味，视之不足见，听之不足闻，用之不可既。大哉！圣人之言乎！若是个信得及底，便能离一切相，了一切法，直下打并，教赤洒洒，空荡荡地，潜大音于希声，隐大象于无形，则自然形神俱妙，与道合真也。奈何今之学者，不求师旨，私意揣度，或泥于文理，或执着文辞，圣人作经之义，由是晦矣！此经中不注脚者，往往不同，良由此也。殊不知，才开臭口，十万八千；才言可道，便非常道；才言可名，便非常名。然则常道，不可道，五千余言非道乎？常名，不可名，《道德经》名非名乎？咦！非道不可道，不可道即道；非名不可名，不可名即名。若向这里具眼，参学事毕。其或未然，未免随人脚转，仁者以仁见，智者以智见，百姓日用而不知，故圣人之道，知之者鲜矣！清庵不惜两片，为你诸人道破此一卷经，拭不净底故纸。既是不净故纸，无用五千余言，发明不可道之义也。譬如大医治病，对证发药，病既瘥矣，药亦无用。既得常道，五千余言亦无用。作是见者，则知可道、可名，道之边徼也；不可道、不可名，道之玄妙也。有名之徼，道之用也；无名之妙，道之体也。"无名，天地之始也。有名，万物之母也。此两者，同出而异名，同谓之玄。玄之又玄，众妙之门。"苟有自有名之徼，而造无名之妙者，真常之道得矣。非天下之至虚，其孰能与于此？大众，清庵饶舌至此，是说耶？非说耶？诸人闻经至此，是闻耶？非闻耶？善智识，苟有不闻而闻者，方会清庵无说之说，怎么则圣人作经之意明矣，起初一句至矣！尽矣！休更疑惑。或曰：道既不可道，名既不可名，今日大作法事，莫非多事乎？曰：不然！太上二月十五日降诞，非真也，显生生之义也。予今与太上庆诞，正欲发明起初一句也。何多事之有？复何疑哉？大众，起初一句已自说了，末后一句，又作么生？咦！父母所生口，终不为吾通。

下座放参。

师曰："'视之不见名曰希，听之不闻名曰夷，抟之不得名曰微，此三者不可致诘。'予谓，视之不见名曰希，莫非无色乎？听之不闻名曰夷，莫非无声乎？抟之不得名曰微，莫非无形乎？"举拂子，云："见么？"敲一敲，云："闻么？若作见闻会，未具参学眼。不作见闻会，亦未具参学眼。诸人作么会？"

嘿庵出，云：见色非干色，闻声不是声。色身无碍处，亲到法王城。

师曰：离却语言。

嘿庵竖起拳头，云：看打一拳。云：听这个，还属见闻也无？

师曰：敲空作响。

嘿庵曰：更有么？

师曰：待汝隐大象于无形，潜大音于希声，却来相见。

嘿庵曰：唯。拜谢而退。

师举拄杖，云：泥牛喘月，木马嘶风。观之似有，觅无踪迹。清庵拄杖子，画倒妙高峰。又道：开口即错，可劳举似？咦！若向拄杖下，当虚皇的意，未梦见在，何以故？"善行无辙迹，善言无瑕谪，善计不用筹策，善闭无关键而不可开，善结无绳约而不可解。"颂曰：举步不在脚，把物非干手，摸着鼻孔尖，通身都是口。若能于此善参详，七七元来四十九。若向这里会得，方知道太上说是经不曾开口，清庵举拄杖不曾动手。其或未然，且向声色里做工夫，还有会底么？不得开口，不得动手，离却声色出来相见。道得也吃棒，道不得也吃棒。

黄居士出，方欲开口。

侍者云：不得开口。

良久，踏一踏。

师云：更有在。

黄咳嗽。

师曰：早迟八刻。

定庵出，拜云：请师再举。

师曰：不得开口。

定庵竖拳。

又曰：不得动手。

定庵喝。

师曰：向上更有在。

定庵曰：更有个甚么？

师曰：只今座下人众，好向静处理会。

师下座，定庵随行。

师把住云：那里去？

定庵云：无处去。

师云：恁么去，且免吃棒。

定庵拜谢。

《清庵莹蟾子语录》卷之四

门弟子宁庵邓德成　编

师在维扬作绝句，令门人续一句。师曰：若有合辙者，许进一步。

一

师曰：无形无影亦无名，撑柱乾坤古到今。刚被清庵掀倒了。

定庵曰：大千沙界总成金。

无庵曰：杳无踪迹绝追寻。

复庵曰：要知下手定中寻。

嘿庵曰：变成大地作黄金。

月庵曰：虚无粉碎没踪寻。

师曰：除无庵外，一状领过。

二

师曰：乾鼎金炉烹日月，天罡斗柄斡璇玑。劈开混沌金丹就。

定庵曰：迸出圆光遍界辉。

无庵曰：抱个婴儿谒紫微。

昔庵曰：直谒丹霄不用梯。

复庵曰：服了乘鸾造太微。

嘿庵曰：认得中间一点辉。

素庵曰：放出光明太始归。

师曰：谛观诸子之作，皆且且，独嘿庵曰较些子。

三

师曰：举步踏翻无色界，抬头撞倒大罗天。有人问我安身处。

定庵曰：透出金刚无碍圈。

无庵曰：一颗珠中纳大千。

复庵曰：隐在鸿濛未判前。

嘿庵曰：无减无增本自然。

月庵曰：只在眉毛眼睫前。

师曰：定庵为上，复庵次之。

四

师曰：历劫元来一宝珠，硬如生铁软如酥。大千沙界无安处。

定庵曰：包尽乾坤造化模。

无庵曰：道外虚无盖不敷。

复庵曰：照彻虚空一也无。

普庵曰：看见分明觅后无。

嘿庵曰：遍满虚空总是渠。

爱山曰：无限清光照太虚。

师曰：都未尽在，其间独定庵、嘿庵较些子。

五

师曰：着无着有总非功，两下俱捐又落空。无有兼资终不一。

定庵曰：无中真有始潜通。

嘿庵曰：非无非有始圆通。

无庵曰：非无非有显神通。

复庵曰：太虚同体道方通。

师曰：都较些子，予则曰：不如默默守其中。

六

师曰：圆陀陀地一圈圈，产在鸿濛未判前。没蒂没根无可把。

定庵曰：方明此际是真筌。

嘿庵曰：现前应用十分全。

无庵曰：要知月落不离天。

复庵曰：寂然不动悟真诠。

师曰：嘿庵一句可取。

七

师曰：上柱天分下柱地，中间一窍不通气。视之不见听无声。

定庵曰：吃饭着衣常不昧。

嘿庵曰：应用头头皆不离。

无庵曰：拍塞虚空神鬼畏。

损庵曰：却与虚空有何异。

师曰：定庵可取。

八

师又曰：立鼎烧乾四大海，安炉炼碎五须弥。金丹成象包三界。

定庵曰：方显男儿得志时。

无庵曰：道本无为喻有为。

嘿庵曰：此是先天先地时。

济庵曰：正是超凡入圣时。

师曰：定庵一句为绝。

九

师在昭阳四圣道院，与诸法眷炼志，今并附于此。

师曰：笔锋一蘸江湖竭，墨挺才磨大地穿。拍塞虚空书一画。

嘿庵曰：亘今亘古蔼云烟。

息庵曰：毫尖露出本来天。

退庵曰：画开父母未生前。

静庵曰：此玄玄外更无玄。

师曰：静庵、退庵较些子。退庵一句，改作"混沌未分前"更妙。

十

师曰：小小庵儿小小蟾，潜藏不许外人瞻。夜来开放吞天口。

嘿庵曰：满腹丹砂火正炎。

静庵曰：嚼碎方知苦与甜。

退庵曰：大地山河舌下潜。

一庵曰：一味醍醐别样甜。

师曰：都较些子。

予则曰：吞尽乾坤尚不厌。

十一

师曰：贫者今年成煞贫，庵中无地可容针。贫来贫去贫无极。

嘿庵曰：惟有金丹亘古今。

济庵曰：彻骨全无一点尘。

隐庵曰：赤条条地本来心。

虚庵曰：脱却皮肤见本心。

息庵曰：炼得乾坤总是金。

惟庵曰：唯有通身是紫金。

丁宰曰：独有神丹一粒金。

师曰：都未是。

答曰：家破人亡死却心。

十二

师曰：黄婆昨夜养婴儿，才出胞胎体太微。混沌之中藏不得。

嘿庵曰：还他无极以前时。

息庵曰：却来黍米识玄机。

师曰：都是未着。

答曰：太虚之外斡璇玑。

十三

师曰：闻经闻法事难全，离法求玄又不然。不离不闻都是错。

嘿庵曰：一切掀倒始功圆。

息庵曰：饥来吃饭困来眠。

师曰：皆未尽善。

答曰：执中不易是真诠。

十四

师曰：竿头立底功难就，进步如何动脚跟？不动脚跟争得到。

嘿庵曰：上头一着妙难论。

师曰：揭开脑盖去朝元。

十五

师又曰：坐中开眼道难成，闭眼元来又属阴。不闭不开真瞎汉。

嘿庵曰：通身是眼我知音。

济庵曰：放开一眼觑教亲。

师曰：顶门具眼见天心。

十六

师曰：若行陆地涉途程，水路来时堕堑坑。不涉两途争得道。

嘿庵曰：拦腮一掌太无情。

息庵曰：元来中道坦然平。

师曰：息庵较些子。

予则曰：乘风归去谒三清。

十七

师曰：无门关锁不难参，说着无门便没关。既是无关开个甚？

嘿庵曰：知他窠臼有何难。

息庵曰：一拳打破透疑团。

虚庵曰：不移一步到长安。

师曰：虚庵可取。

十八

师曰：坐中皆浊总为阴，及至惺惺又属情。不散不昏都是垢。

嘿庵曰：鼓琴招凤自然清。

一庵曰：万缘俱泯大丹成。

东庵曰：虚无空寂本乎诚。

静安曰：全身放下自通灵。

师曰：都欠些子。

答曰：方教自在便光明。

十九

师曰：工夫做到杳冥中，守着些儿费了功。不守又还成茫荡。

嘿庵曰：此身全与太虚同。

息庵曰：息中自有大神通。

东庵曰：全身隐在太虚中。

一庵曰：寂然不动感而通。

师曰：拈来物外逞神通。

二十

师又曰：昨夜三更日正午，大虫吞却南山虎。清庵定里逞神通。

嘿庵曰：狮子吼时谁敢侮。

顾庵曰：撼动乾坤谁敢侮。

师曰：你两个都不识这个。

答曰：谑得骊龙起来舞。

二十一

师曰：水中捞月从来妄，火里栽莲是脱空。撅地寻天多费力。

嘿庵曰：不离当处阐神通。

息庵曰：无修无证始成功。

师曰：争如一定守其中。

二十二

又曰：天作庵儿地作基，四维八极作藩篱。中间有个痴呆汉。

嘿庵曰：独玩天心月上时。

师曰：索性掀翻不住持。

二十三

又曰：乾坤未判从无极，无极之前本太初。未有太初前底事。

嘿庵曰：渠今非我我非渠。

息庵曰：古今惟我独如如。

师曰：只今见在体元虚。

二十四

师曰：昨宵日午与无寥，直上中天旋斗杓。运转法轮天地震。

嘿庵曰：黍珠宫里正逍遥。

又曰：森罗万象悉来朝。

二十五

师曰：莫执无心与有心，两心到底不通真。有心毕竟心为累。

嘿庵曰：会取中间真有因。

师曰：无有双忘证法身。

二十六

又曰：我把杀人手段，拈出活人刀子。试问杀活如何？

嘿庵曰：活却从前死底。

息庵曰：斩断一切生死。

师曰：你两个刀子无刃。

答曰：法王法令在此。

二十七

师曰：烁烁团团一宝珠，外无边际里头虚。轻轻拈出无安处。

嘿庵曰：独露单提得自如。

虚庵曰：遍周沙界现真如。

息庵曰：放去收来总在渠。

一庵曰：元始于中独自居。

师曰：你每安得不着下着。咦！引我蟾蜍里面居。

二十八

又曰：炼就通红热铁丸，红如昊日大如天。钳来送入诸人口。

嘿庵曰：嚼出清凉一味禅。

息庵曰：嚼碎方知滋味全。

师曰：烂尽肝肠性始坚。

二十九

师曰：予与诸法眷续诗游戏，予之本意不在诗而在道，苟有以诗会道者，无上至正之妙得矣。今以挽邪归正为题，押爷遮韵，作一绝句，证不许犯题。

嘿庵曰：堪笑迷徒不认家，唤他假老作亲爷。

　　　　嘿庵伸出无为手，直指长安无障遮。

实庵曰：曲径傍蹊数百家，人人错认贼为爷。

　　　　我今唤得回头了，方信蓬莱路不遮。

甲庵曰：三千小法眼前花，切莫迷漫唤作爷。

　　　　蓦鼻拖回归大道，满天明月没云遮。

师曰：抱贼叫屈实堪嗟，两眼明明不识爷。

　　　　莫怪清庵施毒手，打开心孔要无遮。

《清庵莹蟾子语录》卷之五

门弟子蒙庵张应坦　编

杂述

诗赠东溪

丹道立基处，休教外境侵。

一心才静定，二物互相任。

离火烧铅汞，雷车运水金。

调和藉坤土，灌溉必天壬。

白雪凝金鼎，黄芽长玉簪。

这些真种子，本不是玄参。

又

会得潜心妙，从他二鼠侵。

有人信得及，无个力难任。

慈誓弘如海，机锋利似金。

穷通内子午，掀倒外丁壬。

善闭无关键，勿疑朋盍簪。

玄之又玄处，一唯契曾参。

韩宰求赞吕祖师

这个吕老，面善心黑，

兀兀腾腾，飘飘逸逸。

剑佩青蛇，丹传紫极。

校勘将来，分明奇特。

奇特一句，又作么生？

咄！袖中神剑，不露锋芒。

宇宙纵横，了无人识。

王居士求赞宝公顶相

这个和尚拗服，背棒三十六场。

做尽模样，咦！直待擘破面皮，露出里头端相。

张居士求赞布袋和尚

这个胖汉，惯会做贼，

布袋中藏，了无人识。

咦！自是贼人心下虚，笑中露出真消息。

李居士求赞吕公

个样髯汉，是何像态？

兀兀腾腾，捏捏怪怪。

寄迹红尘，遨游物外。

既到这里，私赃尽败。

且道赃在甚处？咄！

袖内隐青蛇，粟中藏世界。

善友求赞王祖师

这个老叟，形容大丑。

发少如须，眼大似口。

自称是五祖儿孙，

人唤作七真师友。

且道如何即是？看！

更问如何，劈脊便楼。

赵居士求赞三仙图

祖师清庵黄胖，黄胖全不似像。

百无一能，受人供养，还识真底么？

为伊劈破面皮，却与虚空一样。

洁庵措大指，大千乔百怪。

读五车书，一字不会，且道云何不会？

咄！脱却鲍老戏衫，博个金刚不坏。

赞诸法眷

了蟾颂曰

心月圆明，性天朗耀。

进出了蟾，乾坤普照。

嘿庵颂曰

嘿庵境界，无内无外。

广纳包容，含弘光大。

丹蟾颂曰

丹为蟾用，蟾为丹体。

丹成蟾蜕，功齐元始。

一蟾颂曰

禅天莹静，慧海澄清。

一蟾突出，普照无情。

咄！乾坤百拶碎，独露大光明。

颐庵颂曰

颐庵境界，无罣无碍。

九转功成，灵胎脱蜕。

咦！顶门放大光明，遍照三千世界。

赞李待诏

剔聪正容，披云修月。

向上工夫，一切漏泄。

咦！至士面前呈手段，到头万法一齐通。

赞钱待诏

玉掠拨开云，金刀修出月。

上头些子机，一切都通彻。

咦！面前消息子，不闻中露泄。

杂颂

题三境图

看这一个拙汉，全无些子果断。

分明半死半活，犹自厮缠厮绊。

咦！连忙急走回来，也只救得一半。

题打坐猿

这个畜生，颠劣忒煞。

突出眼睛，野性犹在。

咄！直须烂了皮毛，物外纵横无碍。

题闭目猿

咄这毛团，是何相态？

一味颠狂，千般捏怪。

既到这里，和贼捉败。

且道赃在甚处？

咦！瞑心瞑目坐山巅，全怃全神游物外。

赞黑杀符

虚空为纸，须弥作笔。

画就灵符，神出鬼没。

试问煞活如何瞽？

赞剑

杀人刀子，横拈倒举。

逢佛杀佛，逢鬼杀鬼。

赞烧饼

水麦和成一块，做出圆陀陀地。

不因火候工夫，争得个般真味？

咄！信手拈出向君，不用牙关嚼碎。

赞饧糖

绞出黄芽汁，煎熬凭火力。

黏如鸾凤胶，甜似波萝蜜。

懵懂拙汉，黏却牙关。

大力量人，开口不得。

赞瓢

禀赋先天一炁，成就个般道器。

拈来信手劈开，浑沦圆陀陀地。

咦！举起分明，切忌错会。

又云

只这一个把柄，妙用神功莫测。

举起盖日遮天，放下风恬浪息。

赞宗鬅头

鬅头鬅头，有甚风流。

横拖拄杖，倒骑铁牛。

自赞真相

这个面觜，不傍道理。

那个尚非，何尝有你？

咦！唤作李清庵，便是眼见鬼。

赞扇

圆陀陀地一片，直下森罗影现。

举起明月当天，摇动清风拂面。

且道见也不见？咦！休问见也不见。

为伊略通一线，搧一扇。

赞刀

亘古此物，无形无质。

无欠无余，无休无息。

其利断金，其圆胜日。

释曰玄珠，儒曰太极。

道曰金丹，名三体一。

只在目前，时人不识。

〇只这便是，休更疑惑。

示众二图

叠字藏头颂

頌頭藏字疊

脱蜕元形保精

成丹神炼气御

久视存神

生长定性

形固气灵心明

凝精住神本悟

释颂

元神炼形，炼形保精。

保精御气，御气神存。

神存定性，定性明心。

明心悟本，悟本神灵。

神灵气住，气住精凝。

精凝形固，形固长生。

长生久视，久视丹成。

丹成脱蜕，脱蜕元神。

上此颂，乃炼神之要也。欲炼其神，先炼其精；欲炼其精，先御其炁；欲御其炁，必先存守。存守得定，则心所以明，神所以灵，炁所以住也。炁住而后精凝，精凝而后形固，形固而阳神脱蜕，长生久视之道尽矣。丹书所谓"金液炼形""金液还丹"，并不外乎此。

还丹之图

圖 之 丹 還

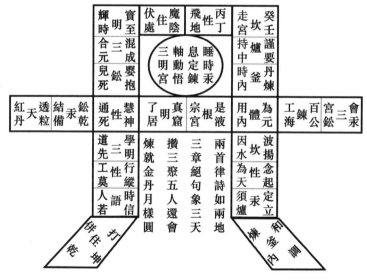

释图律诗

八金釜内炼丹时

八者，木之成数也。木，性也。金，情也。以性摄情，入于中宫，喻曰土釜。然后加火炼之，愈炼愈坚固，愈炼愈圆明，故喻之曰金丹也。

户火炉中要谨持

火者，神也。户者，室也。元神入室，如药在炉，切宜谨谨固济，勿令差失。铅汞二物，惟好飞走，可不谨乎？毫发差殊，不作丹者是也。

欠土坎宫壬癸走

土者，坤也。坤属身，身不动则虎啸，身动则虎走。虎啸则精凝，虎走则精泄。欠土者，身不定也。壬癸走者，精泄也。学者不可不谨！

心生性地丙丁飞

丙丁，火也，属心。心定则龙吟，心不定则龙奔。龙吟则炁固，龙奔则炁散。心生者，火炎也。丙丁飞者，气散也。此二句，喻铅飞汞走之意也。

主人住处阴魔伏

主人者，本来真如之性也。历劫不坏，元神也。住者，元神入室也。阴魔伏者，情欲绝也。学道底人，身心既不动，则神凝气固矣。

日月明时至宝辉

日月，喻身之精华也。明者，精华凝结也。功深力到，炼成一块至宝放光辉，照天烁地也。

一二三元成混合

天一生水，精也。地二生火，气也。天三生木，神也。精气神，炼成一块，三五合一，返本还元。

金公铅死抱婴儿

金边着个"公"字，铅①也。铅死者，欲海竭也，情念绝也，圣胎成也，婴儿显象也。

一铅二汞会三宫

---

① 铅，异体又作"鈆"。

一者，水之生数，喻精也，强名曰铅。二者，火之生数，喻气也，强名曰砂。三者，木之生数，喻神也，强名曰汞。三宫者，三元所居之宫也。

东海金公百炼工

东海，喻性也；金公，喻情也，即是铅汞之异名。情来归性以火炼，百炼工夫，方为至宝。

身内本元为体用

自家身内，有天然种子，向外求之者，谬矣。身内元精，金丹之用也；心中元气，金丹之体也。

艮宫木液是根宗

艮宫，即土也；木液，即汞也，总名曰砂中汞，金丹之母也。恐学者无以取则，故强名云。

日居月窟真明了

日居月窟者，阳来阴舍也，取坎填离也，抽铅添汞也，婴儿交姹女也，金木并也，水火交也。

心死神生慧性通

心死则神生，神生则慧通。故学道之人，身如朽木，心若死灰，寂然不动。工夫纯熟，慧性圆明。

工备水乾铅汞结

工夫周竟，则欲海自竭。性情混融，则汞铅交结。火候功成，则形神超越，然后金丹形兆也。

大丹一粒透天红

大丹者，大至圆也。非假外物，由本来真如之本而炼成，人还得饵，果证金仙矣。

学道先明三二一

　　三二一者，即神炁精也。即非交合之精，呼吸之气，思虑之神，乃元精、元炁、元神也，不可不明。

行工莫纵性生心

　　行工之际，不可纵心。心生则火炎上，心定则无明息。十二时中，常常检摄。

时人若信吾言语

　　学道之人，执文泥象，终不自明。《老子》云："吾言甚易行，世人莫能知，莫能行。"信不及也！

打并乾坤住主人

　　乾坤，身心也。信得及底，打拼身心，认本来面目。苟或觌面相逢，决定无来无去也。

坎水扬波因欠土

坎水扬波者，精不住也。欠土者，身不定也。丹书云："真土制真铅"，即此也。

性天起念为生心

性天起念者，情动于中也。生心者，散乱也。丹书云："真铅制真汞"，即此也。

汞炉立定须工水

安炉立鼎，必先固其精，故曰先工水也。精固则炁凝，铅汞自结也。丹书云："铅汞归土釜。"

釜内调和炼八金

八金者，情性也。釜，为黄中也。性情归中，身心湛寂。丹书云："身心寂不动"，即此也。

垂目睡时工水汞

行工之际，睡魔相扰，水中取火而攻之。

自心息定炼东金

身心不动，金木交并，一性圆明万缘息。

车由轴动吾心悟

车动由轴，人动由心，人明此理即全真。

一二三宫日月明

三元合一,二物圆成，明如日月烁乾坤

蒙庵曰：清庵师作此《叠字藏头》二图，非尚奇巧也。盖欲发明金丹之体用，显微无间也。叠字颂，谓丹体也；藏头诗，谓丹用也。藏头之意，表丹道之微密也。自释其详，表丹旨之显明也。苟有观图得旨者，金丹之能事毕矣。于是模之于集后，与同志共之。

《清庵莹蟾子语录》卷之六

门弟子损庵蔡志颐　编

黄中解惑

师曰：前代祖师，高真上圣，有无上正真之道，留传在世度人，公还知否？

定庵曰：弟子初进玄门，至愚且蠢，蒙师收留，千载之幸也。无上正真之道，诚未知之，望师开发！

师曰：无上正真之道者，无上可上，玄之又玄，无象可象，自然而然，至极至妙之谓也，圣人强名曰"道"。自古上仙，皆由此处了达，未有不由是而修证者。圣师口口，历代心心，所传、所授金丹之旨，乃无上正真之妙道也。

定庵曰：无上正真之妙，喻为金丹，其理云何？

师曰：金者，坚也。丹者，圆也。释氏喻之为圆觉，儒家喻之为太极。太极，初非别物，只是本来一灵而已。本来真性，永劫不坏，如金之坚，如丹之圆，愈炼愈明。释氏曰此〇者，真如也。儒家曰此〇者，太极也。吾道曰此〇者，乃金丹也。体同名异。《易》曰："易有太极，是生两仪。"太极者，虚无自然之谓也。两仪，一阴一阳也，天地也。人生于天地之间，是谓三才之道，一身备矣。太极者，元神也。两仪者，身心也。以丹道言之，太极者，丹之母也。两仪者，真铅、真汞也。所谓铅汞者，非水银、朱砂、硫黄、黑锡、草木之类，亦非精津、涕唾、心肾、气血，乃身中元精、心中元神。身心不动，精炁凝结，喻之曰"丹"。所谓丹者，丹身也，此〇真性也。丹中取出〇者，谓之丹成也。所谓丹者，非假外物而造作，由所生之本而成正真也。世鲜知之。今之修丹之士，多不得正传，皆是向外寻求，随邪背正，所以学者多而成者少。或炼五金八石，或炼三避五假，或炼云霞外炁，或炼日月精华，或采星曜之光，或想空中丸块而成丹者，或想丹田有物而为丹，或肘后飞金精，或存想眉间，或还精补脑，或运炁归脐，乃至服秽吞津，纳新吐故，八段锦，三字法，摇夹脊，绞辘轳，闭尾间，守脐蒂，采天癸，炼秋石，屈①伸导引，按摩消息，默朝上帝，舌柱上腭，三田返还，闭塞行炁，大火聚于膀胱，五行攒于苦海，如斯小法，何啻千门？纵有勤功采取，终不能成其大事。经云："正法难遇，多迷真路，多入邪宗"，此之谓也。夫至真之要，至简至易，难遇而易成。若遇至人点化，无不成就。

定庵曰：弟子凤缘，有幸得遇老师，幸沾法乳，金丹之要，望赐点化！

师曰：汝今谛听，当为演说。夫炼丹者，全在夺天地造化，以乾坤为鼎器，以日月为水火，以阴阳为化机，以乌兔为药物，仗天罡之斡运，凭斗柄之推迁，采炁有时，运符有则，进火退符，和合四象。追二炁归黄道，会三性于元宫，返本还元，归根复命，功圆神备，凡脱为仙，谓之丹成也。

定庵曰：天地造化，诚恐难夺。

师曰：无出一身，奚难之有？天地，形体也。水火，精炁。阴阳，身心也。乌兔，性情也。所以形体为鼎炉，精炁为水火，情性为化机，身心为药材。圣人恐学者无以取则，遂以天地喻之。人身与天地造化，无有不同处。"身心"两个字，是药也是火也。所以天魂地魄，乾马坤牛，阳铅阴汞，坎男离女，日乌月兔，无出于"身心"二字。天罡斡运者，天心也。丹书云："人心若与天心合，颠倒阴阳止片时。"又云："以心观道，道即心也；以道观心，心即道也。"斗柄推迁者，玄关也。夫玄关者，至玄至妙之机关也。今之学者，多泥形体，或云眉间，或云脐轮，或云两肾中间，或云脐后肾前，或云膀胱，或云丹田，或云首有九宫为玄关，或指产门为生身处，或指口鼻为玄牝，都皆非也。但着于形体上都不是，亦不可离此身向外寻求。诸丹经皆不言正在何处，此所以难形笔舌，亦说不得，故曰"玄关"二字，所以圣人只书一个"中"字示人，此"中"字玄关明矣。所谓中者，非中外之中，亦非四维上下之中，不是在中之中。释氏云："不思善，不思恶，正于恁么时，那个是自己本来面目？"此禅家之中也。儒曰："喜怒哀乐未发之谓中。"道教曰："念头不动处谓之中。"此道教之中也。此乃三教只用一个"中"也。

---

① 屈，底本作"曲"，校者改。

《易》曰："寂然不动"，中之体也；"感而遂通"，中之用也。《老子》云："致虚极，守静笃，万物并作，吾以观其复。"《易》云："复见天地之心。"且复卦，一阳生于五阴之下。阴者，静也。阳者，动也。静极生动，只这动处，便是玄关也。公但向二六时中，举心动念处着工夫，久久玄关自然见也。若得见玄关，药物火候、抽添运用，乃至脱胎神化，并不出此一窍。采药者，采身中真铅、真汞也。药生有时。夫时者，非冬至，非月生，非子时。师云："炼丹不用寻冬至，身中自有一阳生。"又云："铅见癸生急须采，金逢望远不堪尝。"以此寻身中癸生时，是一阳也，便可下手采之。二气交合之后，要识得持盈，不可太过，"望远不堪尝"。进火退符，无以取则，遂一年节候寒暑往来，以为火符之则。又以一月盈亏，以明抽添之指。且如冬至阳生复卦，十二月二阳临卦，正月三阳泰卦，二月四阳大壮卦，三月五阳夬卦，四月六阳纯阳乾卦；阳极阴生，五月一阴姤卦，六月二阴遁卦，七月三阴否卦，八月四阴观卦，九月五阴剥卦，十月纯阴坤卦。阴极阳生，周而复始，此火符进退之机。奈何学者，执文泥象，以冬至日下手进火，夏至日退符，二八月沐浴，由不知其要也。圣人见学者错用心志，又以一年节候促在一月之内，以朔望象冬夏二至，以两弦比二八月，以两日半准一月，以三十日准一年。学者又着在月上用工夫，又以月亏盈促在一日，以子午体朔望，以卯酉体二弦。学者又着在一日上做工夫。近代真师云："一刻之工夫，自有一年之节候。"又曰："父母未生前，焉有年月日时？"此圣人诱喻，学者勿错用心。奈何泥着之徒，不穷其理，执文泥象，徒尔劳心。余今直指与公，身中癸生时，便是一阳也。阳升阴降，便是三阳也。阴阳分，便是四阳。体二月，如上弦，比卯时，为沐浴，然后进火，阴阳交，神炁合，六阳也。阴阳相交，神炁混融之后，要识持盈。不知止足，前功俱废，故曰"金逢望远不堪尝"。然后退符，象一阴，乃至阴阳分，象三阴，阴阳伏位，宜沐浴，象八月，比下弦，如酉时也。然后运至六阴，阴极阳生，顷刻之间，一周天也。公但依而行之，久久工夫，渐凝渐结，无质生质，结成圣胎，谓之丹成也。

定庵曰：下手工夫，周天火候之用，已蒙师开发。种种异名，不能尽知，望师指示！

师曰：异名者，只是譬喻，无出乎"身心"二字。下工之际，凝耳韵，含眼光，缄舌炁，调鼻息，四大不动，使精神魂魄意，各安其位，谓之"五炁朝元"。运入中宫，谓之"攒簇五行"。心不动龙吟，身不动虎啸，身心不动，谓之"降龙伏虎"也。以精炁，喻之为龟蛇；以身心，喻之为龙虎。龙虎龟蛇，打成一片，谓之"和合四象"。以性摄情，谓之"金木并"；以精御炁，谓之水火交。木与火同源，两性一家，"东三南二同成五"。水与金同源，"北一西方四共之"。土在中宫，属自己五数，"戊己还从本生数"。心身意，打成一片，"三家相见结婴儿"，总谓"三五混融"也。炼精化炁，炼炁化神，炼神还虚，谓之"三花聚鼎"，又谓"三关"。今之学者，多指尾闾、夹脊、玉枕为三关者，只是功法，非至要也。举心动念处为玄牝，今之人指口鼻者，非也。身心意，为三要。心中之性，谓之砂中汞；身中之炁，谓之水中金。金本生水，乃水之母，金返居水中，故曰"母隐子胎"。外境勿入，内境勿令出，谓之固济；寂然不动，谓之养火；虚无自然，谓之运用；存诚笃志，谓之守城；降伏内境，谓之野战；真汞，谓之姹女；真铅，谓之婴儿；真[①]意，谓之黄婆；性情，谓之夫妇；澄心定意，性寂神灵，二物成团，三元辐辏，谓之成胎；爱护灵根，谓之温养；二者如龙养珠，如鸡覆子，谓之护持。勿令差失，毫发有差，前功俱废也。阳神出现，谓之脱胎。归根复命，还其本初，谓之超脱。打破虚空，谓之了当。

定庵曰：金丹成时，还可见否？

答曰：可见。

再问：有形否？

答曰：无形。

再问：既无形，如何可见？

答曰：金丹只是强名，岂有形乎？所以可见者，不可以眼见。释氏云："于不见中亲见，亲见中不见。"道经云："视之不见，听之不闻，斯谓之道。"视之不见，未尝不见；听之不闻，未尝不闻。所谓可见可闻，非耳目所及也，乃心见意闻而已。譬如大风起，入山撼木，入水扬波，岂得谓之无？观之不见，抟之不得，岂得谓之有？金丹之体，亦复如是。所以炼之初，有无互用，动静相随，乃至成功，诸缘顿息，万法皆空，动静俱忘，有无俱遣，

———————

① 真，底本作"胎"，校者改。

始得玄珠成象，太一归真也。性命双全，形神俱妙，出有入无，逍遥云际，果证金仙也。所以经典丹书，种种异名，接引学人，从粗达妙，渐入佳境，乃至见性悟空，真事却不在纸上。譬如过河之舟，济渡斯民，既登彼岸，则舟船无用矣。前贤云："得兔忘蹄，得鱼忘筌。"此之谓也。且余今之此集，却不可执在纸上，但只可细嚼熟玩其味，穷究本源。或一言之下，心地开通，直入无为之境，是不难也。更有向上关捩，未易轻述，当于言下之外求之。待公工夫好，向上如何，别有心传口授，且笃力而行之。玄科深戒，乃为颂曰：

> 授汝金丹一卷书，且宜笃意返求诸。
>
> 若能直解书中意，妙用圆通体太虚。

炼性指南[①]

序

夫性，虚无自然之谓也。无质无体，无象无形。不方不圆，不迁不变。亦无名状[②]，亦无言说。因说不得，强名曰道。虽然恁么，却不可依样画葫芦。学道底人向[③]"言不得处"下手，则堕顽空，倒被个"无"字累也。愚欲挽邪皈正，无言而形于有言，诱喻学者，进身有路，遂撰此性本七说，象七返本

---

①　本篇据《藏外道书》第二十六册《道学秘书》收录之《炼性指南》补。原《语录》中《炼性指南》，附录如后：性理之学，本无次序。或谓"穷理尽性，以至于命"，尽有次序。或谓"三事一时都了"，今之学者，不知孰是，我今分明说与公。中下之士，须从渐入，先穷物理，穷尽始得尽性，才有一物不尽，便有窒碍处。须先一一穷尽，得见自己性，然后至于命也。上智人则不然，但穷得一理尽，万理自通。尽性至命，一时都了，如禅家"戒定慧"一同也。下根下器人，忘情绝念谓之戒，寂然不动谓之定，默识潜通谓之慧。上根器人，则不然。上根器人，戒则自定，定则自然慧通，三事一时都了。炼金丹者，渐教起手之初，炼精化炁，渐次炼炁化神，然后炼神还虚。顿教则不然，以精炁神谓之元药物，下手一时都了。如此求之，性理之学，有甚次序？若是有志气男儿，三事一时都了。且道如何是三事一时都了？咦！一握乱丝绳，一斩一齐断。

②　名状，底本作"名笑"，校者据意改。

③　向，底本作"尚"。王志谨《盘山楼云王真人语录》："大凡初机学道之人，若便向言不得处理会，无着摸，没依倚，必生疑惑。"

之意，以无为之体，有为之用，赠息庵胡公，以《炼性指南》而名之，俾知体用相①资，有无交入。设若行持不殆，立志克终，力到功成，有超圆顿。

戊子②仲夏吉日清庵莹蟾子李元素撰

生死四大

四大之中，水火为最。人因水火而生，亦因水火而死；亦能养人，亦能败坏人。学道底，先要穷究水火之源。今之学者，多不得其正，或有指心肾者，或认气液者，如斯之辈，着想不少。我今分明指出：自己身中，上而炎者，皆火也；下而润者，皆水也。水火既济则生，水火相违则死。如何既济？但只惩忿窒欲，水火自然济也。惩忿则火降，窒欲则水升。水升火降，则真息自调。真息调，则长生久视，此生之徒也。如何是相违？起忿则无③明火炽，纵欲则苦④海波翻。至于灵源耗竭，紫府烟飞，神气分离，随劫轮转，此死之徒也。学道之人，须是先明水火，次调真息，神仙之楷，无出乎此矣。火数七，水数六，水火之数合成十三数，所以教成中道"生之徒，十有三；死之徒，十有三"，此之谓也。

调和真息

所谓调息者，寂然不动也。要知动者是情，起者是念。忘情绝念，真息自调。才知有调，便非真息。只得头头莫着，般般放下，真息常存，自然不着于口鼻也。信得及底，寻个静处，休得歇去，更有甚么？古人道："不是息心除妄想，都缘无事可思量。"又道："清清静静，有何言说"，此之谓也。

清静无为

老君曰："夫人神好清，而心扰之；人心好静，而欲牵之。"是知人之本来，湛然清静，一被情欲所役，便不清静。一日十二时，无一时宁贴，如何得静？一时八刻，无一刻守中，如何得清？不清，所以昏；不静，所以

---

① 相，底本作"无"，校者据意改。
② 戊子，1288 年。
③ 无，底本作"如"，校者据李道纯《金丹或问》改。
④ 苦，底本作"若"，校者据李道纯《金丹或问》改。

散。昏散相续，绵绵不绝，此轮回之根本。有一等修行人，外边像个清静道人，里头不曾休歇。身虽得静定中坐，把一念未了，一念又来，念念相续。及至念少，又行瞌睡，反不如个清闲无事底人。且道如何了？睡多念多，只为主人无觉照。若有觉照，心中无事，六欲俱澄，自然清静。清则不昏，静则不散，便是归根复命也。经云："人能常清静，天地悉皆归"，此之谓也。

圆明觉照

夫觉者，未举先知；照者，未发先见。觉则无睡，照则无念。才有一毫欲来相接，便要先觉。若不先觉，便是昏也。才有一尘欲来相染，便要先照。若不先照，便是散也。须是正心于思虑之先，诚意于感物之先，回光返照，照破万缘虚彻，如此谓之觉照也。觉则时时不昧，照则刻刻常存。神灵气固，此而明也。教中道："虚彻灵通，圆明觉照"，此之谓也。

神气相守

所谓相守者，不可须臾离也。可离者，非相守也。学道的人，只要正心诚意，无染无着，心定则神凝，意定则气固。无染则内境不出，无着则外境不入。不出不入，如子母相似，神气自然相守也。一年有十二月，月月要守；一日有十二时，时时要守。一时不守，便是间断也。才有间断，心随念也，意随物也。随念则内境出，着物则外境入。出出入入，神气昏散也。神气既不相守，又焉能保全性命哉？学者诚能心定意诚，转物应机，神气混融，圣胎凝结，功深力到，凡蜕为仙。古人道："神是性兮气是命，神不外驰气自定"，此之谓也。

转物应机

欲转物应机者，须是下死工夫始得。若不下工夫，怎么说将去，如蒸砂作饭相似，有何益？学者当于二六时中，起居服食、拈匙放箸、运水搬柴，至于屙尿放屁处，放教心安闲，只这个便是工夫。一切动处，休随物转；一切静处，勿纵念起。物是根尘，念是业识，必业识尽而心旋明也①。向这里看得破，天地是一玄耶，乾坤造化皆归我矣。天地既合乎我，我却要韬光隐晦。炼丹者，温养工夫，亦复如是，释氏谓之蕴空。到此地位，鬼神不测，造化难拘，出有入无，逍遥自在。功深力到，直造无为之境耳。如何是无为境？咦！出有入无三尺剑，长生不死一丸丹。

原始要终

子路问死，子曰："未知生，焉知死？"教中道："有生则有死，无死便无生。"又道："欲知去处，先穷来处"。此原始反终之意也。白真人曰："念头起处为玄牝。"今人只口里说得，终不知念从何起？我今为公说破：欲知念头起处，但看念头落处。知得落处，便是起处，生死自然知也。生死者，象昼夜之常。知有昼，则知有夜。知有生，则知有死也。不知有生，焉知有死？所谓原始反终，只是教人溯流而知源。且如此一灵，从太极中来，动动相因，无有休息。自幼而壮，壮而老，老而死，死而复生，出壳入壳，无有了期，良可悲哉！学道的，只如今身心便不动，自然归根复命，返本还元。玉蟾曰："父母未②生以前，尽有无穷活路。身心不动已后，复有无极真机。"且道唤甚么做无极？无极 〇 应同现前，不离当处。眼前指出般般有，我道其中一物无。咦！我在这里。

性理圆机 ③

序 ④

不遇安期生，安信食如瓜之枣？非是巴邛人，焉知剖巨瓮之橘？物物

---

① "物是"至"旋明也"，底本作"勿是根尘，念是业明，未必识尽而心旋明也"。李道纯《道德会元》："色声味物皆是根尘"；《玄理歌》："性天大察长根尘，理路多通增业识"；《教外名言》："外着于身心世事，内住于受想行识，所以随世变迁，随形生灭也。目所见者，谓之色。领纳在心，谓之受。既受之在心，谓之想。想而不已，至于作为，谓之行。随行善恶各有报，谓之业识。业识纷纷，输回之根本也"。故改。

② 未，底本脱漏，据白玉蟾《谢张紫阳书》补。

③ 本篇据《藏外道书》第二十六册《道学秘书》增补。

④ 底本无题，校者加。

之不齐，或以为妄。况三极之道，又岂可取信于庸孺子哉？又争知自轩辕[1]以下，历五千余载，代不乏人。方今谊轰闹市，亦有修真者焉。且静庵胡子者，安定人也，幼亲儒学，长慕玄风，通天地人，贯儒释道，存诚而穷物理，劈慧剑以扣我玄关，愚见虔格，岂能抑绝？遂撰此《性理圆机》而赠之，立成五说，以合五行之数，三教之理，悉备其中。静庵要在咀言玩味，溯流求源，诚能殊途而同归，百虑而一致，抱元始真如，同归太极，又奚难哉！

清庵莹蟾子李元素撰

穷理尽性

性理之学，本无次序。或谓穷理尽性，以至于命，修有次序；或谓三事，一时都了。今之学者，不知孰是。我今分明说与公：中下之士，须是渐入，先穷物理。物理穷尽，始得尽性。才有一物不尽，便是窒碍处。须是一一穷尽，方尽得自己性。尽得自己性，然后至于命也。上智则不然，但只穷得一理尽，万理自通，尽性至命，一时都了，如禅家戒、定、慧一同也。下根下器，忘情绝念谓之戒，寂然不动谓之定，默识潜通谓之慧。上根上器则不然。上根器人，戒则自定，定则自然慧通，三事一时都了。炼金丹者，渐教[2]下根之人，成则自起手之初，炼精化气，渐次炼气化神，炼神还虚。顿教则不然，以精、气、神为三元药物，下手一时都了。以此求之，性理之学，有甚次序？若有志气，三事一时都了。且道如何是都了？咦！一握乱丝綱，一斩一齐断。

允执厥中

这个"中"字，无余欠，只是世人看他不见。且道如何看他不见？只为无余无欠了不见，如人远望，青山秀丽，及至行入山中，却不见山之形势，盖缘身在山中，所以不见。这个"中"字，亦复如是。曾读五车书，亦识这个"中"字不尽。学道的人，莫把这"中"来当中，亦非中间之中，亦非四维上下之中，亦非中外之中。我今分明指出：日用之间，牵动运用，皆由乎

---

① 辕，底本作"后"，校者据意改。
② "上根器人"至"渐教"，底本无，校者据《清庵莹蟾子语录・炼性指南》补。

中；四大一身，都是个中。才着在身中，便是不中。若下工夫，终身不见此中。下工夫又是不中，不下工夫又不见中，如何是？咦！学道的人，先要存个"敬"字。时时敬，刻刻敬，常慎其独，昼夜不息，久久纯熟，自然发而皆中节，中之用也。到此地位，语动视听，看这"中"字，从何处发？只这发处，便是中之体。《中庸》曰："喜怒哀乐之未发，谓之中。发而皆中节，谓之和。"此之谓也。若到这个地位，开眼也看着中，耳闻也听着中，开口也说着中，举手也把着中，动脚也踏着中，通身是一个中，尽天地是一个中。要见这个"中"么？咦！东西十万，南北八千。

吉凶悔吝

《易系》云："忧悔吝者存乎介。"所谓介者，至微至细。学道之人，常存中正，毫发不令动，是存乎介也。丝毫不动，自无危险。无危险，则静也至知，动则知机。机者，动之微也。见事之机，凝神妙也。老君曰："致虚极，守静笃，吾观其复"，正谓此也。须是寂无所寂，自然清静。六欲不生，三毒消灭。吉凶悔吝者，从何而有？豫卦六二："介于石，不终日，贞吉。"六二爻，惟中正，因无应拔，常守其正，存节介如石之坚，一应物求，不能转得，贞固之吉也。石者，主重而不可动，主静而无欲，不主于过咎，释氏谓之觉照。才有丝毫动，便要先觉。先觉，则无危险也。苟或不觉，一念才动，念念相续，吉凶悔吝，所由生也。教中道："心生种种法生，心灭种种法灭。"吾道炼丹者，身心动，则铅汞飞走；身心定，则二物成团。所以火候工夫，防危虑险，慎其动也。周子曰："吉凶悔吝生乎动。噫！吉一而已，动①可不慎乎！"

刮垢磨光

譬如一面古镜，须是刮去垢，方见光明。刮得一分垢，见得一分光明。刮得十分垢，见得十分光明。及至一切垢尽，要含光藏辉。我且问你，先有此光，因刮而见也。未必刮去垢了，光旋入也。向这里穷究得彻，通天彻地，放大光明。其或未然，下工夫去。我今分明指出：刮垢者，去心上识

---

① 动，校者据周敦颐《通书》补。

也。去得一分识，心上一分明。去得十分识，心上十分明。一切去尽识，光明洞然，此入圣之基也。未必识未尽时，先有此识。见物要见性，应物处要不昧。若只见物，不见性，便是昧了也。佛云："人能转物，即同如来"，此之谓也。譬如见个美貌妇人，便去回避，是着了也；把他做个死尸看承，又恶了他也；把他做个亲娘看承，是爱他也。爱与恶，皆有着也。须是无着方是。如何得无着？把他当个无物相似，自然无着也。若见世上一切有相、无相，都作如是见，便是见性不昧也。教中道："不见一物即如来，方得名为观自在。"

见性成佛

如何是见性成佛？只这无染无着，便是见性。世间一切有相无相，惟见于空。观空亦空，空无所空。内外湛然常独露，便是见性成佛。见得本性，抱本归元，与太虚同体也。古人道："形神俱妙，与道合真"，此之谓也。

登真捷径

序①

颐庵詹公者，兴化贤宰也。仁风及物，心目临民。虽混迹于红尘，实存心于玄境，真所谓居尘出尘之士也。一日访予于蟾窟，请益于予。略举工夫，则语扣之，其应对不俗，不容缄默，故撰此《命基九事》而赠之，以合九还之理。其中所述金丹造化，以禅宗奥旨引证。观是书而熟玩其味，曲求其旨，自然绝物我之殊，无异同之见也。若夫登真蹑境之要，无出乎此，故以《登真捷径》而名之焉。

都梁清庵莹蟾子李纯素撰

下手知时

欲炼金丹，先明下手处。若不知下手工夫，万般扭捏，千种杜撰，都不

① 底本无题，校者加。

济事。紫阳真人曰："饶君聪慧过颜闵，不遇明师莫强猜。"须是要真师，指破安手下脚处。既知下手处，又要知时节。所谓时者，一阳时也。今人多指子时为一阳时，非也。但着在时辰上，都不是。若云无时，亦非也。岂不闻吕真人云："炼己待时"？又不闻紫阳真人云："铅见癸生须急采"？经中道："时至神知。"以此穷之，便知道身中癸生，便是一阳时也。且道如何是癸生时？咦！行到水穷处，坐看云起时。

真铅真汞

下手既知时节，要识真铅、真汞。铅汞者，不是凡铅、黑锡、朱砂、水银，是自己身中本来二物也，强名药物。二物感合之妙，故喻之为铅汞。盖铅性好飞，汞性好走，铅见汞不飞，汞见铅不走。身中药物，亦复如是。要见药么？咦！云起南山与北山。

采药入炉

识得不为奇，会采方为妙。夫采药物者，不离动静中。动静中，采得来，送入无为造化炉内，用进三昧真火，炼成紫粉，结成玄珠，取而食之，可以长生久视。"结就玄珠"一句，作么生会？咦！捉住青山万顷云，捞取碧潭一轮月。

抽铅添汞

会得炼药，要识抽添。所谓抽添者，抽有余而补不足也。一切世间天人、阿修罗、人、非人等，情常有余，性常不足；念常有余，心常不足；精常有余，炁常不足。忘情养性，摄念归心，炼精化炁，已上谓之抽添。且如抽得有余，补了不足，未为奇特，更有向上事在，须是到不抽不添处始得。如何是不抽不添？咦！也不剩兮也不少，信手拈来正恰好。

火候周天

若到无抽无添处，正好行火候。又道"真火本无候"，又道"不将火候着于火"。呵呵，只这两句子，瞎了多少人眼，开了多少人眼，我今直指与君。火者，心也。候者，念也。以心炼念，谓之火候。至于心定念息，火候用也。虽然恁么道，却不可着在心念上，亦不得离了心念。离了心念便是妄，着了心念便是物。在心念又不是，离心念又不是，毕竟作么生？咦！寒来暑往，秋收冬藏。

持盈固济

行功之际，要识持盈。不识持盈，前功俱废。紫阳真人云"若也持盈未已心，不免一朝遭殆辱。"太上云："保此道者，不欲盈。"此之谓也。且道如何是持盈？咦！满而不溢，所以长守富也。

固济鼎炉

既识持盈，尤当固济。固济者，牢封土釜也。毫厘有差，天地悬隔。所以火候既周，周天数足，含光默默，真息绵绵，十二时中，常切照顾，直待药熟，方得自如。且道药熟，有何效验？咦！此夜一轮满，清光何处无？

温养

金丹成象，更要温养工夫。如何是温养？如妇人怀胎相似。二六时中，行住坐卧，兢兢业业，如牛养黄，如龙养珠，常守其中，勿令间断，直待分胎，方得脚踏实地。还会分胎么？咦！瓜熟蒂落。

调神出壳

分胎之后，调神出入，更要仔细，如母爱护婴儿相似，兴居服食处，常要怀抱。及至会行，便要看守。若不看守，堕坑落堑。直待立事，方可离母。调神工夫，亦复如是。钟离公曰："孩儿幼小未成人，全藉娘娘养育恩。三年九载人事尽，纵横天地不由亲。"此之谓也。虽然恁么道，不可作境会，只要时时刻刻，防危虑险，直待和炉鼎一齐掀翻，方见逍遥自在，出入无拘，遨游物外，与太虚同体。"如何掀翻炉鼎"一句，家破人亡。团！虚空百杂碎，独露一丹蟾。

水调歌头

（显性理）

至道无言说，神功妙莫量。本来具足，添之无碍减无妨。不在多闻广学，只要潜通默会，定里细参详。个中端的意，元不离中黄。

圆陀陀，光烁烁。现堂堂无余无欠，通身无象合真常。只这而今默识，便是当来弥勒，直下要承当。开放顶门眼，遍界不能藏。

金丹秘要

序①

大道无言，无言不能显其道。金丹无象，无象何以见其丹。故圣人法天象地，以道化人，立种种名，设种种象，著丹书经典，诱喻群品。奈何今之学者，执象泥文，又生见解，异端并起，三教殊途，不能合一，盖因不知其源也。余今以金丹造化秘要，述成三十五颂，明彰至理，直指异名，目之曰《金丹秘要》，以赠退庵居士，使其易为晓了。苟或因言而解义，自然抱本以归虚，直造希夷之妙境耳。

性命

（元始真如谓之性，先天一炁谓之命）

性本神通大，因身便不灵。

只今全放下，依旧放光明。

体用

（法天象地谓之体，负阴抱阳谓之用）

天地为立基，阴阳运化机。

这些关捩子，料得少人知。

---

① 底本无题，校者加。

龙虎

（心中元炁谓之龙，身中元精谓之虎）

> 性定龙归水，情忘虎隐山。
> 性情和合了，名姓列仙班。

铅汞

（太一灵泉谓之铅，朱陵火府谓之汞）

> 欲炼南山汞，先抽北海铅。
> 身闲心不动，至宝便凝坚。

鼎炉

（乾宫真金谓之鼎，坤宫真土谓之炉）

> 鼎用乾金铸，炉须坤土包。
> 身心端正后，炉鼎自坚牢。

丹灶

（一灵真性谓之丹，四大假合谓之灶）

> 幻体为丹灶，真如是药材。
> 工夫常不间，定里结灵胎。

有无

（系风抱影谓之有，掬水弄月谓之无）

> 会得离交坎，方知有即无。
> 有无成一片，炼作夜明珠。

药火

（以炁摄情谓之药，以心炼念谓之火）

> 采药元容易，烹煎亦不难。
> 心头无一事，真火透三关。

玄牝

（虚无之谷谓之玄，归根之窍谓之牝）

虚谷气归根，斯为天地门。
自从通阖辟，金鼎镇汤温。

中正

（寂然不动谓之中，感而遂通谓之正）

心静方为正，神清总是中。
湛然常不动，天理感而通。

灵宝

（百神不散谓之灵，万炁常存谓之宝）

自己身中宝，施为便有灵。
诚能含蓄得，放出大光明。

清净

（灵源浪息谓之清，性地无尘谓之净）

神水本来清，随流便不澄。
只今还不动，慧日自西东。

抽添

（忘情绝念谓之抽，炼情养性谓之添）

养性谓添汞，忘情是减铅。
形神俱妙后，无减亦无添。

沐浴

（揩磨心地谓之沐，洗涤尘劳谓之浴）

要得狂猿伏，先将劣马擒。
纤毫尘不染，神炁合乎心。

复姤

（阴极阳生谓之复，阳极阴生谓之姤）

阴极阳来复，阳生姤又侵。

学人明此趣，一定见天心。

交合

（二物混融谓之交，三元辐辏谓之合）

姹女安东室，金公住在西。

黄婆相会合，匹配作夫妻。

温养

（真息绵绵谓之温，含光默默谓之养）

胎内婴儿就，便加温养功。

时时常照顾，脱壳显神通。

返还

（炁来合神谓之返，情来归性谓之还）

欲要金归性，先教火返心。

两般成一块，遍地总黄金。

收放

（入希夷门谓之收，出群迷径谓之放）

亘古灵童子，神通妙莫量。

放开周法界，收则黍珠藏。

虚彻

（有无不立谓之虚，内外皆空谓之彻）

着有终成幻，云无又不中。

有无俱不立，内外悉皆空。

灵通

（悟本知源谓之灵，廓然无碍谓之通）

识破娘生面，都无佛与仙。

廓然无所碍，一任海成田。

圆明

（全归太极谓之圆，烁破真空谓之明）

力到丹成象，功圆宝至坚。

性蟾形兆也，照破未生前。

觉照

（掀翻万幻谓之觉，独露真常谓之照）

一炁还元始，元神返太初。

万缘掀倒也，独露一真如。

全真

（纯一不杂谓之全，太虚同体谓之真）

一致而百虑，同归而殊途。

达得全真理，身心混太初。

诗绝句

赠程洁庵

一

无为好向无中作，自有琼蟾照碧崖。

昼夜下工常不间，气圆神备产婴孩。

二

洁庵识破世炎凉，铲彩埋光自养恬。

最有一般真乐处，碧潭掬水弄琼蟾。

三

庵儿洁净元无物，只个琼蟾养在中。
功备炼成三五一，光辉南北与西东。

四

儒穷天理释参禅，道炼金丹法自然。
惟有琼蟾通一贯，顶门具眼法身全。

五

先生本是通儒学，又得神仙正派传。
透得真空成大觉，琼蟾形兆独坤乾。

又五言绝句赠程洁庵

一

除却玄关窍，其他总不真。
无为终蹭蹬，有作枉劳辛。

二

性定离交坎，心澄木并金。
四般归一处，全在洁庵成。

三

肝肺非龙虎，心肾岂坎离。
性情还混合，乌兔自交持。

四

意要常中守，心休向外迷。
洁庵常定一，胎就养婴儿。

五

河上牛郎立，桥边织女过。
一时才会遇，两意自谐和。

六

海底生红焰，山头起白波。
洁庵欢乐处，时听木人歌。

七

鼎立悬胎鼎，炉安太一炉。

但知生乐处，便好下工夫。

八

顷刻虚通实，须臾有入无。

洁庵工成也，获得夜明珠。

九

无药休轻举，生铅急下工。

驾车须坎虎，起火仗玄风。

十

二物情交合，三关路透通。

性天云起处，光照洁庵红。

十一

说破无为趣，玄关奥且深。

欲求天上宝，先觅水中金。

十二

灵地无纤翳，洁庵无点尘。

琼蟾圆皎皎，光透九天明。

十三

一二三四五，东西南北中。

五行攒一处，只是靠金公。

十四

得一万事毕，一居何所安？

更能忘却一，即此是金丹。

十五

罔象先天地，无形混沌先。

先天交混沌，玄外更无玄。

十六

存诚终入圣，致敬便通玄。

动静了无碍，逍遥乐自然。

咏儒释道三教总赠程洁庵

儒理

致知格物

物物包含太极微，存诚致敬便知机。
无声无臭无踪迹，体物昭然理莫违。

正心诚意

诚明静定道之宗，动静相因罔不同。
日用平常存一正，自然天理感而通。

人心惟危

可叹世人太执迷，随声逐色转倾危。
若能返理穷诸己，性定身安神自怡。

道心惟微

道在凡人日用中，显仁藏用发神功。
无余无欠时时在，争奈凡人眼自瞢。

惟精惟一

天心体用妙玄机，舍妄从真便造微。
精义入神惟定一，功深力到达希夷。

允执厥中

得造玄微笃力行，堂堂大道坦然平。
纵横妙用中心定，危者安而微者明。

穷理尽性

存诚至要先穷理，穷理神功在尽诚。
诚极理穷天大本，性天发露太光明。

以致于命

乐天知命真君子，尽理穷微大圣人。
只要厥中为大本，全明大本便通神。

忠恕而已

责人之心惟责己，恕己之心惟恕人。
忠恕两全方达道，克终克始不违仁。

复见天心

群阴剥尽一阳生，牢闭玄关莫妄开。
静极极中观一动，天心莹彻悟元来。

知周万物

世间物物全天理，自是时人鲜克知。
原始返终全太极，穷神知化入无为。

退藏于密

先天太易理幽深，广大精微妙莫评。
玩味探玄玄在己，洗心藏退极于诚。

常慎其独

观之不见听无声，隐显幽微常尽诚。
应用神机人莫测，堂堂天意自昭明。

一以贯之

一物自有一太极，机缄造化体坤乾。
穷通一贯全天理，抱本还元合自然。

复归于无极

无极极中全太极，太极形而分两仪。
万物三才皆备我，复元无极圣人基。

释教

二身一体

法身清净本无形，有象何名圆满身？
假使化身千百亿，不能合一不全真。

三心则一

三心本一一元无，捏聚分开只是渠。
见在更能无染着，未来过去总归虚。

消碍悟空

莫夸口鼓学谈禅，但只澄心绝万缘。
学解见知俱放下，迷云消散月华圆。

显微无间

见了还如未见时，不能含蓄返成迷。
藏身韬晦无踪迹，才是金毛狮子儿。

不立有无

着有着无总难通，两下俱捐又落空。

无有兼资终是幻，执中方可合神功。

戒定慧

动中不动为真戒，真定方能合祖宗。
慧既升腾周法界，情缘妄幻悉消镕。

无有定法

参禅求法性全迷，离法求玄事转违。
会得法从心上出，法空心寂见牟尼。

虚彻灵通

虚心静定通玄牝，彻骨清贫入道基。
灵地莹然心月现，禅天独露大光辉。

真如觉性

真性元来本自圆，如如不动照中天。
光明莹彻无遮障，照破鸿濛未判前。

常乐我静

颐神养志慕清虚，终日逍遥任卷舒。
最是定中真乐处，禅天独露莹如如。

朝阳补破衲

朝阳补衲假妆么，补了肩头又补腰。
补了破时重又补，到头争似赤条条。

对月了残经

天外银蟾才一半，痴人要了末后段。
忽然些子黑云来，两眼依然似瞎汉。

金刚经塔

分明一座无缝塔，强被傍人硬撞开。
八面四方都是眼，中间现出活如来。

道教

清静无为

清清净净本无言，才有施为不自然。
默识通玄开窍透，性灵神化宝凝坚。

无上至真

无为好用法乾坤，上下中间认本根。
正定始能通此趣，真如透出烁天门。

真元妙用

莫着无心与有心，无心争得悟天心。
有心必竟为心累，有无俱捐觉性纯。

损之又损

艮兑交重山泽损，戒人惩忿绝嗔痴。
损之又损无惩窒，绝学无为入圣基。

三返昼夜

先天大道理难寻，终日乾乾抱一真。
三返工夫为日用，玄关透彻出阳神。

一得永得

学解见知皆是垢，声闻缘①觉总为尘。
洗心涤虑禅天净，凡圣齐瞻慧日明。

抽添铅汞

抽铅只是绝尘缘，添汞工夫本性天。
情性混融仙道毕，汞铅凝结大丹圆。

玄牝之门

玄关牝户道之门，辟则从乾阖则坤。
迷者忙忙推口鼻，如何本命复归根。

出群迷径

抛名弃利乐清虚，万幻诸缘尽剪除。
性海波澄舟到岸，一轮皎月出云衢。

入希夷门

三关透了达真玄，真造无为本自然。
举步便超无色界，抬头身在大罗天。

多言数穷

千经万论讲宗风，可叹迷途见不同。
大辩高谈夸俊锐，到头终是落顽空。

不如守中

说妙谈玄了不通，争如默默守其中。
不偏不倚玄关透，不易方能合圣功。

---

① 缘，底本作"圆"，校者据文义改。

九转神丹

立鼎烧乾四大海，安炉炼碎五须弥。
金丹成象包三界，方是男儿得志时。

可道非常道

真常之道无言说，有说分明是背宗。
若向不言中会意，不劳余力备全功。

后序

　　尝闻太上启教，接引方来，故有神仙之学。神仙之学，岂寻常而语哉？必是遇其至人，点开心易，通阴阳阖辟之机，达性命混合之理，超然独立，应化无穷，始可与言神仙之学也。自东华绍派，钟吕流辉以后，列仙并驾而出者，皆鸿生硕士，上则匡君以行道，下则泽民以济生，玄风益振，竞起学仙者，代不少矣。继而莹蟾子李清庵出，道学渊源，得神仙秘授，三教之宗，了然粲于胸次，四方闻之，踵门而请益者，不可枚举。其发挥金丹之妙，与弟子问答难疑之辞，机锋捷对之句，凡若干言，录而成书，名曰《清庵语录》。余诵其文再三，篇篇无闲言，句句无闲字，皆发明太上之遗风，先真之未露，可谓明矣、妙矣。其文与《中和集》相表里，荆南羽士邓坦然抄录已久，今则命匠绣梓，以寿其传，不泯清庵之德音，可见运心之普矣。学仙之徒，览斯文者，必有超然而作者，岂曰小补也哉？

　　　　　　　　　　　　　　　南昌修江后学混然子稽首谨书

第十篇

《周易尚占》

《周易尚占》序

　　《周易尚占》者，卜筮之捷法也。其旨切而近，其辞简而当，诚有补于初进者，旨趣与市肆间卜筮之书，大同小异。且如鬼谷辨爻占法，以上爻为至高，殊不知上为至远之地位，作是见者，非深造玄理者也。若此者众。或问曰：《尚占》有道乎？曰：不可谓之有，不可谓之无。若谓有，泥于卜筮而无穷；若谓无，易有圣人之道四，尚占居其一焉。所要者，必先明本，次当明体，变通明用。知体而不知用，则不备；知用而不知体，则不精。占变相需，《易》理尽矣。故《尚占》者，学《易》之枢机也。其绪在于寂然，应动之效；发端在于决疑，疑情顿释。惟变是通，皆由理正辞达而已；临疑取证，不滞胶扰杨墨之间。今莹蟾子李清庵，下一片工夫，分析爻辞，深得《易》理之趣，言虽朴素，不事浮华。若非闲中日月，静里乾坤，孰能臻此？联篇锓梓，以广其传，贵无隐尔。

　　　　　　　　　　　　大德丁未①五月望日洛阳后学保八序

---

①　大德丁未，1307 年。

《周易尚占》卷上

图局部第一

一、无极而太极

无者，虚无自然之谓也。始于无始，穷于无穷，不可极而极者也。圣人强名曰无，字之曰太极。周子曰："无极而太极，太极动而生阳，静而生阴。一阴一阳，互为其根，两仪立焉。"即《易》所谓："易有太极，是生两仪。"言太极之变也。

二、太极生两仪

——者，阳也；－－者，阴也。《老子》云："道生一"，即"无极而太极"也。又云："一生二"，即"太极生两仪"也。邵子所谓："一分为二"者是也。所谓二者，一阴一阳也。阳，动也；阴，静也。动极复静，静极复动，互为动①静而生四象。《易·系》云："两仪生四象。"邵子云："二分为四"，言两仪之变也。

三、两仪生四象

老阳：══者，动之极也，是谓老阳。

---

① 动，底本作"互"，校者据《宝颜堂秘笈》本改。

少阴：==者，动极而静也，是谓少阴。

少阳：==者，静极而动也，是谓少阳。

老阴：==者，静之极也，是谓老阴。

四象分位，而五行具矣。四象各有动静，机缄不已，八卦分焉。周子云："五性感动，吉凶分而万事出矣。"《易·系》云："四象生八卦。"言四象之变也。

四、四象生八卦

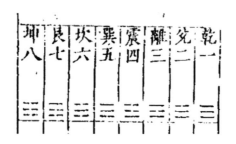

乾☰者，老阳动也，是谓乾一。

兑☱者，老阳静也，是谓兑二。

离☲者，少阴动也，是谓离三。

震☳者，少阴静也，是谓震四。

巽☴者，少阳动也，是谓巽五。

坎☵者，少阳静也，是谓坎六。

艮☶者，老阴动也，是谓艮七。

坤☷者，老阴静也，是谓坤八。

五、八卦方位图

东北，为立春，物之始也，艮止以之。

东，为春分，万物出也，震动以之。

东南，为立夏，万物洁齐，巽顺以之。

南，为夏至，万物相见，离丽以之。

西南，为立秋，万物致养，坤厚以之。

西，为秋分，万物成也，兑说以之。

西北，为立冬，万物遂也，乾健以之。

北，为冬至，万物藏也，坎陷以之。

《系》云："八卦成列，易行乎其中矣。"

六、乾坤生六子图

乾为父，坤为母，乾坤交而生六子。

乾初爻，交坤成震，震为长男。

坤初爻，交乾成巽，巽为长女。

乾中爻，交坤成坎，坎为中男。

坤中爻，交乾成离，离为中女。

乾上爻，交坤成艮，艮为少男。

坤上爻，交乾成兑，兑为少女。

三男三女，阴阳相推，生生化化而无穷也。善观易者，反穷诸己，自得之矣。

七、天干纳甲图

数书云："乾坤定位于甲乙，山泽通气于丙丁。水火相建于戊己，雷风相薄于庚辛。"是故，乾纳甲也，坤纳乙也，艮纳丙也，兑纳丁也，坎纳戊也，离纳己也，震纳庚也，巽纳辛也，乾又纳壬也，坤又纳癸也。甲乙壬癸，十干之始终，乾坤纳甲乙壬癸，表覆载之功广大也。

八、地支纳音图

震为长男，巽为长女，故配之以子丑。

坎为中男，离为中女，故配之以寅卯。

艮为少男，兑为少女，故配之以辰巳。

外卦之配，对宫取之。假如震巽纳子丑，外卦自然纳午未。余仿此。

乾纳子午，坤纳丑未。先未后丑。何也？阳顺阴逆也。逆顺相须，造化成焉。

九、支干纳音图

一者，中央黄灵之气，故纳音属土。

三者，南方丹灵之气，故纳音属火。

五者，北方玄灵之气，故纳音属水。

七者，西方皓灵之气，故纳音属金。

九者，东方青灵之气，故纳音属木。

或于中央十二气者，字相连粘之误也。中央土，一气也，达者味之。

十、五子归元图

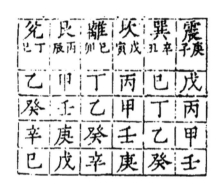

震为长男，纳甲起庚子；巽为长女，纳甲起辛丑；以庚辛为母，以子丑为子。壬至庚，癸至辛，皆九数，故壬子癸丑纳音属木。甲至庚，乙至辛，皆七数，故甲子乙丑纳音属金。丙至庚，丁至辛，皆五数，故丙子丁丑纳音属水。戊至庚，己至辛，皆三数，故戊子己丑纳音数火。庚辛，一数，故庚子辛丑纳音属土。余仿此。图局已具。外卦对取六甲备矣。

旁通部第二

一、六位例

横看	六爻	五爻	四爻	三爻	二爻	初爻
定位	阴	阳	义	仁	柔	刚
三材	空	天	官	人	山	地
占雨	空	雨	云	风	电	雷

横看	六爻	五爻	四爻	三爻	二爻	初爻
占晴	大空	日月	霞虹	风气	烟霭	雾露
地理	山	林	木	草	地	水
田土	山岗	林麓	高田	平原	低田	湖塘
居处	山林	京都	坊镇	市井	州县	乡
田禾	成熟	田主	禾穗	秧苗	种子	田地
僧道	祖师	师父	檀越	法眷	己身	徒弟
仕宦	隐逸	王公	诸侯	大夫	士人	庶民
身命	首	心	腹	股	腓	足
六亲	祖	父母	伯叔	兄弟	己身、妻	子孙
行人	地头	道路	门	户	身	足
屋宇	栋	梁	枋	柱	人身	基址
住居	门户	厅堂	廊廡	仓库	房屋	井灶
舟船	帆幔	桅缆	橹棹	身仓	舟主	艄船
家畜	驼象	牛马	驴骡	豕羊	猫犬	鸡鹅
野兽	鹰	鸿鹄	鸡雉	虎豹	豺狼	狐兔
水族	蛟蜃	鸥鹭	鸳鸯	龟鳖	鲋鳝	虾鱼
占事	国事	心事	官事	家事	身事	人事
占蚕	簇	主	桑	筐	蚕	种
兴贩	宝贝	主人	金玉	疋帛	财本	物货
商	店宇	客人	行货	牙郎	己身	财本
贾	宜利	买主	发卖	停塌	己身	财本
疾病	头面	心胸	肠胃	腰肾	身体	手足
鬼神	星辰	社庙	神佛	家先	祭主	土地
愿心	口愿	心愿	善愿	拜愿	己身	香愿
婚姻	祖宗	公姑	外氏	保亲	夫妻	媒人

横看	六爻	五爻	四爻	三爻	二爻	初爻
六甲	化①婆	父	母	看生	子	胎息
转官	任所	宣命	差遣	保举	己身	解由
公讼	决断	官府	对头	词状	己身	见人
坟墓	朝向	祭主	风水	罗堂	亡身	穴道
择葬	朝向	亡人	风水	罗堂	基址	穴道
牛马	水草	主人	鞍辔	栏厩	牛马	人力
寻人	闲人	贵人	外人	亲人	己身	妇人
捕贼	远方	本路	本处	近处	捕盗	家人

二、月建六神例

六神	正月	二月	三月	四月	五月	六月	七月	八月	九月	十月	十一	十二
青龙	寅	卯	辰	巳	午	未	申	酉	戌	亥	子	丑
白虎	申	酉	戌	亥	子	丑	寅	卯	辰	巳	午	未
朱雀	巳	午	未	申	酉	戌	亥	子	丑	寅	卯	辰
玄武	亥	子	丑	寅	卯	辰	巳	午	未	申	酉	戌
勾陈	丑	寅	卯	辰	巳	午	未	申	酉	戌	亥	子
腾蛇	辰	卯	寅	丑	子	亥	戌	酉	申	未	午	巳

三、日建六神例

日天干	上爻	五爻	四爻	三爻	二爻	初爻
甲乙日	玄武	白虎	腾蛇	勾陈	朱雀	青龙
丙丁日	青龙	玄武	白虎	腾蛇	勾陈	朱雀
戊己日	朱雀	青龙	玄武	白虎	腾蛇	勾陈
庚辛日	腾蛇	勾陈	朱雀	青龙	玄武	白虎
壬癸日	白虎	腾蛇	勾陈	朱雀	青龙	玄武

---

① 化,《宝颜堂秘笈》本作"代"。

四、八卦取象例

	乾	坤	震	巽	坎	离	艮	兑
在天成象	天	云	雷	风	月	日	气	雨
在地成形	金	土	木	竹	水	火	山	河
近取诸身	首	腹	足	手	耳	目	鼻	口
远取诸物	马	牛	龙	鸡	豕	雉	狗	羊
卦体	圆	方	大	长	实	虚	小	短
卦材	健	顺	动	入	陷	丽	止	说
人体	端正	雄壮	俊锐	洁净	清奇	秀丽	短小	柔美
人材	精勤	拙讷	伎巧	活落	通疎	知慧	慵懒	捷辨
德性	诚恪	敦笃	决烈	谦逊	淳朴	灵变	镇重	温润
情伪	武勇	悋啬	躁暴	进退	隐伏	虚诈	偏执	诬妄
命基	心	身	肝	胃	肾	胆	脾	肺
性本	神	形	魂	志	精	气	意	魄

五、八卦法用例

	乾	坤	震	巽	坎	离	艮	兑
父子	父	母	长男	长女	中男	中女	少男	少女
君臣	王公	宰相	诸侯	大夫	公吏	士人	庶民	伶伦
人事	官事	家事	身事	公事	忧事	心事	闲事	喜事
艺业	士	农	工	商	武	文	医	卜
寻访	贵人	主人	客人	行人	吏人	士人	商人	匠人
转官	朝廷	任所	差遣	宣命	印绶	保明	复任	解由
安厝	朝向	罗堂	林麓	行木	风水	香火	主山	陂塘
居处	屋宇	产业	动用	簾帏	池井	炉灶	门屏	窗牖
营运	车舆	舟船	器械	绳直	弓轮	甲胄	阍寺	刚卤
交易	宝玉	布帛	财本	行货	酒食	伙伴	店舍	牙郎

六、八卦休旺例

	旺	相	胎	没	死	囚	休	废
立春	艮	震	巽	离	坤	兑	乾	坎
春分	震	巽	离	坤	兑	乾	坎	艮
立夏	巽	离	坤	兑	乾	坎	艮	震
夏至	离	坤	兑	乾	坎	艮	震	巽
立秋	坤	兑	乾	坎	艮	震	巽	离
秋分	兑	乾	坎	艮	震	巽	离	坤
立冬	乾	坎	艮	震	巽	离	坤	兑
冬至	坎	艮	震	巽	离	坤	兑	乾

七、逐月吉凶神杀

	正月	二月	三月	四月	五月	六月	七月	八月	九月	十月	十一	十二
天喜	戌	亥	子	丑	寅	卯	辰	巳	午	未	申	酉
天解	申	申	酉	酉	戌	戌	亥	亥	午	午	未	未
天医	卯	亥	丑	未	巳	卯	亥	丑	未	巳	卯	亥
飞廉 主人卒亡	申	未	午	巳	辰	卯	寅	丑	子	亥	戌	酉
血忌 不宜针灸	丑	未	寅	申	卯	酉	辰	戌	巳	亥	午	子
雷火	寅	丑	子	亥	戌	酉	申	未	午	巳	辰	卯
往亡 出行主死	寅	巳	申	亥	卯	午	酉	子	辰	未	戌	丑
负结 负鬼神食	亥	亥	丑	丑	卯	卯	巳	巳	未	未	酉	酉
生气	子	丑	寅	卯	辰	巳	午	未	申	酉	戌	亥
死气	午	未	申	酉	戌	亥	子	丑	寅	卯	辰	巳
吉杀	丑	寅	卯	辰	巳	午	未	申	酉	戌	亥	子
天德	亥	子	丑	寅	卯	辰	巳	午	未	申	酉	戌
月德	未	申	酉	戌	亥	子	丑	寅	卯	辰	巳	午

八、逐日吉凶神杀例

日干	甲	乙	丙	丁	戊	己	庚	辛	壬	癸
禄元	寅	卯	巳	午	巳	午	申	酉	亥	子
贵人	丑	子	亥	酉	未	申	午	寅	卯	巳
大杀	亥	亥	未	未	戌	戌	寅	寅	巳	巳

九、合刑杀例

支神	子	丑	寅	卯	辰	巳	午	未	申	酉	戌	亥
六合	丑	子	亥	戌	酉	申	未	午	巳	辰	卯	寅
三合	申辰	巳酉	午戌	亥未	申子	酉丑	寅戌	亥卯	子辰	巳丑	寅午	卯未
三刑	卯	戌	巳	子	辰	申	午	丑①	寅	酉	未	亥②
驿马	寅	亥	申	巳	寅	亥	申	巳	寅	亥	申	巳
劫杀	巳	寅	亥	申	巳	寅	亥	申	巳	寅	亥	申
亡神	亥	申	巳	寅	亥	申	巳	寅	亥	申	巳	寅
咸池	酉	午	卯	子	酉	午	卯	子	酉	午	卯	子

十、四时吉凶神杀例

	春	夏	秋	冬	
五墓	未	戌	丑	辰	占病忌之，发动持凶
浴盆	辰	未	戌	丑	占病忌之，临水神水爻并凶
三丘	丑	辰	未	戌	占病忌之，发动兄鬼主死

① 丑，底本作"戌"，校者据数术中"三刑"之说改。
② 亥，底本作"辰"，校者据数术中"三刑"之说改。

发端部第三

一、以钱代蓍

（揲蓍法，见《心鑑》）

以钱三文，熏于炉上，而祝心事。呵衔至至，敬而祝，祝曰："天何言哉，扣之即应。神之灵矣，感而遂通。今有某事，罔知休咎，罔释决疑。克神克灵，惟蓍而龟。祷于尔神，亮垂报知。若可若否，尚明告之。"祝毕，掷钱于盘中。一背为单，画━━；二背为拆，画━ ━；三背为重，画○；纯字为交，画×。自下而上，三掷，内卦成。再将钱炉上熏过，复求外卦，圆成一卦，而断吉凶。至敬至诚，无不感应。

二、合卦例

纯阳乾为天，阳中坎水连。

阳上艮山止，阳下震雷焉。

下阴巽风起，中阴离火燃。

纯阴坤地厚，阴上兑金坚。

三、上手法

（自下而上）

单单单，乾为天。拆单拆，坎为水。

拆拆单，艮为山。单拆拆，震为雷。

拆单单，巽为风。单拆单，离为火。

拆拆拆，坤为地。单单拆，兑为泽。

重为单，阳变阴。交亦拆，阴变阳。

四、重卦例

乾宫（金兆）

乾为天（八纯，上世）　　天风姤（一世）　　　天山遁（二世）
天地否（三世）　　　　　风地观（四世）　　　山地剥（五世）
火地晋（游魂，四世）　　火天大有（归魂，三世）

坎宫（水兆）

坎为水（八纯，上世）　　水泽节（一世）　　　水雷屯（二世）
水火既济（三世）　　　　泽火革（四世）　　　雷火丰（五世）
地火明夷（游魂，四世）　地水师（归魂，三世）

艮宫（土兆）

艮为山（八纯，上世）　　山火贲（一世）　　　山天大畜（二世）
山泽损（三世）　　　　　火泽睽（四世）　　　天泽履（五世）
风泽中孚（游魂，四世）　风山渐（归魂，三世）

震宫（木兆）

震为雷（八纯，上世）　　雷地豫（一世）　　　雷水解（二世）
雷风恒（三世）　　　　　地风升（四世）　　　水风井（五世）
泽风大过（游魂，四世）　泽雷随（归魂，三世）

巽宫（木兆）

巽为风（八纯，上世）　　风天小畜（一世）　　风火家人（二世）
风雷益（三世）　　　　　天雷无妄（四世）　　火雷噬嗑（五世）
山雷颐（游魂，四世）　　山风蛊（归魂，三世）

离宫（火兆）

离为火（八纯，上世）　　火山旅（一世）　　　火风鼎（二世）

火水未济（三世）　　山水蒙（四世）　　风水涣（五世）

天水讼（游魂，四世）　天火同人（归魂，三世）

坤宫（土兆）

坤为地（八纯，上世）　地雷复（一世）　　地泽临（二世）

地天泰（三世）　　　雷天大壮（四世）　泽天夬（五世）

水天需（游魂，四世）　水地比（归魂，三世）

兑宫（金兆）

兑为泽（八纯，上世）　泽水困（一世）　　泽地萃（二世）

泽山咸（三世）　　　水山蹇（四世）　　地山谦（五世）

雷山小过（游魂，四世）雷泽归妹（归魂，三世）

五、变卦例

乾为天，自下一爻变起，初变阴，天风姤；二变阴，天山遁；三变阴，天地否；四变阴，风地观；五变阴，山地剥；上爻为主，不动，再变四为阳，火地晋；再将内卦三爻，全变为阳[①]，火天大有。余见后《通变部》。

六、起世应

八纯卦，世上初爻变，一世卦；二爻变，二世卦；三爻变，三世卦；四爻变，四世卦；五爻变，五世卦。复卦四爻变，游魂卦；再总变下三爻，归魂卦。

一世卦，应在四；二世卦，应在五；三世卦，应在上；四世卦，应在初；五世卦，应在二；八纯卦，应在三；游魂卦，应在初；归魂卦，应在上。彼为应，世为我。应为晦，世为贞。

七、飞伏例

持世纳甲为飞神，本宫纳甲为伏神。八纯与归魂，以本宫持世为飞神，

---

① "火地晋；再将内卦三爻，全变为阳"，底本无，校者据文义及《通变部》"重卦变通章"补。

相配卦持世为伏神。乾与坤，坎与离，震与巽，艮与兑，皆相配也。假如乾卦上爻壬戌持世，是飞神；坤卦上爻癸酉持世，即癸酉是乾家伏神也。余仿此。

八、身命例

子午持世初为身，丑未持世二为身，寅申持世三为身，卯酉持世四为身，辰戌持世五为身，巳亥持世上为身。占卦人本肖属为命。

九、定卦主

静以世为主，应为应。一爻动，以本卦动爻为主，变卦动爻为应。二爻动，以上动爻为主，后动爻为应。三爻动，以动爻为主，不动为应。四爻动，以下爻为主，仍看之卦不变爻。五爻动，以静爻为主，变卦静爻为应。六爻俱动，以本卦世为主，变卦世为应。凡三爻以上爻动，主事不一，谓之乱动。若乱动时，只以所占爻为主，占财以财为主是也。

十、定六亲

生我为父母，我生为子孙，克我为官鬼，我克为妻财，比和为兄弟。

常以本宫所属为我，纳甲所属为彼。假如姤卦初爻，纳甲辛丑土，本宫属金，土生金，为父母也。余仿① 此。

十一、定六神

青龙木神，朱雀火神，勾陈土神，白虎金神，玄武水神。

甲乙日起青龙，丙丁日起朱雀，戊日起勾陈，己日起腾蛇，庚辛起白虎，壬癸起玄武。

假如甲乙日，初爻② 起青龙，第二朱雀，三勾陈，四腾蛇，五白虎，上玄武。持身世及动者，余依此。

---

① 仿，底本作"依"，校者据《宝颜堂秘笈》本改。
② 初爻，底本无，校者据文义补。

十二、论四直

年建天符太岁居，月建青龙为直符。

日建传符宜发动，时辰直事次传符。

假如子年，子爻动，青龙临子爻，是持水神也。又如正月，寅爻动，为月建青龙也。又如子日，子爻动，朱雀临之，是传符持火神也。又如午时，午爻动，临白虎，是直事①持金神也。

决断部第四

一、六亲断例

父母持世及身宫，旺相文书喜信通。

田宅禾苗皆遂意，占身问病却成凶。

父母化父母，文书定相许。化子进人丁，化鬼身迁举。化财宅长忧，兄弟本身取。

子孙持世为福神，事成忧散谷财荣。

占胎问病重重吉，谒贵求官反不亨。

子孙化子孙，人情两称情。化父田蚕旺，化财加倍荣。化鬼忧产病，兄弟必相争。

官鬼持世必得官，文书印信两相看。

占婚问病俱凶犯，破宅伤财身不荣。

官化官为禄，求官宜疾速。化财占病凶，化父文书逐。化子必伤官，化兄家不睦。

阴为妻妾阳为财，持世持身总称怀。

财谷田蚕收百倍，若占病产鬼为胎。

妻财化妻财，钱龙入宅来。化官忧戚戚，化子笑哈哈。化父宜家宅，化兄当破财。

---

① 事，《宝颜堂秘笈》本作"世"。

阳为兄弟阴姊妹，所问所谋皆退悔。

纵使福神同位临，到头不遂空劳费。

兄弟化兄弟，凡占无所利。化父父忧惊，化财财未遂。化官身有灾，化子却如意。

二、六神断例

发动青龙万事通，进财进禄福无穷。

临凶遇杀都无碍，惟忌临金与落空。

朱雀交重文印旺，杀神相并谩劳功。

是非口舌皆因此，持水临空却利公。

勾陈发动忧田土，累岁迍邅为杀逢。

持木落空方脱洒，纵然安静也迷蒙。

腾蛇发动忧荣碎，怪梦阴魔暗里逢。

持木落空方始吉，交重旺相必然凶。

白虎交重惊怪事，求官临鬼反丰隆。

持金世杀妨人口，遇火加空却不同。

玄武动摇多暗昧，若临旺相贼交攻。

上爻相并邪无犯，带杀依然咎在躬。

三、天符断例

年建为天符（子年子爻动方断。假如子年子爻动，临青龙木神也）

天符青龙木，发动加官禄。在外盗资财，内摇忧眷属。

天符朱雀火，文书非小可。杀并是非生，内摇家事琐。

天符勾陈土，田蚕卜分许。杀并事勾连，腾蛇同类取。

天符白虎金，经营必称心。杀神如并者，祸患定来侵。

天符玄武水，阴私并贼鬼。若与吉人交，变忧而成喜。

四、直符断例

月建为直符

月建为青龙，动则不雷同。内摇人口旺，外动禄财丰。

前三为朱雀，文书不待约。吉助有升迁，杀交遭系缚。

后三为玄武，所谋皆不许。在外损钱财，在家忧宅主。

对宫为白虎，凡占当忌取。外动有忧惊，休囚祸更深。

后一为勾陈，连速碎事侵。旺相尤为咎，休囚祸更深。

腾蛇正起辰，逐月逆流行。内外皆为咎，空亡却称情。

五、传符断例

日建为传符（子日子爻动方断）

日建加青龙，财禄喜重重。朱雀宜施用，勾陈事未通。

腾蛇多怪异，白虎破财凶。玄武阴私挠，应在日辰中。

六、神杀断例

问喜宜天喜，消忧天解星。大杀休施用，咸池莫问婚。

病遇天医瘥，囚因血忌刑。求雨占雷杀，占身吉杀宁。

往亡休出入，负结好饶人。三丘并五墓，飞廉及浴盆。

四般休问病，占孕亦忧惊。公讼忌刑害，亡劫事难伸。

遇死忧凶事，逢生吉庆生。三合与六合，内外总光亨。

天德与月德，万事得圆成。吉凶随例断，慎勿顺人情。

凶处忌有气，吉处忌凶神。子旬无戌亥，六甲细推轮。

《周易尚占》卷中

三材部第五

一、阴晴雨晦章

乾为天象震雷龙，坎兑为阴巽起风。

坤艮往来无雨顺，火山爻动日和融。

乍雨乍晴离坎并，半阴半晦兑离重。

杀临未济终须济，既济虽阴雨不充。

巽入坎来风后雨，凡临坤位细濛濛。

畜过密云终不雨，随临有雨岁时丰。

天地不交膏不降，阴阳方并谢天工。

八纯火动游魂木，火伞炎张日大空。

地火明夷天色晦，火雷噬嗑电光红。

离爻带杀晴明断，朱雀飞扬事一同。

大有不重天朗朗，同人安静日烘烘。

晋有龙爻终雨少，纯无雷杀只云浓。

龙动泽山咸大吉，虎交天水讼无功。

勾陈带土来持世，纵有阴云不济农。

玄武水爻霖复作，青龙木德泽无穷。

坎宫雷杀交重并，大雨倾盆霹雾攻。

最喜子辰来坎位，却嫌戌午到离宫。

阳重阴现阴须准，阴变阳爻阳不从。

壬丙电光禾谷润，乙庚雷雨岁兴隆。

应身白虎成虚设，竞世勾陈更不终。

玄武克身收稻谷，火神伤世损田公。

纯阳安静多应旱，虽动游魂理不容。

内外相生奇合偶，雾茫大作物亨通。

雷杀水神双入坎，不忧无雨却忧洪。

火神变水龙加虎，东畔才阴西见虹。

不动龙爻玄武水，徒劳举目望苍穹。

欲占雨信期何日，水旺龙生身对冲。

龙水身雷俱不动，九江四渎被天封。

艮火相交可决晴，水宫大旺日光明。

占晴但看庚交甲，止雨休教甲变庚。

庚甲互交龙虎助，连连大雨及车轰。

火神雷杀加离位，一声霹雳赤天晴。

二、禾苗田地章

应为种子世为田，世应相生获十全。

种子克田犹小吉，世来克应俭时年。

财爻旺相禾丰足，发动子孙为大福。

更得青龙天喜重，高低远近皆成熟。

子孙发动合天符，财与龙爻出现扶。

无杀无冲仓廪实，若逢三耗却① 成虚。

交重官鬼应难断，金鬼蝗② 虫火鬼旱。

大杀同宫总不收，发同喜神犹减半。

鬼爻扶鬼水来伤，土木同宫却不妨。

鬼落为财宜晚种，财交父母两重祥。

官爻旺相浑无望，鬼化空亡事反常。

财在外重迟下种，龙来内发早移秧。

六爻安静禾平善，乱动青苗必受殃。

妻财二耗同时同，虽熟应知半入仓。

内外相生无杀害，七分成熟莫商量。

---

① 却，《宝颜堂秘笈》本作"都"。

② 蝗，底本作"黄"，校者改。

财来金舍收千倍，财入空亡便莫望。

龙与子孙同类取，克身持世谷无疆。

若逢朱雀交重恶，白虎当头总不良。

玄武更加官鬼并，虽收一半属官粮。

火天大有都成熟，地火明夷尽地荒。

天地不交休指望，阴阳和合好收藏。

吉凶悔吝分明断，立位旁通更审详。

三、住居宅地章

住宅休占火泽睽，鬼临人口定分离。

龙交大壮人财旺，虎并同人宅舍衰。

二畜见龙财帛进，杀交两过栋梁摧。

贵持震巽生财本，喜入风雷 ① 立福基。

离坎交重宜谨慎，艮坤安静莫迁移。

户无徭役占逢贵，家有余粮卜得颐。

田宅丰隆因大有，血财伤损为明夷。

乾坤旺相增人口，泽地生成聚宝资。

革鼎长男能干事，晋升宅长有操持。

妻财内旺为财断，官鬼爻兴作怪推。

木鬼寿棺停有日，金官硬物藏多时。

休囚铜铁皆先定，旺相金银尽预知。

水鬼井池中出现，土官墙壁内偷窥。

火官内动无他事，古器多年再发辉。

克世克身都不用，生身生世始堪为。

水财内旺宜穿井，内发土财堪作池。

金旺妻财金玉进，火财内发火光飞。

木财到底宜营造，若犯空亡总是非。

子孙空亡家绝后，父母空亡宅必危。

---

① 雷，《宝颜堂秘笈》本作"云"。

父母身子都旺相，人财资益莫猜疑。
更兼天喜青龙助，富贵康宁天赐伊。

四、移徙章

迁居先以动爻求，动爻旺相决无忧。
初爻旺相乡村吉，二爻旺相好居州。
三爻市井四坊镇，五近京师事最优。
上爻好向山林住，龙扶子动获祥休。
白虎当头休妄动，腾蛇缠足莫任谋[①]。
朱雀交重防口舌，玄武迁移被贼偷。
朱雀又临官鬼位，官司口舌有来由。
那更克身无主世，身遭重厄讼遭囚。
六爻安静休搬动，乱动移居又不休。
外克内兮应克世，旧宅不如新宅利。
内克外兮世克应，到底只宜居旧地。
世应相生内外和，守旧迁居总如意。
若教动处落空亡，不利迁移利守常。
五世游魂搬则利，内爻旺相住无妨。
忽然内外俱衰败，守则灾危搬受殃。
鬼化子孙移富贵，财爻化鬼住安康。

五、坟塚章

若占坟塚静为强，发动之时便反常。
初世出官为大吉，二爻持世次为良。
三爻主世平平稳，四爻半吉保安康。
五与上爻俱永好，游魂后代必为商。
归魂犹自三分好，若值八纯全有妨。
为甚乾坤无忌讳，高低无物不包藏。

---

① 任谋，《宝颜堂秘笈》本作"狂谟"，似形近误刻。

未葬之先亡在外，既葬须知内是亡。

内外相生为上吉，比和决定福难量。

杀交内外还相克，损宅破财灾几场。

青龙旺相来持世，管取存亡获吉祥。

乾坤不动坟安稳，龙喜交重家道昌。

五墓劫神伤子息，三丘阴杀损妻房。

世旺生身官入墓，子孙代代入朝堂。

杀临父母忧家长，劫犯阴爻宅母当。

鬼爻不动亡人吉，身位无交祭主康。

破家只为财为鬼，发福多因阴及阳。

冲破临身终有碍，合神持世却无妨。

阴交为穴要先知，初与二爻宜葬基。

三爻与四平平地，五六高原信可宜。

穴是金爻宜土白，火爻土赤更无疑。

土穴毕竟知黄土，若是水穴黑淄泥。

木^①穴土青须有准，木神旺相有根梯。

水爻旺相须逢水，土旺应知石是奇。

旺在火炎须有器，金爻旺相物光辉。

福德青龙兼并者，断然嘉瑞应临期。

青龙持世地曲^②屈，前有木桥兼水池。

朱雀持世凤凰势，近路周围有树依。

勾陈持世地拱揖，四畔有山前后围。

腾蛇持世弯弓势，左右伏山低又齐。

白虎持世南流水，玄武尖峰朝地基。

卦无父母坟荒废，卦无官鬼不宜官。

□□□□□□□^③，却是寻常平稳地。

卦无丑未少羊牛，卦无戌酉鸡犬亡。

---

① 木，《宝颜堂秘笈》本作"水"，疑字形近而误刻。

② 曲，《宝颜堂秘笈》本作"由"，疑字形近而误刻。

③ 疑此处阙一句。

十二爻神依此例，穷通休旺细消详。

人事部第六

一、身命章

凡占身世要先知，神杀交重次第推。
身旺龙池多吉庆，身衰虎并定犹疑。
子孙持世明时喜，兄弟临身悔且危。
切忌勾陈连鬼旺，却宜天喜与财依。
妻财阳位财丰厚，阴位妻财妻子宜。
禄马贵人三合并，临身妙义福根基。
子孙发动添人口，父母交重官可期。
卦内为身外为命，身命比和任意为。
世为身兮应为命，世应相生更是奇。
世命应身刑又克，不伤自己即伤妻。
妻财不现财无聚，卦没子孙难立儿。
更将八卦推心属，内坎机圆心事足。
内兑柔和有主张，内乾果断无私曲。
离明坤厚性融通，巽顺艮卑谦自牧。
身命但能依此推，青龙天喜皆为福。

二、六亲章

立本先推父母乡，青龙同位最为祥。
腾蛇白虎忧尊长，玄武勾陈它母当。
父母休囚离祖早，两重父母过亲房。
杀神朱雀同时并，重病如何得离床。
子孙持世为全吉，若值青龙子异常。
子值勾陈多朴实，子交朱雀主文章。
腾蛇犯子愚而浊，白虎持孙勇且强。

玄武子孙同位发，男为盗贼女猖狂。

子孙若值游魂卦，此子生来好远方。

阳化阴爻端正女，阴交阳体秀才郎。

妻财发动青龙助，因妻致富妙难量。

财临朱雀妻贤惠，财犯勾陈妻病殃。

腾蛇共位妻应拙，白虎同行妻命刚。

妻临玄武多临暗，心意瞒人必不良。

两位妻财俱旺相，一妻一妾美容光。

卦若无妻常独自，妻子安静保安康。

妻财合世夫妻顺，妻位生身家道昌。

官鬼青龙同一位，家荣子贵寿延长。

朱雀并官多讼事，勾陈带鬼损田庄。

腾蛇犯鬼多萦系，白虎交官身有伤。

玄武当官奸与盗，两重官鬼必忧丧。

若占官府反为吉，福厚官高名誉扬。

兄弟加龙犹且且，若同朱雀必相妨。

腾蛇白虎皆凶兆，玄武勾陈总不祥。

吉处只宜常旺相，凶交却怪落空亡。

三、婚姻章

内身阳鬼丈夫持，外应财阴总是妻。

世应相生婚大吉，比和世应配相宜。

青龙六合扶为美，三合子孙临更奇。

应动三刑刑莫问，外交六害害无疑。

三爻并偶生成少，立位纯阳生育稀。

男女和同咸泰益，夫妻反目革睽离。

不有其躬蒙里断，夫征不复渐中推。

一奇一偶成亲顺，双鬼双财配匹违。

杀在妻财妻子厄，杀临官鬼丈夫衰。

妻财官鬼青龙助，富贵男儿福德妻。
官鬼两重相克应，女人曾许两家期。
白虎临财莫问婚，勾加官位克夫身。
杀临兄弟多争竞，朱雀临身公讼陈。
勾陈阴杀休求女，玄武值财休问亲。
龙并子孙全吉兆，喜重父母福相因。
坤变坎宫男破体，乾来离位女非真。
欲知女子如何性，坎主心聪艮沉静。
兑心和柔巽必恭，坤爻宽厚乾刚正。
文明女子为逢离，智慧男儿因见震。
乾宫面部天而宽，坤主魁肥莫小看。
艮卦决然身体小，坎爻定是脸团圞。
兑家女子莹而白，震位妻儿奇且端。
巽体容颜如瑞雪，离宫和润可人观。
有亡有劫都无用，无子无财总不堪。

四、胎孕章

占产先须看子孙，子孙旺相吉堪论。
母宫无杀为祥兆，子上加龙是善根。
易产好占离与兑，难生休卜艮和坤。
坎乾龙动身无虑，震兑勾陈命不存。
父母莫教临白虎，若临其上必亡魂。
腾蛇持世忧阴杀，玄武临身忌浴盆。
最忌土爻理本位，更嫌刑杀克儿孙。
子孙发动忌空亡，白虎勾陈并不祥。
子变为官胎里死，官爻为子产而亡。
母重子动俱难保，母静子安皆吉祥。
子母两爻都旺相，有龙有喜便安康。
阴宫阳现奇男子，阳变阴爻好女娘。
子与母爻虽变动，青龙持世亦无妨。

子孙重见龙交喜，决定齐生子一双。

欲扣孩儿分娩日，胎神冲破子生方。

三教部第七

一、僧道章

道士缁流来问卜，身安世静最为先。

身爻克世堪谌用，世应比和乐自然。

世若克身当退守，财来克世好求缘。

六爻不动为清福，一位交重事变迁。

财扶世上能施利，鬼交偏好谒官员。

世临白虎官司挠，身遇勾陈心事缠。

父母克身师接引，青龙持世贵周全。

勾陈带杀多魔障，官鬼临财被贼冤。

兄弟勾陈同位动，谨防法眷外勾连。

贵交父母师通圣，龙并子孙徒弟贤。

父母重重身受克，断然身被俗家牵。

财空注疏徒劳力，鬼旺营谋枉费钱。

乱动切须休入宝，八纯却好去参玄。

艮坤只好栖岩谷，离巽偏宜隐市廛。

龙虎交驰宜访道，坎离辐辏好安禅。

游魂带杀休云水，一世休囚莫置田。

子动妻交还俗汉，世空身旺地行①仙。

身空不动头头道，应旺无魔处处禅。

应偶世持生又合，神清身静寿绵绵。

忽然负结财身动，未免填还俗债冤。

---

① 行，《宝颜堂秘笈》本作"中"。

世应不和身妄动，了身达命待驴年。
本身太岁临身命，即日逢神得正传。
太岁火神加父母，天边恩命定来宣。
问予末后天口事，拈起笔来画个○。

二、儒业章

凡占儒业究诸身，身世相生艺必精。
父母生身文可立，子孙克世学无成。
父爻旺相加朱雀，雄辨高言大有声。
兄动妻交身不旺，却因聪慧误前程。
阴阳互旺宜参请，内外比和足讲明。
子旺身空穷措大，财因世废困书生。
兄弟若犯腾蛇上，纵有文章不显名。
玄武克身休合伴，勾陈伤世莫亲朋。
青龙持世功名大，天喜同官道业亨。
朱雀并财宜作馆，勾陈同鬼莫游行。
世应既和身又旺，上书献策必图成。
日辰龙德俱生旺，县宰州官力主盟。
禄马贵人临月建，公侯任责职非轻。
天符值土应非阻，月建持金必有惊。
父母最宜逢六合，世身切忌犯三刑。
刑杀克身兼克世，陷身取辱误平生。
朝君不可逢屯蹇，面圣偏宜见晋升。
那更天符持木德，高迁重任禄光荣。

三、蒙童章

蒙童幼学子先推，子会青龙为上奇。
朱雀克身多智慧，勾陈持土大愚痴。
卦无父母难垂训，身犯亡神争禁持。

朱雀空亡无学问，青龙旺相有镃基。

龙生身世攻书子，马旺游魂逃学儿。

父母喜神同位动，断然博学广文知。

两重父母多移学，乱动无常不守规。

朱雀入离能写字，青龙入兑会吟诗。

坤官变动能修德，乾上交重会滑稽。

乾震交重成事早，艮坤安静立身迟。

姤屯蹇困灾须准，渐晋需升吉可推。

地水火风能主事，前程定作贵人师。

四、教授章

欲求教授训童儿，情性先将八卦推。

离体中虚明且智，坎宫内实信而威。

震雷主动常游学，巽顺无常镇改移。

兑泽和柔能讲习，艮山沉静好谦卑。

乾元刚果多严厉，坤土包容足礼仪。

父子空亡都莫用，世身衰败总休推。

营生部第八

一、求财买卖章

求财交易才为主，发动临身财必取。

卦若无财反落空，一世营谋不堪许。

财爻持世或克世，一买一卖利百倍。

克身又得青龙扶，积玉堆金何算计。

财爻外动较艰难，财在内兴人送至。

外生内兮应生世，假使财轻也容易。

应克世兮世克身，有财到底难成遂。

世应比和身又安，资财平稳无忧滞。

财生库旺聚钱财，子动龙爻应称意。

财爻若值废休囚，货贱如尘宜措置。

财爻旺相贵如金，有货必须闻早弃。

财爻不动财平安，遇杀逢空终破费。

外鬼牵将玄武来，官灾盗贼重重晦。

劫杀临财兼克身，暗昧小人切须忌。

财交驿马鬼神扶，买卖交成必遇贵。

兄弟同人是悔神，财忧财失身忧否。

莫教朱雀又当头，官司口舌相连累。

白虎临财虽有财，切须忌落人圈圚。

折本伤财为甚么，只为妻财化兄弟。

子孙化财宜利多，财化子孙更非细。

却又青龙水上来，摘山运海多饶利。

勾陈交鬼必淹留，行货临官被贼偷。

忽尔妻财化官鬼，虽然获利被官收。

行商坐贾营财赋，切忌官爻临本库。

不是官司送祸来，断然被贼偷将去。

地头克身事未周，阴爻必是女人留。

满船载宝荣归者，盖为身爻克地头。

欲问钱财何日得，应在身财生旺日。

假令乾用木为财，亥卯日辰为准则。

二、六畜血财章

凡占六畜畜为身，假使占牛丑是真。

喜见子孙并父母，怕逢劫杀忌亡神。

卦内 ① 若无所肖者，却将八卦象来轮。

乾马坤牛艮狗当，巽鸡离雉兑为羊。

震龙艮马一般断，坎豕为乌细审详。

---

① 内，《宝颜堂秘笈》本作“里”。

巽兑白兮离又赤，乾玄震翠艮坤黄。

更有旁通推本位，次推所属身宫义。

本身旺相保无虞，若值死囚灾立至。

本身发动子孙推，正是生财长育时。

更得青龙相助吉，杀神相并及倾危。

本肖空亡分外愁，交重白虎血财忧。

午爻带杀当忧马，未虑羊儿丑虑牛。

更须推本究宫卦，坤旺牛兮乾旺马。

遇子加龙旺主人，见武同宫防盗者。

死绝休囚本位持，牛不耕兮马不骑。

更遇杀来应病死，十占八九定无疑。

青龙旺相生财厚，六爻安静无殃咎。

若逢羊刃及三刑，决定遭他屠子手。

财值青龙化子孙，驴骡牛马保兴生。

牛强马壮无他事，外旺乾刚内旺坤。

父母重重化父母，一畜经年三换主。

大杀来伤本肖爻，今朝换主明朝止。

困颐① 噬嗑及明夷，鬼杀交重定剥皮。

忽见青龙来救助，决无生育只尪羸。

三、蚕桑章

应为蚕子世为人，世应相生福德臻。

财是蚕官身是主，身财和合获珠珍。

主若生蚕多遂意，蚕儿受克枉劳辛。

六爻安静蚕平稳，一位交重险六亲。

有子有财全克兆，见兄见鬼大凶陈。

交重父母平平断，旺相休囚逐位轮。

财爻若也持身世，管取丝绵千万斤。

---

① 颐，《宝颜堂秘笈》本作"夷"。

更得青龙同位助，获财百倍大光荣。

本宫见子为生气，财世逢官是耗神。

鬼旺初爻苗不出，二爻蚕子有灾迍。

三四鬼旺无桑叶，最上官兴茧不成。

金爻是鬼二眠亡，木鬼三眠定受殃。

水鬼定是遭风雨，土鬼多应病瘅黄。

鬼落空亡番作吉，鬼爻休废反为良。

鬼化子孙财帛厚，鬼化妻财大吉昌。

鬼化兄弟收一半，鬼化父母晚丝强。

青龙发动丝绵广，白虎交重蚕白殭。

玄武克蚕忧水厄，勾陈带杀为蚕伤。

水财到底无多利，金土为财些少偿。

木财旺相财无数，太旺财爻更被伤。

天喜青龙财子合，生身生世获嘉祥。

四、行人章

凡卜行人先看身，身爻发动是行人。

子孙外动克身世，决定前途获宝珍。

出去当头忧白虎，归来足下忌勾陈。

内克世兮世克应，临行有阻去无因。

外克内兮应克世，打叠行装在即辰。

身宫见鬼因官事，若不因官定有迍。

父母克身父母留，兄弟克身兄弟忧。

青龙子孙克身位，一路无虞到地头。

乾宫旺相乘肥马，坎卦克身乘巨舟。

震卦克身身便动，坤卦克身徒步游。

艮卦克身行必正，巽卦克身去又休。

白虎克身行有厄，青龙克身为大吉。

朱雀克身文字催，玄武克身路遭贼。

若见勾陈来克世，事绪拘留行未得。

欲卜行人何日回，父克子孙为定期。

初爻发动足下动，二爻身动定无疑。

三四发动临门户，五爻在路较迟迟。

上爻身动身犹住，安静行人定未归。

虽动动临玄武方，中途定有小人伤。

交重白虎多惊恐，发动青龙多吉昌。

朱雀爻交先有信，子孙发动喜非常。

鬼兄并发多应病，官化为官更不祥。

子落空亡身入墓，行人准定不回乡。

疾厄部第九

一、疾病章

疾病先将身命看，逢龙见子放心宽。

妻财入命多沉重，官鬼临身更不堪。

身犯勾陈凶有准，命加玄武瘥应难。

腾蛇白虎忧①丧事，身命空亡定入棺。

金鬼值身伤骨节，身中水鬼血脓钻。

贴身火鬼疮痍恼，木鬼身宫有骨酸。

土鬼在身身肿胀，杀刑加命命摧残。

水为腰肾金属肺，火主心胸木主肝。

土爻脾位休逢杀，发动交重仔细观。

虎鬼同兴应哭泣，龙孙并旺保平安。

乾为首兮坤为腹，巽为手兮震为足。

兑为口兮艮为鼻，坎主耳兮离主目。

一宫杀旺一般灾，子动龙兴保平复。

丰兼蛊困及明夷，夬与同人一例推。

---

① 忧，《宝颜堂秘笈》本作"应"。

冬旅春需都困重，夏观秋剥并倾危。

六爻安静犹难瘥，杀鬼交重便莫医。

财旺身空身必丧，官生命死命应衰。

两重官鬼因劳复，鬼化为兄病不宜。

官化为财凶有定，鬼爻化子瘥无疑。

二、医药章

子孙出现是医人，生世生身药必灵。

两个子孙齐发动，换医困厄即时平。

子囚医拙无功效，子旺医明有准绳。

无子病人难服药，子空患者便归程。

子孙值土宜丸散，值火须当火艾蒸。

值木咬咀方应病，值金针刺保亨贞。

子孙值水宜汤药，天喜扶持妙莫评。

青龙独发最为良，持世生身便离床。

那更子孙同位发，不须服药保安康。

鬼财安贴无忧虑，身世比和太吉昌。

欲问病人何日瘥，鬼衰生旺世生方。

三、盗贼章

占盗先推财鬼乡，财爻安静便无妨。

内摇不离无安处，外动多应出远方。

鬼化为财须有望，财爻化鬼莫思量。

妻财入墓无踪迹，财犯勾陈在土藏。

捉贼隄防亡劫害，寻财切虑刃刑伤。

子孙旺相终寻见，官鬼休囚必捉将。

玄武鬼爻家里动，元来家贼最难防。

两重官鬼勾连至，鬼落空亡自失忘。

一世二世亲邻盗，三世四世不离乡。

五世六世他方鬼，鬼若生身必见赃。

木鬼东方人是贼，金西水北细消详。

火光本是南方鬼，土鬼原来只在房。

欲问贼人藏物处，鬼家父母处消详。

譬如火鬼木为父，竹木堆中及树傍。

不惧五行无准则，只愁财物落空亡。

贵人持鬼官人贼，驿马持官永健郎。

玄武临官僧取去，勾陈是鬼道偷将。

阴爻胎鬼阴入盗，阳尽休囚官不良。

阳鬼废囚巫术辈，鬼爻旺相是豪强。

四、捕盗章

捕盗先推飞伏神，飞伏相生贼不真。

飞克贼神须捉住，伏伤飞者反伤身。

伏神带杀休追赶，伏入勾陈贼自陈。

内外世身依此例，内还克外定无因。

应爻又是偷财者，若来克世屈难伸。

欲知捕获当何日，鬼败财生① 定日辰。

卜筮遗亡皆准此，身衰财废不尤人。

五、公讼章

公讼先推身杀鬼，身克杀爻应有理。

劫杀克身理不明，身旺杀空忧散矣。

论人切要杀扶身，被诉却忧身克世。

身旺杀空诉者输，身衰杀旺身遭棰。

杀身俱旺事迁延，身杀俱空公事止。

劫杀临官官事兴，财加劫杀因财起。

三刑持世莫兴词，六害临身休后悔。

父母临身是劫并，决定争差田屋契。

① 生，《宝颜堂秘笈》本作"伤"。

外来克内被渠伤，内克外因渠不是。

弟兄化鬼卒难休，鬼化弟兄多暗昧。

玄武临官防小人，腾蛇犯鬼多淹滞。

青龙入鬼遇贵人，白虎临官受刑制。

鬼共勾陈牢狱灾，鬼临朱雀文书累。

太岁克官赦解由，月建冲官官又罪。

日辰克鬼脱应难，鬼克日辰犹不易。

身世克刑目下和，相并相冲还又至。

噬嗑明夷被杖笞，屯蒙大壮遭囚系。

虽云涣解保无由，也要世身爻有气。

天喜贵人要生身，大杀亡神莫持世。

世应相生内外和，决定两头都没事。

劫杀官爻是祸根，空亡却是相和义。

妻财持世喜神扶，却把托个人调治。

青龙子孙是解星，生世生身谢天地。

世旺身生命合神，是日官司当脱离。

更有常赢决胜方，诉人被诉都当记。

讼心克己最为头，挫锐解纷为第二。

赢尽世间多少人，省财又不伤和气。

《周易尚占》卷下

乾部第十

一、乾宫八卦立成章

（属阳、金兆。立冬旺、秋分相）

卦名	上爻	五爻	四爻	三爻	二爻	初爻	世爻飞伏
乾为天	壬戌土 世 父母	壬申金 身 兄弟	壬午火 官鬼	甲辰土 应 父母	甲寅木 妻财	甲子水 子孙	飞壬戌土 四月卦 伏癸酉金
天风姤	壬戌土 父母	壬申金 兄弟	壬午火 应 官鬼	辛酉金 兄弟	辛亥水 身 子孙	辛丑土 世 父母	飞辛丑土 五月卦 伏甲子水
天山遁	壬戌土 父母	壬申金 应 兄弟	壬午火 官鬼	丙申金 兄弟	丙午火 世 官鬼	丙辰土 身 父母	飞丙午火 六月卦 伏甲寅木
天地否	壬戌土 应 父母	壬申金 兄弟	壬午火 身 官鬼	乙卯木 世 妻财	乙巳火 官鬼	乙未土 父母	飞乙卯木 七月卦 伏甲辰土
风地观	辛卯木 妻财	辛巳火 官鬼	辛未土 世 父母	乙卯木 妻财	乙巳火 身 官鬼	乙未土 应 父母	飞辛未土 八月卦 伏壬午火
山地剥	丙寅木 妻财	丙子水 世 子孙	丙戌土 父母	乙卯木 妻财	乙巳火 应 官鬼	乙未土 身 父母	飞丙子水 九月卦 伏壬申金
火地晋	己巳火 官鬼	己①未土 父母	己酉金 世 身 兄弟	乙卯木 妻财	乙巳火 官鬼	乙未土 应 父母	飞己酉金 十一月卦 伏壬午火
火天大有	己巳火 应 官鬼	乙未土 身 父母	己酉金 兄弟	甲辰土 世 父母	甲寅木 妻财	甲子水 子孙	飞甲辰土 正月卦 伏乙卯木

二、八卦断例章

乾象	六阳纯一天行健，风虎云龙聚会时。 刚健身持恒不息，功名荣显决无疑。
	断：乾者健也，事宜专一。人口安康，田蚕进益。问病获安，占官转职。所谋必成，所求皆得。
姤象	天下有风阴媾阳，勿疑娶女女非良。 顺时消息行中道，品物咸亨大吉祥。
	断：媾者遇也，谋必有遇。求官官荣，求财财遂。病者难安，婚姻休娶。卜筮行人，端的在路。
遁象	天下有山为遁象，埋光铲彩以修身。 顺时达变贤君子，不恶而严远小人。
	断：遁者退也，凡事宜退。公讼而和，行人阻滞。问婚不成，求财无利。病者迁延，田蚕微细。
否象	天地不交物不生，达人晦德避时屯。 不居荣禄安常分，倾否之时福自臻。
	断：否者塞也，凡事闭塞。切虑官司，隄防盗贼。家宅平安，田蚕少得。守分安常，灾消集福。
观象	风行地上顺而安，莫作寻常一例看。 一切营谋无不遂，生财旺相已迁官。
	断：观者望②也，凡事有旺。田蚕进益，家宅兴旺。占婚最宜，求官为上。财聚病痊，获福无量。
剥象	艮山扶地邪伤正，厚下安居反得舆。 小人剥极不知变，陷身取辱剥其庐。
	断：剥者落也，剥落之义。动则有伤，静则无悔。退则获安，进则不利。藏器待时，剥极复治。

---

① 己，底本作"乙"，校者据装卦纳甲法改。
② 望，《宝颜堂秘笈》本作"旺"。

晋象	日出于地晋文明，辉光普照德非轻。 田蚕进益家兴旺，职位高迁身显荣。
	断：晋者进也，进必有升。进身必遂，进事有成。行人未至，公讼不明。病者难瘥，财平稍平。
大有象	火在天上为大有，顺天休命育群生。 光明普照无私曲，上下相通道大亨。
	断：盛大丰育，所求必至。田宅昌荣，生财吉利。讼散病痊，孕生婚遂。除却出行，般般称意。

坎部第十一

一、坎宫八卦立成章

（属阳、水兆。冬至旺、立冬相）

卦名	上爻	五爻	四爻	三爻	二爻	初爻	世爻飞伏
坎为水	戊子水 世 兄弟	戊戌土 官鬼	戊申金 父母	戊午火 应 妻财	戊辰土 官鬼	戊寅木 身 子孙	飞戊子水 十月卦 伏己巳火
水泽节	戊子水 身 兄弟	戊戌土 官鬼	戊申金 应 父母	丁丑土 官鬼	丁卯木 子孙	丁巳火 世 妻财	飞丁巳火 十一月卦 伏戊寅木
水雷屯	戊子水 兄弟	戊戌土 应 官鬼	戊申金 父母	庚辰土 身 官鬼	庚寅木 世 子孙	庚子水 兄弟	飞庚寅木 六月卦 伏戊辰土
水火既济	戊子水 应 身 兄弟	戊戌土 官鬼	戊申金 父母	己亥水 世 兄弟	己丑土 官鬼	己卯木 子孙	飞己亥水 正月卦 伏戊午火

卦名	上爻	五爻	四爻	三爻	二爻	初爻	世爻飞伏
泽火革	丁未土 身 官鬼	丁酉金 父母	丁亥水 世 兄弟	己亥水 兄弟	己丑土① 官鬼	己卯木 应 子孙	飞丁亥水 二月卦 伏戊申金
雷火丰	庚戌土 官鬼	庚申金 世 父母	庚午火 妻财	己亥水 身 兄弟	己丑土 应 官鬼	己卯木 子孙	飞庚申金 九月卦 伏戊戌土
地火明夷	癸酉金 父母	癸亥水 兄弟	癸丑土 世 官鬼	己亥水 兄弟	己丑土 身 官鬼	己卯木 应 子孙	飞癸丑土 八月卦 伏戊申金
地水师	癸酉金 应 父母	癸亥水 兄弟	癸丑土 官鬼	戊午火 世 妻财	戊辰土 官鬼	戊寅木 身 子孙	飞戊午火 七月卦 伏己亥水

二、八卦断例章

坎象	二水重重为习坎，险中之险未能通。 久恒其德存中正，不失乎诚动有功。
	断：坎者陷也，凡事不通。田蚕不利，孕病皆凶。营财逢盗，行船遇风。惟诚惟信，出险成功。
节象	泽中有水名为节，苦节从来不可贞。 不出户庭无大咎，顺时消息道元亨。
	断：节者节也，妄动无成。求谋有阻，公讼休争。婚姻和合，身命不宁。占财少得，卜孕虚惊。
屯象	云雷屯卦无攸利，君子经纶惟利贞。 藏器待时资辅助，自然屯散道光亨。
	断：屯者难也，元有亨义。目下未伸，到头必遂。一切经营，悉皆迟滞。见贵求官，先难后易。
既济	水火相因为既济，元来有始却无终。 防微杜渐无忧患，大者虽穷小者通。
	断：既济济也，舟行无滞。病者安康，讼者解释。婚姻早成，生财迟得。出入无虞，营谋有益。

----

① 己丑土，底本作"己卯木"，校者据装卦纳甲法改。

革象	泽中有火革之亨，二女同居志不贞。 改故从新趋世变，焕然文彩十分明。
	断：革者变也，事宜改更。身宜谋用，宅利修营。迁移进益，出入光亨。孕病皆吉，祸灭福生。
丰象	雷电相应丰成时，盛衰消息要先知。 守常安分方为吉，中则安时妄则危。
	断：丰者大也，利官利贵。婚姻有成，行人必至。孕生女子，病人沉滞。凡占家宅，半明半晦。
明夷	伤明之象号明夷，钟彩埋光始得宜。 柔顺克谦卑自牧，乐天知命待明时。
	断：明夷伤也，凡事不顺。婚姻无成，公讼有竞。占孕母忧①，占家父病。一切施为，切宜谨慎。
师象	地中有水为师象，畜众容民用俭行。 至正至中无过失，喜生忧散大光明。
	断：师者众也，不利占身。求官虽吉，见贵遭嗔。休占财帛，莫问行人。病人迟瘥，家宅灾迍。

艮部第十二

一、艮宫八卦立成章

（属阳、土兆。立春旺、冬至相）

卦名	上爻	五爻	四爻	三爻	二爻	初爻	世爻飞伏
艮为山	丙寅木 世 官鬼	丙子水 妻财	丙戌土 兄弟	丙申金 应 身 子孙	丙午火 父母	丙辰土 兄弟	飞丙寅木 十月卦 伏丁未土
山火贲	丙寅木 官鬼	丙子水 妻财	丙戌土 应 身 兄弟	己亥水 妻财	己丑土 兄弟	己卯木 世 官鬼	飞己卯木 十一月卦 伏丙辰土

---

① 忧，《宝颜堂秘笈》本作"庆"。

卦名	上爻	五爻	四爻	三爻	二爻	初爻	世爻飞伏
山天大畜	丙寅木 官鬼	丙子水 应 妻财	丙戌土 兄弟	甲辰土 身 兄弟	甲寅木 世 官鬼	甲子水 父母	飞甲寅木 十二月卦 伏丙午火
山泽损	丙寅木 应 官鬼	丙子水 妻财	丙戌土 兄弟	丁丑土 世 兄弟	丁卯木 身 官鬼	丁巳火 父母	飞丁丑土 七月卦 伏丙申金
火泽睽	己巳火 父母	己未土 兄弟	己酉金 世　身 子孙	丁丑土 兄弟	丁卯木 官鬼	丁巳火 应 父母	飞己酉金 二月卦 伏丙戌土
天泽履	壬戌土 兄弟	壬申金 世 子孙	壬午火 父母	丁丑土 身 兄弟	丁卯木 应 官鬼	丁巳火 父母	飞壬申金 三月卦 伏丙子水
风泽中孚	辛卯木 官鬼	辛巳火 父母①	辛未土 世 兄弟	丁丑土 兄弟	丁卯木 身 官鬼	丁巳火 应 父母	飞辛未土 八月卦 伏丙戌土
风山渐	辛卯木 应 官鬼	辛巳火 父母	辛未土 兄弟	丙申金 世　身 子孙	丙午②火 父母	丙辰③土 兄弟	飞丙申金 正月卦 伏丁丑土

二、八卦断例章

艮象	兼山为艮当知止，正好潜身以俟时。 君子思安无过咎，小人妄动必倾危。
	断：艮者止也，凡事无成。只宜安静，不利经营。时止则止，时行则行。思安所处，其道光明。
贲象	山火相因光贲象，内明外止自然亨。 观时察变随宜用，凡有求谋必称情。
	断：贲者饰也，公私并利。财禄双荣，田蚕收熟。讼散孕生，病安婚遂。凡有施为，称心满意。

---

① 父母，底本作"子孙"，校者据装卦安六亲法改。

② 午，底本作"水"，校者据装卦纳甲法改。

③ 辰，底本作"戌"，校者据装卦纳甲法改。

大畜	天上山中有大畜，济危拔险顺天时。 行藏动止皆如意，云路亨通任所为。
	断：畜者聚也，人财利益。进喜散忧，加官转职。田熟蚕收，婚成病脱。事事亨通，般般大吉。
损象	山静泽清曰损象，故当损己益他人。 损之又损功勋大，灾患清除福德臻。
	断：损者损也，身宅平平。婚成病瘥，官旺财兴。人口进益，家宅利贞。弗宜公讼，不利出行。
睽象	火泽相因是谓睽，同居二女患相违。 还占小事为中吉，若问行人定不归。
	断：睽者异也，三体相违。问病有惊，求财不宜。婚姻不相，行人不归。小事虽吉，也应迟迟。
履象	一个阴爻履五阳，虽行至险却无殃。 回光返照前□事，素履元来最吉祥。
	断：履者礼也，以柔履刚。危中有救，险处无妨。弗占疾病，莫问官方。一切谋运，谨始营昌。
中孚	泽上有风曰中孚，顺而和悦并无忧。 推忠存信相推用，一切营谋百倍收。
	断：中孚信也，二相中实。虚实相通，动罔不吉。官贵升迁，田蚕进益。忧散喜生，灾消福集。
渐象	风山为渐徐徐进，进得其宜往有功。 进事进身咸得正，渐高渐大渐亨通。
	断：渐者进也，田蚕进益。求官渐升，求财渐得。病疾渐安，公讼渐释。一切所占，渐则大吉。

震部第十三

一、震宫八卦立成章

（属阳、木兆。立春旺、春分相）

卦名	上爻	五爻	四爻	三爻	二爻	初爻	世爻飞伏
震为雷	庚戌土 世 妻财	庚申金 身 官鬼	庚午火 应 子孙	庚辰土① 妻财②	庚寅木 兄弟③	庚子水 父母	飞庚戌土 十月卦 伏辛卯木
雷地豫	庚戌土 妻财	庚申金 官鬼	庚午火 应 子孙	乙卯木 兄弟	乙巳火 身 子孙	乙未土 世 妻财	飞乙未土 五月卦 伏庚子水
雷水解	庚戌土 妻财	庚申金 应 官鬼	庚午火 子孙	戊午火 子孙	戊辰土 世 妻财	戊寅木 兄弟④	飞戊辰土 十二月卦 伏庚寅木
雷风恒	庚戌土 应 妻财	庚申金 官鬼	庚午火 身 子孙	辛酉金 世 官鬼	辛亥水 父母	辛丑土 妻财	飞辛酉金 正月卦 伏庚辰土
地风升	癸酉金 官鬼	癸亥水 父母	癸丑土 世 妻财	辛酉金 官鬼	辛亥水 身 父母	辛丑土 应 妻财	飞癸丑土 八月卦 伏庚午火
水风井	戊子水 父母	戊戌土 世身 妻财	戊申金 官鬼	辛酉金 应 官鬼⑤	辛亥水 父母⑥	辛丑土 妻财	飞戊戌土 三月卦 伏庚申金

---

① 庚辰土，底本作"乙卯水"，校者据装卦纳甲法改。
② 妻财，底本作"兄弟"，校者据装卦安六亲法改。
③ 兄弟，底本作"妻财"，校者据装卦安六亲法改。
④ 兄弟，底本作"妻财"，校者据装卦安六亲法改。
⑤ 官鬼，底本作"父母"，校者据装卦安六亲法改。
⑥ 父母，底本作"官鬼"，校者据装卦安六亲法改。

卦名	上爻	五爻	四爻	三爻	二爻	初爻	世爻飞伏
泽风大过	丁未土 身 妻财	丁酉金 官鬼	丁亥水 世 父母	辛酉金 官鬼	辛亥水 父母	辛丑土 应 妻财	飞丁亥水 二月卦 伏庚午火
泽雷随	丁未土 应 妻财	丁酉金 身 官鬼	丁亥水 父母	庚辰土 世 妻财	庚寅木 兄弟	庚子水 父母	飞庚辰土 七月卦 伏辛酉金

二、八卦断例章

震象	游雷为震必忧惊，省过修身固反常。 虩虩不安存警畏，到头反祸却为祥。
	断：震者动也，震动惊惶。不宜妄动，惟利守常。公讼失理，婚姻不良。求财少得，谋事多妨。
豫象	雷出地中为豫象，豫而顺动应天时。 施为必得朋相助，官旺财荣事事宜。
	断：豫者悦也，动以顺豫。贵喜官荣，身安财聚。病者获安，行人在路。一切施为，贤朋相助。
解象	震坎相交雷雨解，忧疑解散喜相逢。 西南大得朋相助，济险扶危往有功。
	断：解者散也，忧散喜生。田蚕进益，婚姻不成。久囚得赦，病者安宁。孕生贵子，公讼和平。
恒象	雷风相过恒常也，巽动相须事有成。 日月得天而久照，人能应变道常亨。
	断：恒者久也，久常之义。身宅双荣，公私两利。讼宜早和，病须疾治。守旧安和，出行无殃。
升象	地中生木升为象，集小成高往有功。 用见大人无不利，身荣名显道亨动。
	断：升者进也，小集大成。见贵得贵，求名得名。婚姻和合，公讼和平。求谋运用，最利南征。

井象	水升木上而为井，养物无穷静所宜。 动则无穷妄井德，达人藏器待天时。
	断：井者静也，不宜妄为。求官谒贵，问病稽迟。田蚕半得，行人未归。占婚阻滞，藏器待时。
大过	泽灭木时为大过，栋梁将挠急扶持。 虽然本末俱柔弱，巽悦而行住得宜。
	断：过者过也，刚过乎中。行船见阻，涉险无功。求官不达，问信难通。安常守分，庶免灾凶。
随象	泽中雷动象曰随，阳动阴随相得宜。 君子有孚存信吉，施为动用不违时。
	断：随者从也，阴必从阳。官贵随顺，财禄荣昌。婚姻和睦，疾病安康。凡占身命，福寿无疆。

巽部第十四

一、巽宫八卦立成章

（属阴、木兆。立夏旺、春分相）

卦名	上爻	五爻	四爻	三爻	二爻	初爻	世爻飞伏
巽为风	辛卯木 世 兄弟	辛巳火 子孙	辛未土 身 妻财	辛酉金 应 官鬼	辛亥水 父母	辛丑土 妻财	飞辛卯木 四月卦 伏庚戌土
风天小畜	辛卯木 兄弟	辛巳火 子孙	辛未土 应 妻财	甲辰土 妻财	甲寅木 兄弟	甲子水 世 身 父母	飞甲子水 十一月卦 伏丁丑土
风火家人	辛卯木 兄弟	辛巳火 应 子孙	辛未土 妻财	己亥水 父母	己丑土 世 身 妻财	己卯木 兄弟	飞己丑土 六月卦 伏辛亥水

卦名	上爻	五爻	四爻	三爻	二爻	初爻	世爻飞伏
风雷益	辛卯木 应 兄弟	辛巳火 子孙	辛未土 妻财	庚辰土 世 妻财	庚寅木 兄弟	庚子水 父母	飞庚辰土 七月卦 伏辛酉金
天雷无妄	壬戌土 妻财	壬申金 官鬼	壬午火 世 子孙	庚辰土 妻财	庚寅木 兄弟	庚子水 应 身 父母	飞壬午火 二月卦 伏辛未土
火雷噬嗑	己巳火 子孙	己未土 世 妻财	己酉金 官鬼	庚辰土 妻财	庚寅木 应 身 兄弟	庚子水 父母	飞己未土 九月卦 伏辛巳火
山雷颐	丙寅木 兄弟	丙子水 身 父母	丙戌土 世 妻财	庚辰土 妻财	庚寅木 兄弟	庚子水 应 父母	飞丙戌土 八月卦 伏辛未土
山风蛊	丙寅木 应 兄弟	丙子水 父母	丙戌土 身 妻财	辛酉金 世 官鬼	辛亥水 父母	辛丑土 妻财	飞辛酉金 正月卦 伏庚辰土

二、八卦断例章

巽象	阴交阳下随风巽，究竟先庚与后庚。 利见大人行正事，始虽难阻后亨通。
	断：巽者顺也，顺时行事。利财利婚，利官利贵。身泰讼和，田收蚕遂。惟占病人，金神为祟。
小畜	风行天上为小畜，阴止阳刚志未行。 君子顺行修懿德，身虽艰阻道光亨。
	断：小畜止也，阳受阴畜。求望宜迟，经营勿速。失物莫寻，婚姻不睦。宅舍小忧，田蚕半熟。
家人	风从火出曰家人，外象柔和内象明。 明顺相因家道正，人财增益宅安宁。
	断：风火家人，成家之象。婚姻和合，人财兴旺。病讼无忧，田蚕有望。谒贵求官，获福无量。

益象	风雷相举终成益，凡有施为众所从。 损己益人人益己，功成名遂喜重重。
	断：益者益也，凡事有益。利合婚姻，宜占身宅。词病俱平，生财大吉。益己益人，乾坤合德。
无妄	天下雷行无妄卦，不宜谋用利艰贞。 安常守分宜忠正，无妄功成道大亨。
	断：无妄实也，凡事从实。动有灾眚，守旧元吉。病瘥讼和，田收财积。官贵文书，重重进益。
噬嗑	雷电相因名噬嗑，颐中有物未能亨。 明威并用除奸究，隔碍潜通事有成。
	断：噬者齿也，嗑者合也。谋望卑安，求财且且。病重讼凶，孕忧婚寡。去碍除奸，惟道有者。
颐象	山下有雷颐养也，谨言节饮养其身。 养民养物皆从正，动止安和福禄臻。
	断：颐者养也，养宜从正。谋望周全，婚姻吉庆。讼吉病安，财荣禄盛。公事清平，门庭安静。
蛊象	山下有风应有事，巽时止蛊事无争。 济危拔险宜先甲，复治依元大吉亨。
	断：蛊者乱也，乱必有治。家宅扰攘，身体暗昧。公讼迁延，文书纯滞。孕吉病凶，婚成财利。

离部第十五

一、离宫八卦立成章

（属阴、火兆。夏至旺、立夏相）

卦名	上爻	五爻	四爻	三爻	二爻	初爻	世爻飞伏
离为火	己巳火 世身 兄弟	己未土 子孙	己酉金 妻财	己亥水 应 官鬼	己丑土 子孙	己卯木 父母	飞己巳火 四月卦 伏戊子水

卦名	上爻	五爻	四爻	三爻	二爻	初爻	世爻飞伏
火山旅	己巳火 兄弟	己未土 身 子孙	己酉金 应 妻财	丙申金 妻财	丙午火 兄弟	丙辰土 世 子孙	飞丙辰土 五月卦 伏己卯木
火风鼎	己巳火 身 兄弟	己未土 应 子孙	己酉金 妻财	辛酉金 妻财	辛亥水 世 官鬼	辛丑土 子孙	飞辛亥水 十二月卦 伏己丑土
火水未济	己巳火 应 兄弟	己未土 子孙	己酉金 妻财	戊午火 世 兄弟	戊辰土 子孙	戊寅木 身 父母	飞戊午火 七月卦 伏己亥水
山水蒙	丙寅木 父母	丙子水 身 官鬼	丙戌土 世 子孙	戊午火 兄弟	戊辰土 子孙	戊寅木 应 父母	飞丙戌土 八月卦 伏己酉金
风水涣	辛卯木 身 父母	辛巳火 世 兄弟	辛未土 子孙	戊午火 兄弟	戊辰土 应 子孙	戊寅木 父母	飞辛巳火 三月卦 伏己未土
天水讼	壬戌土 子孙	壬申金 妻财	壬午火 世 兄弟	戊午火 兄弟	戊辰土 子孙	戊寅木 应身 父母	飞壬午火 二月卦 伏己酉金
天火同人	壬戌土 应身 子孙	壬申金 妻财	壬午火 兄弟	己亥水 世 官鬼	己丑土 子孙	己卯木 父母	飞己亥水 正月卦 伏戊午火

二、八卦断例章

离象	明明相继离之象，日月当天照四方。 文德养成忘物我，人情和合得辉光。
	断：离者丽也，凡事分明。不宜占宅，婚讼九成。孕双蚕半，病重财轻。官贵有喜，最利行人。
旅象	山上火炎其象旅，事机宜早不宜迟。 如占动用平平断，若问行人未见归。
	断：旅者羁也，在旅之象。不利守常，运谋为上。讼散婚成，孕生狱放。病者祷禳，行人休望。

鼎象	火木相因鼎得名，变更为熟旧更新。 功名贵在调和得，疑虑冰消喜气临。
	断：鼎者器也，烹饪之器。求官十全，生财百倍。身吉宅荣，婚成病利。求事托人，却宜仔细。
未济	坎离未济相违象，凡事先难后易成。 未济虽然终必济，也须诚敬托神明。
	断：未济必济，先难后易。凡事晚成，所谋迟遂。件件称心，般般如意。交易未成，行人未至。
蒙象	艮山之下出泉蒙，见险须知止有功。 进退艰难谋未遂，仗人接引必亨通。
	断：蒙者昧也，蒙以养正。未可营谋，却宜占病。失物异寻，婚姻无分。一切求谋，仗人引进。
涣象	巽坎相因风水涣，忧疑消散必亨通。 涉艰济险应须虑，捍厄扶衰获有功。
	断：涣者散也，万虑消融。孕生灾脱，讼散财空。求谋迟滞，出入亨通。乘舟济险，必获全功。
讼象	天与水连成讼象，讼中虽吉讼终凶。 大凡作事先谋始，循理安常塞自通。
	断：讼者辨也，与物相竞。凡事争差，营谋不定。公讼辱身，禁囚伤命。安分守常，斯为福庆。
同人	象曰天与火同人，契义相和利断金。 凡有运谋无不利，也须克正绝私心。
	断：同人同也，同心同意。婚孕皆成，贵官俱遂。田获十分，财收百倍。出入行藏，所求皆至。

坤部第十六

一、坤宫八卦立成章

（属阴、土兆。立秋旺、夏至相）

卦 名	上爻	五爻	四爻	三爻	二爻	初爻	世爻飞伏
坤为地	癸酉金 世 子孙	癸亥水 妻财	癸丑土 身 兄弟	乙卯木 应 官鬼	乙巳火 父母	乙未土 兄弟	飞癸酉金 十月卦 伏壬戌土
地雷复	癸酉金 子孙	癸亥水 妻财	癸丑土 应 兄弟	庚辰土 兄弟	庚寅木 官鬼	庚子水 世身 妻财	飞庚子水 十一月卦 伏乙未土
地泽临	癸酉金 子孙	癸亥水 应 妻财	癸丑土 身 兄弟	丁丑土 身 兄弟	丁卯木 世 官鬼	丁巳火 父母	飞丁卯木 十二月卦 伏乙巳火
地天泰	癸酉金 应 子孙	癸亥水 身 妻财	癸丑土 兄弟	甲辰土 世 兄弟	甲寅木 官鬼	甲子水 妻财	飞甲辰土 正月卦 伏乙卯木
雷天大壮	庚戌土 兄弟	庚申金 子孙	庚午火 世 父母	甲辰土 兄弟	甲寅木 官鬼	甲子水 应身 妻财	飞庚午火 二月卦 伏癸丑土
泽天夬	丁未土 兄弟	丁酉金 世 子孙	丁亥水 身 妻财	甲辰土 兄弟	甲寅木 应 官鬼	甲子水 妻财	飞丁酉金 三月卦 伏癸亥水
水天需	戊子水 妻财	戊戌土 兄弟	戊申金 世 子孙	甲辰土 身 兄弟	甲寅木 官鬼	甲子水 应 妻财	飞戊申金 八月卦 伏癸丑土
水地比	戊子水 应 妻财	戊戌土 兄弟	戊申金 身 子孙	乙卯木 世 官鬼	乙巳火 父母	乙未土 兄弟	飞乙卯木 七月卦 伏甲辰土

二、八卦断例章

坤象	六位纯阴地势坤，先迷后得永安贞。 包容广纳无私曲，应地无疆道大亨。
	断：坤者地也，厚载无疆。家宅俱顺，婚孕乃良。田蚕半吉，财帛荣昌。功名特达，其道乃光。
复象	雷在地中阳自复，静而后动又无灾。 朋来无咎财增益，遇事还教往复来。
	断：复者反也，七日来复。财帛荣昌，田禾大熟。失去归还，公讼和睦。利贵利官，宜蚕忌畜。
临象	地泽相因名曰临，临时临事利和亲。 所谋阴贵相扶助，虽吉提防八月侵。
	断：临者大也，克己临人。宜占家宅，利问婚姻。财官并吉，谋望同伦。孕生男子，病犯祟侵。
泰象	天地交泰物亨通，阳长阴消理莫穷。 健顺相须为日用，小求大得备全功。
	断：泰者通也，事事亨通。田蚕婚孕，喜庆重重。公讼利顺，家道兴隆。孕生贵子，改换门风。
大壮	雷上于天为大壮，凡占不可恃其刚。 攸行用壮应伤己，退守谦和反吉祥。
	断：大壮壮也，四阳壮盛。用壮灾生，用罔吉应。宜问婚姻，休占讼病。动则不中，守则为正。
夬象	夬卦群阳夬一阴，迟疑进退祸相侵。 决然一定无忧虑，凡有施为必称心。
	断：夬者决也，有决定志。交易称心，生财如意。婚孕吉昌，贵官成遂。病讼迁延，文书迟滞。
需象	水上于天需待也，健而行险事艰危①。 报言卜者休轻进，克己存诚且俟时。
	断：需者待也，不宜轻举。所谋不成，出入险阻。婚姻宜男，六甲生女。藏器待时，事无不取。
比象	水地相因名曰比，五阴和顺一阳刚。 因时从众须乘势，稍有稽迟反致殃。
	断：比者辅也，阴来辅阳。官贵旺相，身宅安康。讼病解散，婚姻吉祥。一切谋运，和顺乃光。

---

① 危，《宝颜堂秘笈》本作"厄"。

兑部第十七

一、兑宫八卦立成章

（属阴、金兆。秋分旺、立秋相）

卦名	上爻	五爻	四爻	三爻	二爻	初爻	世爻飞伏
兑为泽	丁未土 世 父母	丁酉金 兄弟	丁亥水 子孙	丁丑土 应 父母	丁卯木 妻财	丁巳火 身 官鬼	飞丁未土 十月卦 伏丙寅木
泽地萃	丁未土 身 父母	丁酉金 应 兄弟	丁亥水 子孙	乙卯木 妻财	乙巳火 世 官鬼	乙未土 父母	飞乙巳火 六月卦 伏丁卯木
泽水困	丁未土 父母	丁酉金 兄弟	丁亥水 应 子孙	戊午火 身 官鬼	戊辰土 父母	戊寅木 世 妻财	飞戊寅木 五月卦 伏丁巳火
泽山咸	丁未土 应 父母	丁酉金 兄弟	丁亥水 子孙	丙申金 世身 兄弟	丙午火 官鬼	丙辰土 父母	飞丙申金 七月卦 伏丁丑土
水山蹇	戊子水 子孙	戊戌土 父母	戊申金 世 兄弟	丙申金 身 兄弟	丙午火 官鬼	丙辰土 应 父母	飞戊申金 八月卦 伏丁亥水
地山谦	癸酉金 身 兄弟	癸亥水 世 子孙	癸丑土 父母	丙申金 兄弟	丙午火 应 官鬼	丙辰土 父母	飞癸亥水 九月卦 伏丁酉金
雷山小过	庚戌土 父母	庚申金 兄弟	庚午火 世 官鬼	丙申金 兄弟	丙午火 官鬼	丙辰土 应身 父母	飞庚午火 二月卦 伏丁亥水
雷泽归妹	庚戌土 应 父母	庚申金 兄弟	庚午火 官鬼	丁丑土 世 父母	丁卯木 身 妻财	丁巳火 官鬼	飞丁丑土 七月卦 伏丙申金

二、八卦断例章

兑象	丽泽相因名曰兑，友朋讲习贵孚诚。 互相浸润推诚敬，和悦交通事有成。
断	断：兑者悦也，凡事和会。病瘥婚成，孕生灾退。身宅平安，行人立至。六畜生财，获利百倍。
困象	泽中无水困之名，阴掩阳爻理不明。 诚以自持坚固守，身虽处困道常亨。
断	断：困者厄也，阴以掩阳。宅身孕病，件件遭伤。生财少利，公讼多妨。报言占者，安分守常。
萃象	兑悦坤柔为萃卦，存诚致敬感神明。 中心守正无迁变，福集灾消大吉亨。
断	断：萃者聚也，物惟诚身。身财两吉，福禄双荣。婚姻和合，六畜孳生。病讼终吉，田蚕晚成。
咸象	兑泽艮山咸感也，有感方通理大常。 上下和同虽吉兆，虚中受物更为良。
断	断：咸者感也，有感必应。官鬼周全，宅身喜庆。宜孕宜婚，利讼利病。咸道虽通，更宜贞正。
蹇象	险前险后当为蹇，进则多迍退则宜。 大蹇朋来由个甚，刚中知止善趋时。
断	断：蹇者难也，凡事蹇钝。官贵艰难，出行休问。莫卜身财，休占婚孕。出险如何，守常安分。
谦象	地下有山谦逊也，以谦自牧契真常。 劳而不伐真君子，身愈卑而道愈光。
断	断：谦者逊也，柔谦知止。弗利婚姻，休问移徙。财帛休求，公讼且已。身吉病瘥，行人至矣。
小过	山耻有雷曰小过，却如飞鸟以遗音。 情知所过不甚远，舍大从微咎不侵。
断	断：小过过也，所过不远。身宅微灾，交易财鲜。官阻病忧，孕惊婚免。凡百所占，悉皆偆偆。
归妹	震雷兑泽为归妹，少女从阳正合宜。 凡事问占宜守静，拟行必在得其时。
断	断：归妹归也，女归之象。公讼不明，贵官休问。身宅少忧，婚姻为上。守之则宜，动之弗当。

通变部第十八

一、极变章

伏羲体太极而画卦，始画一画以象极变，上画一画象天，下画一画象地，三画象三才，其卦乾，其体健。两乾成☰☰，画象六合，其卦坤，其性顺。乾坤变动，而生六子。六子者，乾坤之互体也。（例见前图）

二、单卦变通章

乾为父，坤为母，坎、震、艮为男，巽、离、兑为女，是谓八卦。每卦三爻，自下而升，三升二降，再二升一降，八变反本。一卦变八卦，八卦变六十四卦。

假令☰，乾也。

第一变初爻为阴☴，之巽、姤也。

第二变中爻为阴☶，之艮、遁也。

第三变上爻为阴☷，之坤、否也。

第四复变中为阳☵，之坎、讼也。

第五复变初为阳☱，之兑、履也。

第六再变中为阴☳，之震、无妄也。

第七再变上为阳☲，之离、同人也。

第八再变中为阳☰，之乾，反本也。

余仿此。

三、重卦变通章

重卦，每卦六爻，自下而升至五，上爻不变。五升四降，再四升三降，共九升七降，十六变反本。

假令乾宫为例：☰乾也。

第一变，下爻为阴☴，天风姤，一世卦。

第二变，二爻为阴☶，天山遁，二世卦。

第三变，三爻为阴☷，天地否，三世卦。

第四变，四爻为阴☴，风地观，四世卦。

第五变，五爻为阴☶，山地剥，五世卦。

第六复变，四爻为阳☲，火地晋，游魂卦。

第七复变，第三爻为阳☶，火山旅，伏藏。

第八复变，第二爻为阳☴，火风鼎，伏藏。

第九复变，初爻为阳☲，火天大有，归魂卦。

自第一爻升，复降至第一爻，五升四降也。

再变，第二爻为阴☲，离卦。

再变，第三爻为阴☲，噬嗑卦。

再变，第四爻为阴☶，颐卦。

再变，第五爻为阳☴，益卦。

再变，第四爻为阳☳，无妄卦。

再变，第三爻为阳☲，同人卦。

再变，第二爻，四升三降也。

尚占只用八卦，自一世，至五世，游魂便到归魂也。亡回变全用十六卦，今以乾为例，余可类推。

四、六十四卦变通章

八卦升降，变六十四卦，每卦各有六十四变，计四千九十六卦。

假令以乾为例，余可数推。

☰乾也，一爻变之六卦：姤、同人、履、小畜、大有、夬。

二爻变之十五卦：遁、无妄、讼、巽、家人、中孚、鼎、离、睽、大过、革、兑、大畜、大壮、需。

三爻变之二十卦：否、泰、益、渐、涣、旅、噬嗑、未济、咸、随、困、蛊、贲、损、恒、丰、归妹、井、既济、节。

四爻变之十五卦：晋、艮、颐、蒙、小过、震、解、蹇、屯、坎、升、明夷、临、萃、观。

五爻变之六卦：剥、比、豫、谦、师、复。

六爻变之一卦：坤。

举此一卦，六十四卦同。

乾变止于坤[①]，坎变止于离，艮变止于兑，坤变止于乾，巽变止于震，离变止于坎，兑变止于艮，是谓六爻俱变之极也。善观变者，可以进则进，可以退则退，可止则止。苟进退与止，皆不可，在乎委顺。尚变之要，无出此一章，达者味之。

五、时变章

乾坤，易之门；复姤，乾坤门。

复 ䷗	十一月	初一日 初二日 初三日	子	一阳，潜龙勿用
临 ䷒	十二月	初四 初五	丑	二阳，见龙在田
泰 ䷊	正月	初六 初七 初八	寅	三阳，终日乾乾
大壮 ䷡	二月	初九 初十	卯	四阳，或跃在渊
夬 ䷪	三月	十一 十二 十三	辰	五阳，飞龙在天
乾 ䷀	四月	十四 十五	巳	六阳，亢龙有悔
姤 ䷫	五月	十六 十七 十八	午	一阴，履霜坚冰
遁 ䷠	六月	十九 二十	未	二阴，直方大
否 ䷋	七月	二十一 二十二 二十三	申	三阴，含章可贞
观 ䷓	八月	二十四 二十五	酉	四阴，括囊无咎
剥 ䷖	九月	二十六 二十七 二十八	戌	五阴，黄裳元吉
坤 ䷁	十月	二十九 三十	亥	六阴，龙战于野

六、事变章

卦者，事也。爻者，事之时也。卦变，事变也；爻者，时变也。观爻察变，则能趋时获利；观象玩占，则能趋吉避凶。察变之要，贵在潜神入虚寂，则能见事之几微。知几，则能随时变易，以从道也。

（《周易尚占》卷下毕）

---

① 坤，底本作"巽"，按文义当作"坤"。

附录

李道纯生平资料

一、《扬州府志・仙人传》卷二十二

（明嘉靖本）

元李道纯，都梁人，号莹蟾子，一曰清庵。住仪真之长生观，世传其得道飞升，号所居观曰飞仙。今观虽废，常有鹤翔其处。

国处柴默庵寓兴化西城，隈潭水边踞坐，朗吟曰："少于施主少抄提，野鹤孤云自在飞。有水有山还着我，莫教尘土污霞衣。"吟毕，升腾耳去。邑人立庙以存址。

赞曰：班固有言神仙者，以保性命之真而游于方外者也。然或非学而致，观朱潢诸人，灵变莫测，至人显化，谁谓无有？李道纯倡全真之教，缙绅学士喜谭之，如桑子木、朱升之，皆酷嗜玄旨。子木自云遇仙，然亦竟无所成。夫世名、方外，两者乌得兼有之哉！

二、《扬州府志・仪真县》

（明雍正本）

长生观，在县东十里河北，元有莹蟾子李道纯住观内，世传其得道飞升，又号升仙观。元《井道泉纪略》曰："我元皇庆间①，道流李道纯从刘道远

---

① 元皇庆间，即 1312—1314 年。

贸地经营，乃作二殿堂庑，整肃为一方云水都会，复为通仙庵，比属宝椒二山之巅，茂林美樾，下瞰钜野，两城亭台之丽，长江舳舻之胜，晨烟夕霞，波光山色，皆几案中物矣。"夫道言乎无言，事乎无事，故以文为华，名为醨，唯醇实为务。今道人方且尚辞要誉，是弃实而华，舍醇而醨，不其悖乎？然有以也夫进处有时，消长有数，故不可为而强为，与可为而不为，君子耻之。今观长生之作，其得时数之可为者乎？是可纪也。

三、《徽州府志·卷之十人物·仙释》

（明弘治本）

元赵定庵，名道可，其先辽州人。父木邻赤，宋赐姓，名赵旺，授右武大夫、骁卫上将军、福州团练使。道可，其长子也。初名大德，授阁门宣赞舍人、马步军副总管。归元，至元[①]十四年，授武德将军、军牌管军千户，又克通事马军万户府镇府，寻授昭勇大将军管军总管。累遭差调，冒犯风霜，遂成肺疾，麾下老卒李清庵者，素号得道，一夕候安否，因请屏去侍妾，解衣趺坐，腰背相倚，安不得动，达旦而疾瘳矣。道可感动，礼清庵为师。以印绶诰命付其弟大明承袭，乃弃家往建康，创道院居之。大德二年[②]，秋，来婺源募缘，江桂波先生舍環村地八亩，建中和精舍以居之，人不识其尝为达官也。一日俳优者于市见之，拜曰："相公因何在此？"道可去不顾。明年，其子携衣履来省，劝其还家，道可亦善遣之。尝独坐于休休亭，弟子齐得玄辈承候，闻钟声造左右。一日谓弟子曰："吾当去矣，当与各官诀别。"弟子入城，回言公冗午后即到。道可曰："吾不及待。"即自颂曰："举目无亲识孤舟，驾片云飘飘归去也，风月与谁邻。"言讫，即趺坐而逝。其弟子从遗命，将焚之，州守黄埜舟乃以大缸二合而葬之。中和道院南表曰："赵真人之墓"。先儒赵文硕书其本末。

---

① 至元十四年，底本作"至正十四年"，即 1354 年，则与李道纯活动时间不符，"正"字当时"元"字误刻。至元十四年，即 1277 年。

② 大德二年，即 1298 年。

四、《徽州府志·卷二十二》

（明嘉靖本）

元赵定庵，名道可，其先辽州人。历官昭勇大将军管军总管。感肺疾，麾下老卒李清庵者，号得道，一夕候安否，因请屏去侍妾，解衣趺坐，腰背相倚，达旦而疾愈。道可感动，礼清庵为师。以印绶付其弟大明，弃家云游，人不识其尝为大官也。一日俳优者见之，拜曰："相公因何在此？"道可去不顾。忽谓弟子曰："吾当去矣。"趺坐咏诗而逝。

五、《中和集》三卷、《后集》三卷（浙江巡抚采进本）

（《四库全书总目提要》卷一百四十七子部五十七道家类存目）

元李道纯撰。道纯字元素，号清庵，都梁人。又自号莹蟾子。是书乃其门人蔡志颐所编次，题曰《中和集》者，盖取其师静室名也。前集上卷曰《玄门宗旨》、曰《画前密意》，中卷曰《金丹秘诀》，下卷曰《问答语录》、曰《全真活法》。后集上卷曰《论》、曰《说》、曰《歌》，中卷曰《诗》，下卷曰《词》、曰《隐语》。大旨尽辟一切炉鼎服食修炼之说，而归于冲虚浑化，与造化为一。前有大德丙午杜道坚序，盖世祖时人也。

六、《周易尚占》三卷（兵部侍郎纪昀家藏本）

（《四库全书总目提要》卷一百十一子部二十一术数类存目二）

不著撰人名氏。前有大德丁未宝巴序，称为莹蟾子李清庵作。按元李道纯，号清庵，又号莹蟾了，有《中和集》，别著录，则此书乃道纯撰也。其书分十八部，皆论易课断法，与今卜肆术相类。惟于六神之外兼论神煞吉凶，则与今稍别。案，宝巴有《易体用》十卷，中分三书，其第三书为《周易尚占》三卷，书名卷数，皆与此书相同，然世无传本。或因宝巴之序疑此即宝巴之佚书，则误甚矣。

七、《易原奥义》·一卷、《周易原旨》·六卷（内府藏本）

（《四库全书总目提要》卷四经部四易类四）

元保巴撰。保巴，字普庵，色目人，居于洛阳。是书前有《进太子笺》，结衔称"太中大夫前黄州路总管兼管内劝农事"。又有任士林《序》，称"贰卿宝公"，不知其终于何官也。《笺》末不题年月。黄虞稷《千顷堂书目》称，旧有方回、牟巘二《序》。按，回、巘皆宋末旧人，则保巴为元初人矣。是书原分三种，统名《易体用》，本程子之说，即卦体以阐卦用也。朱彝尊《经义考》载："《易原奥义》一卷，存。《周易原旨》六卷，存。《周易尚占》三卷，佚。"考陈继《儒汇秘笈》中有《周易尚占》三卷，书名与卷数并符。书前又有大德丁未保巴《序》，人名亦合。然《序》称为莹蟾子李清庵撰，不云保巴自作。其书乃用钱代蓍之法，以六爻配十二时、五行、六亲、六神，合月建日辰，以断吉凶，亦非尚占之本义。《序》文鄙陋，尤不类读书人语。盖方技家传有是书，与保巴佚书，其名偶合。明人喜作伪本，遂撰保巴《序》文以影附之。不知保巴说《易》，并根柢于宋儒，阐发义理，无一字涉京、焦谶纬之说，其肯以此书当古占法哉？今辨明其妄，别存目于"术数类"中，而保巴原书，则仍以所存二种著录，庶阙而真，犹胜于全而伪焉。

八、《道学通论》记载之李道纯

胡孚琛

元初全真道士李道纯，字元素，号清庵，别号莹蟾子，住扬州仪真长生观，著《中和集》《三天易髓》等书，创内丹中派。中派以内丹学解《中庸》《心经》等儒释之书，采用禅宗打坐、参究诸手段，追求明心见性。李道纯以"守中"一着为丹法要诀，以为天地有天地之中，人身有人身之中，守人身之中，以应天地之中，便是天人合一之要旨。人心若与天心合，颠倒阴阳只片刻。这"中"字便是玄关，识得中字，守中致和，自然虚极静笃，明心见性，直超圆顿。中派丹法乃是一种明心见性的自身阴阳清修丹法。

（摘自胡孚琛《道学通论》，第 377 页，社会科学文献出版社，2009 年 8 月第 1 版）

李道纯和中派内丹法

内丹学自宋金以来，派分南、北二宗，虽然都祖溯钟（钟离权）吕（吕洞宾），然而在相当长的一段历史时期内，二者在不同的地域并行发展，彼此各具特色，有同有异。南宗人士主要活动于南方，也没有形成教团组织，影响一直比较薄弱。北宗传道主要在北方，建立了教团，发展十分迅速。特别是蒙元以来，丘处机应成吉思汗的诏请，远赴西域大雪山，获赐号"神仙""大宗师"，命其掌管天下道教。在元室的扶植下，发展更加迅猛，势力逐渐向南方拓展。随着政权南北的统一，南北文化得以顺利交流，隔绝多年的南、北二宗也开始融合，出现了南北合流的局面。正是由于南、北二宗彼此沟通，互相融摄，所以一时涌现出大批有造诣的高道，以兼取南、北二宗而闻名于教坛内外。李道纯就是其中的一位佼佼者，他在内丹理论方面，兼取北宗，融摄儒释，提出了很多的独到之见。作为一代玄门宗匠，他承前启后，继往开来，在中国道教发展史、丹道史上占有相当重要的地位。

一、李道纯的生平

李道纯，字元素，都梁（今湖南武冈县）人，号清庵，别号莹蟾子。正史无传，生卒不详，其主要生活年代是宋末元初之际。《凤阳府志》卷三十三载：李道纯，"字元素，号清庵，别号莹蟾子，博学多才。所著《中和集》，并注《太上大道德经》三章，《道德会要》等书行世。"明万历《扬州府志·仙人传》载：李道纯"住仪真之长生观，世传其得道飞升，号所居观曰飞仙。今观虽废，常有鹤翔其处"。

李道纯博学多才，广参遍访，曾遇异人点开心易，通阴阳阖辟之机，达性命混合之理。住仪真长生观，所居静室匾名"中和精舍"。修炼得道飞升，后世名其观为升仙观。李原是南宗白玉蟾弟子王金蟾（名景玄，字启道）的门人，是白玉蟾二传弟子，属南宗第七代。入元后自称全真道士，加入全真道，是江南最早的全真道士之一。其丹法远溯《易》《老》，近源《参同》《悟真》，阐述白玉蟾南宗一派丹法心传，但是他的丹道思想更具全真教派道儒释三教融合的特色。因此李道纯是一位道兼南北、学贯三教的一代宗师，是元初杰出的内丹学家。

李道纯的著述非常丰富，有《中和集》《三天易髓》《全真集玄秘要》《道德会元》《清庵莹蟾子语录》《太上大通经注》《无上赤文洞古真经注》《太上老君说常清静经注》《太上升玄消灾护命妙经注》《周易尚占》等。

二、李道纯与中派

李道纯的丹法在继承唐宋丹道神髓的同时，将南北二派丹法兼收并取，并融会了禅宗的心性之学，又吸收理学家对"中和"的论述，主张先性后命，"先持戒定慧而虚其心，后炼精气神而保其身"（《中和集·性命论》），最后达到"性命双全、形神俱妙"，以至羽化而升仙。对道儒释三教内修精华进行了提炼、概括、吸收，最后形成了以"守中"为核心的丹道修炼学说体系，在丹法上强调"守中"在整个修持中的作用，认为"中是儒宗，中为道本，中是禅机。这三教家风，中为捷径，五常百行，中立根基。动止得中，执中不易，更向中中认细微"。（《沁园春》）所谓"中"，就是"玄关"，"圣人只书一'中'字示人，此'中'字，玄关明矣"。（《中和集·赵定庵问答》）指出"见得玄关，药物火候，运用抽添，乃至脱胎神化，并不出此一窍"。可见"中"的作用在丹道修炼中贯始彻终，所谓"道也者，不可须臾离也"。

李道纯在当时丹道南北二派之外，又创立新说，奠定了李道纯在丹道学术上的地位。这种强调"中"在丹道修炼中的核心作用，并且在传承上调和南北两派丹学于一炉，所以被后世丹家推崇为"中派"。《中华道教大辞典》"中派"词条指出："中派，道教内丹学的一个门派。始于元代。由李道纯开创。原本无宗名，因其丹法以'守中'为要，有别于南北东西丹派，故名。"①

在北京白云观所藏《诸真宗派总薄》中，记载有李道纯所开的道派名为

---

① 胡孚琛主编：《中华道教大辞典》，北京：中国社会科学出版社，1995：50。

"先天派"，其云："吕祖门人李清庵真人留传。第七六，先天派。自一无上道，永忠太夫人，礼高重进本，可得万代清，志诚和妙有，炼性合融明，澄湛通玄化，元罡温玉京。"①

"中派"，不像其他丹派，既没有主动的开宗立派，也没有明确的宗脉承绪，仅仅是一种学说的倾向性，并糅合了道儒释三教思想，将丹道修炼理论集中于一个"中"字上而已。王沐《内丹养生功法指要》中指出："中派并非教团，亦非金丹内炼派系，乃后来内丹炼师将接近中派学说及丹功功法，列在一起，称曰中派，实际都是北派、南派的改革者，自行著书立说并传徒而已。中派推崇元道士李道纯为代表人物。"②在学术界，往往又将李道纯、尹真人、黄元吉、闵一得等一同列为"中派"代表人物。李大华教授就讲："明尹真人弟子、清黄元吉等也被视为中派。这一派不像别的丹派，它既无立宗，又无明确的宗脉承绪，李、尹、黄等人只是在丹法上具有一致的倾向性，才被人们视为同一派别。该派在丹法上特点是：糅合道儒释思想，将清修理论集中于一个'中'字上。……这种守中之法又叫做'中黄直透'，即不用后升前降，不用开合，不用面壁，就能升仙。清代闵小艮，亦传中黄直透功夫。由于中派皆以儒说道，故被视为'教外别传'。"③至于尹真人、黄元吉、闵一得等列为"中派"是否妥当，颇有不同的意见，李道纯作为"中派"的创立者在学术界、丹道界却是取得共识的。

三、李道纯的玄关

王沐《内丹养生功法指要》中说："莹蟾子（李道纯）打破三教界限，创一种新的丹功。"④李道纯的创新集中体现在"中"字上，也就是"玄关"。前中国道教协会会长、仙道养生家陈撄宁先生（1880—1969）非常推崇李道纯的丹法，称其丹法是天元丹法中的上乘丹法。⑤认为该派最重要的核心，就是

---

① 〔日〕小柳司气太：《白云观志》，117 页，日本东方文化学院东京研究所藏版，昭和九年三月。

② 王沐：《内丹养生功法指要》，北京：东方出版社，2008：19。

③ 胡孚琛主编：《中华道教大辞典》，北京：中国社会科学出版社，1995：50。

④ 王沐：《内丹养生功法指要》，北京：东方出版社，2008：20。

⑤ 陈撄宁：《答江苏如皋知省庐》，《道教与养生》，北京：华文出版社，2000：461。

这个"玄关"问题。陈撄宁在《口诀钩玄录》中曾指出："学者果能将玄窍之理论，一一贯通，玄窍之工夫，般般实验，何患不能籍天地于壶中，运阴阳于掌上？功成证果，可与三清元始并驾齐肩，岂区区玉液、金液、长生、尸解之说所能尽其量哉？！"①

内丹家将"药物""炉鼎""火候"称之为丹道三秘，"玄关"更被视为秘中之秘，绝不轻易为人抉破其中的秘密。有所谓"修炼不知玄关，无论其他，只此便如入暗室一般，从何下手？"（《张三丰全集·道言浅进说》）李道纯的"玄关"理论极具特色，在继承前人的基础上多有独到的发挥，现简单介绍如下：

1. 指出"玄关一窍"不是身体上的某一个实体穴位或部位，执著在身体上摸索寻找玄关，都不是玄关，但是也不可以脱离身体向外寻求。玄关既需要师指，更需要修炼之士躬身自证，才能认得准确、见得分明。在《中和集·玄关一窍》中说："夫玄关一窍者，至玄至要之机关者。非印堂、非囟门、非肚脐、非膀胱、非两肾、非肾前脐后、非两肾中间。上至顶门，下至脚跟，四大一身，才着一处，便不是也。亦不可离了此身向外寻之。"又说："时人若以有形着落处为玄关者，纵勤功苦志，事终不成。欲直指出来，恐汝信不及，亦不得用，须是自见始得。"（《洁庵琼蟾子程安道问三教一贯之道》）

2. 将"玄关"称之为"中"，运用儒家思想阐述道家"守中"功夫，指出"玄关"在丹道修炼中彻始贯终，步步不得离开"玄关"，所以又被后世丹家称之为"总持门"。李道纯在《中和集·赵定庵问答》中说："诸丹经皆不言正在何处者，何也？难形笔舌，亦说不得，故曰玄关，所以圣人只书一'中'字示人，此'中'字，玄关明矣。所谓中者，非中外之中，亦非四维上下之中，不是在中之中。"引用《礼记·中庸》等儒家思想予以阐述"玄关"在丹道中的作用，如引："喜怒哀乐未发谓之中，发而皆中节谓之和。中也者，天下之大本也。和也者，天下之达道也。致中和，天地位焉，万物育焉。"并因之指出，"见得玄关，药物火候，运用抽添，乃至脱胎神化，并不出此一窍。"

3. 认为"玄关"有体有用，静是"玄关"之体，动是"玄关"之用，

---

① 陈撄宁：《道教与养生》，北京：华文出版社，2000：342。

"玄关"有动静两种状态。李道纯在《中和集·赵定庵问答》中说:"《易》曰:'寂然不动',中之体也;'感而遂通',中之用也。《老子》曰:'致虚极,守静笃,万物并作,吾以观其复。'《易》云:'复其见天地之心。'且复卦,一阳生于五阴之下。阴者,静也。阳者,动也。静极生动,只这动处,便是玄关也。"在《动静说》中又云:"一动象天,一静象地,身心俱静,天地合也。至静之极则自然真机妙应,非常之动也。只这动之机关是天心也。天心既见,玄关透也。玄关既透,药物在此矣。鼎炉在此矣,火候在此矣,三元、八卦、四象、五行,种种运用悉具其中矣。"

4. 从"念头起处"寻觅"玄关",是"生死之根"。李道纯在《中和集·金丹或问》中引"紫阳真人云:'念头起处为玄牝'。斯言是也。予谓念头起处,乃生死之根,岂非玄牝乎?"在《赵定庵问答》中也说:"汝但于二六时中,举心动念处着工夫,玄关自然见也。""念头起处"与"举心动念处"是同指一处,白玉蟾在《修仙辨惑论》中也指出:"以念头动处为玄牝"。然而李道纯又说:"念头不起处谓之中,此道家之中也。""念头不起"与"念头起处",岂不自相矛盾?吾仅钩玄抬出,希望读者在此等细微差别处自思自悟,必会得出真知灼见,而无需我饶舌添足矣!

5. 将人体看作一部卷曲自如的活机器,认为"玄关"是机器动力之源头、启动之关键。在《中和集·玄关一窍》中说:"我设一喻,令尔易知。且如傀儡,手足举动,百样趋跄,非傀儡能动,是丝线牵动。虽是线上关捩,却是弄傀儡底人牵动。咦!还识这个弄傀儡底人么?休更疑惑,我直说与汝等。傀儡比此一身,丝线比玄关,弄傀儡底人比主人公。一身手足举动,非手足动,是玄关使动。虽是玄关动,却是主人公使教玄关动。若认得这个动底关捩,又奚患不成仙乎?"

6. 认为"玄关"是沟通天人消息的大门,是打通人体(身内)与虚空(身外)的隧道。《中和集·赵定庵问答》中说:"但着在形体上都不是,亦不可离此一身向外寻求。诸丹经皆不言正在何处者,何也?难形笔舌,亦说不得,故曰玄关。所以圣人只书一'中'字示人。此'中'字,玄关明矣。"这段话说明了"玄关"不在身内、不在身外,其在"身内"与"身外"之中间,乾坤二卦之正位,天人交接联系之边缘,所以被标之为"中"。因此说:"问玄关一窍在何宫?中间觅。"(《满江红·赠敬庵葛道人》)在《挽邪归正歌》中说："九还七返那机关，不在内兮不在外"，岂不在"中"？《咏真乐》中说："水火二途分上下，玄关一窍在当中。"《性理歌》中说："天地中间玄牝门，其动愈出静愈入。"《沁园春·赠括苍张希微》："玄关窍，与虚无造化，总在当中。"《述工夫》中说："归根自有归根窍，复命宁无复命关？踏遍两重消息子，超凡越圣譬如闲。"所谓"两重消息"，就是"身内消息"与"身外消息"。吕洞宾在《指玄篇》中也说："两重天地谁能配，四个阴阳我会排。"张三丰在《登天指迷说》中谓："一身内外两个真消息"。

李道纯这种运用儒家"中和"思想构建的"玄关"理论和学说，对后世丹家影响非常巨大。如著名丹道巨擘张三丰在《道言浅进说》中阐述："大道从'中'字入门，所谓'中'字者，一在身中，一不在身中。功夫须两层做：第一寻身中之中，朱子云'守中制外'。夫守中者，须要回光返照，注意规中，于脐下一寸三分处，不即不离，此寻身中之中也；第二求不在身中之中，《中庸》云'喜怒哀乐之未发'，此未发时，不闻不见，戒慎幽独，自然性定神清，神清气慧，到此方见本来面目，此求不在身中之中也。以在身中之中，求不在身中之中，然后人欲易净，天理复明，千古圣贤仙佛，皆以此为第一步功夫。"在《玄要篇·再求玄关》更是体现了李道纯的"玄关"思想，诗云："傀儡当场会点头，应知总是线来抽。抽他虽是依人力，使我人抽又孰谋？原赖主公常月白，期教到处好风流。炼丹若要寻冬至，须向灵台静里求。"都是李道纯"玄关"论的延续和发挥。被称为"玄门之秘典"出现在明朝万历年间的《性命圭旨》，以及明清以来伍冲虚（1574—1644？）、陶素耜、刘一明（1734—1821）、闵一得（1748—1837）、李涵虚（1806—1856）、黄元吉、汪东亭（1839—1917）、徐海印等著名内丹家，无不深受李道纯"中"字"玄关"理论的影响。尤其黄元吉在《道德经注释》《乐育堂语录》《道门语要》等书中反复阐述"玄关"，钩玄发微，不厌其繁，读者可以寻而阅读，并参之李道纯之论述，必有发明。

全国老子道学文化研究会创会会长、中国社会科学院哲学所研究员、博士生导师胡孚琛教授在《丹道法诀十二讲》一书中对"玄关"给以深层揭示："丹道中最秘的法诀，人所共知是'玄关一窍'。然而什么是'玄关一窍'？我遍阅丹经，没有那本书能说明白，及遍访名师，也不见有人说得清楚。其实所谓'玄关一窍'，无非就是指'两重天地'之间的通道，丹家要出有入无，由色界进入无色界，则这个进入无色界的'大门'，就是'玄关'，二者之间的隧洞，即称'一窍'。因而张景和《枕中记》云：'混元一窍是先天，内面虚无理自然。若向未生前见得，明知必是大罗仙。'虚的'无色界'和实的'色界'，虚的'法身'和实的'色身'，处于永恒的相互作用（即信息交换）之中，也是可以经过'玄关一窍'相互交通的。老子《道德经》云：'故常无，欲以观其妙；常有，欲以观其徼。此两者，同出而异名，同谓之玄。玄之又玄，众妙之门。'人体分为'形、气、神'三个层次，丹道修炼依不同法门在这三个层次上分别证得'虚无'，皆可由'常有'入'常无'，由'徼'入'妙'，都能见到'玄关'。白玉蟾诗云：'一言半语便通玄，何用丹经千万篇，人若不被形所累，眼前便是大罗仙。'此一语泄尽在形体层次上修炼到虚无境界的天机，可谓直指玄关。另外以'深、长、细、匀'四字诀调息，'凝神入炁穴'，从而达到'无食、无息、无念、无身'的四无境界，则可在炁的层次上见到玄关。石泰《还源篇》云：'炼气徒施力，存神妄用功。岂知丹诀妙，镇日玩真空'，就是指得这种景象。禅宗修炼经过色阴、受阴、想阴、行阴、识阴等'五阴区宇'，证入虚无空灵的境界，便是在神的层次上见到玄关，得到开悟，明心见性了。因而玄关并非一个层次，形、气、神之玄关景象不同，本质则一，即所谓'玄之又玄，众妙之门'。李道纯传上乘丹诀云：'归根自有归根窍，复命宁无复命关？踏破两重消息子，超凡入圣譬如闲。'这'两重消息子'，便是两重天地之'玄之又玄'的两层玄关。"[1]

若真正读懂这段阐述"玄关"的文字，再去研读历代丹家对"玄关"的描述，那么"玄关"这扇大门的钥匙在手中矣，登上"玄关"塔顶的石阶在脚下矣！

四、李道纯的修炼

李道纯将丹道修炼体系分为"渐法三乘"和"最上一乘"，其著作中所讲述的属于"最上一乘"丹法。"夫最上一乘，无上至真之妙道也。以太虚

---

① 胡孚琛：《丹道法诀十二讲》，北京：社会科学文献出版社，2009：153。

为鼎，太极为炉，清静为丹基，无为为丹母，性命为铅汞，定慧为水火，窒欲惩忿为水火交，性情合一为金木并，洗心涤虑为沐浴，存诚定意为固济，戒定慧为三要，中为玄关，明心为应验，见性为凝结，三元混一为圣胎，性命打成一片为丹成，身外有身为脱胎，打破虚空为了当。此最上一乘之妙，至士可以行之，功满德隆，直超圆顿，形神俱妙，与道合真。"

所谓"最上一乘"，其实就是白玉蟾所讲的"天仙之道""上品丹法"。在《修仙辩惑论》中指出："夫天仙之道，能变化飞升也，上士可以学之。以身为铅，以心为汞，以定为水，以慧为火，在片饷之间，可以凝结，十月成胎。此乃上品炼丹之法，本无卦爻，亦无斤两，其法简易，故以心传之，甚易成也。……上品丹法，以精神魂魄意为药材，以行住坐卧为火候，以清静自然为运用。……夫炼丹之要，以身为坛炉鼎灶，以心为神室，以端坐习定为采取，以操持照顾为行火，以作止为进退，以断续不专为隄防，以运用为抽添，以真气薰蒸为沐浴，以息念为养火，以制伏身心为野战，以凝神聚气为守城，以忘机绝虑为生杀，以念头动处为玄牝，以打成一块为交结，以归根复命为丹成，以移神为换鼎，以身外有身为脱胎，以返本还源为真空，以打破虚空为了当。故能聚则成形，散则成气，去来无碍，逍遥自然矣。……但能凝然静定，念中无念，工夫纯粹，打成一片，终日默默，如鸡抱卵，则神归气复，自然见玄关一窍，其大无外，其小无内，则是采取先天一气，以为金丹之母。勤而行之，指日可以与钟、吕并驾矣。此乃已试之效验。"抓住这个要点，我们再阅读李道纯的著作，那么其丹法脉络和丹诀就可以跃然纸上了。

1.炼虚理论。

李道纯非常重视"虚"在丹道中的运用，认为在丹法中步步难以脱离"虚"的作用，在某种意义上"虚"与"中""玄关"等概念和作用是等同的，丹家更有"虚无鼎器""虚无 窍"之说。如司马子微（647—735）云："虚无一窍号玄关，正在人身天地间。这个名为祖气穴，黍珠一粒正中悬。"（转引自《性命圭旨》）刘长生（处玄）在《仙乐集》中也说："一窍虚空玄牝门，调停节候要常温。仙人鼎内无他药，杂矿销成百炼金。"

李道纯的这种丹道思想集中体现在《炼虚歌》中，其歌云："为仙为佛与为儒，三教单传一个虚。亘古亘今超越者，悉由虚里做工夫。学仙虚静为丹旨，学佛潜虚禅已矣。扣予学圣事如何？虚中无我明天理。道体虚空妙莫穷，乾坤虚运气圆融。阴阳造化虚推荡，人若潜虚尽变通。还丹妙在虚无谷，下手致虚守静笃。虚极又虚元气凝，静之又静阳来复。虚心实腹道之基，不昧虚灵采药时。虚己应机真日用，太虚同体丈夫儿。采铅虚静无作为，进火以虚为橐籥。抽添加减总由虚，粉碎虚空成大觉。……无画以前焉有卦，乾乾非上坤非下。中间一点至虚灵，八面玲珑无缝罅。四边固密剔浑沦，个是中虚玄牝门。若向不虚虚内用，自然阖辟应乾坤。玄牝门开功则极，神从此出从此入。出出入入复还虚，平地一声春霹雳。霹雳震时天地开，虚中迸出一轮来。圆陀陀地光明大，无欠无馀照竹斋。……虚里安神虚里行，发言阐露虚消息。虚至无虚绝百非，潜虚天地悉皆归。虚心直节青青竹，个是炼虚第一机。"

晚清丹家方内散人高度评价《炼虚歌》，"贯通三教，得未曾有，字字精妙"，"还虚一节，彻始彻终，各丹经但言大略，从无专著歌咏，发挥透切，而淋漓尽致者。"①民国间著名内丹家海印子徐颂尧也非常推崇《炼虚歌》，在《天乐集》中指出："北宗李道纯《炼虚歌》，发挥玄宗虚化之旨趣最精，学者宜熟读而深究焉。""此歌言之简当，洵为丹家希有之作。老圣'致虚守静'之旨，阐发无遗矣。"西派初祖李涵虚作有《虚空吟》，也是发挥《炼虚歌》之余韵："行之容易得之难，除了虚空不造丹。举世若求安鼎处，个中境界比天宽。好之容易乐之难，除了虚空不造丹。举世若寻生药处，壶中原是列仙坛。得之容易守之难，除了虚空不结丹。举世若寻立命处，起头煞尾一团团。"也指出了"安鼎""生药""立命"都在"虚空"之中，"除了虚空不造丹"，不能脱离"虚空"的作用，贯彻丹道修炼的全部功程，所以谓之"起头煞尾一团团"。

2. 定功作用。

李道纯也非常强调"定"在丹道修炼中的作用。在《中和集·玄理歌》中说："进火无中炼大丹，安炉定里求真土。"《述工夫》采药中说："炼汞烹铅本没时，学人当向定中推。"在交合时说："造道元来本不难，工夫只在定中间。"在《咏真乐》中更进一步阐述："九还七返大丹头，学者须当定里

---

① 陈撄宁：《道教与养生》，北京：华文出版社，2000：303。

求。""火符容易药非遥，造化全同大海潮。药物只于无里采，大丹全在定中烧。"

李道纯的"定"功思想，其实是继承了南宗"静、定、忘"一脉相承的丹道学说。张紫阳《玉清金笥青华秘文金宝内炼丹诀》中云："静之一字，能静则金丹可坐而致也。"（《心为君论》）《采取图论》云："采取之法生于心，心者万化纲维枢纽，必须忘之，而始觅之。忘者，妄心也；觅者，真心也。但于忘中生一觅意，即真心也。恍惚之中，始见真心。真心既见，就此真心生一真意，加以返光内照，庶百窍备陈，元精吐华矣。"《交会图论》云："盖恍惚杳冥，乃定之象也。惟定可以炼丹，不定而阳不生。阳生之后，不定而丹不结。"《炉鼎图论》谓："静中行火候，定里结还丹。"石杏林《还源篇》云："能知药与火，定里见丹成。""炼气徒施力，存神柱用功。岂知丹诀妙，镇日玩真空。"白玉蟾在《玄关显秘论》中也指出："忘形以养气，忘气以养神，忘神以养虚。只此'忘'之一字，……如能味此理，就于'忘'之一字上做工夫，可以入大道之渊微，夺自然之妙用，立丹基于顷刻，运造化于一身也。""若能于静定之中，抱冲和之气，守真一之精，则是封炉固济以行火候也。""采精神以为药，取静定以为火，以静定之火，而炼精神之药，则成金液大还丹。"南宗丹诀可见一斑矣！

3. 心息功夫。

丹道修持行"静、定、忘"之功夫，必用"心息相依"法诀作为锁心猿之索、拴意马之桩、降龙伏虎之剑。白玉蟾在《鹤林问道篇》："古人有'心息相依，息调心静'之语，此非调心乎？又如'用志不分，乃凝于神'等语，此非精思乎？先圣有曰：'制心一处，无事不办'。所以谭真人云：忘形以养气，忘气以养神，忘神以养虚。只此'忘形'二字，则是制心之旨。虽然，与其忘形而心游万物，曾未忘之不如，何耶？吾所以忘者，非惟忘形，亦乃忘心，心境俱忘，湛然常寂。"

李道纯在《中和集·述工夫》中更是强调："气神和合生灵质，心息相依结圣胎。透得里头消息子，三关九窍一齐开。"在《玄理歌》中说："谛观三教圣人书，息之一字最简直。若于息上做工夫，为佛为仙不劳力。""调和真息，周流六虚"，是其重要功诀。在《问答语录》中讲："一阖一辟者，一动一静也。乾阳坤阴，如门户之阖辟，即'乾坤易之门'也。且如阴阳互动互静，机缄不已，元亨利贞，定四时成岁。变者，变易也。至道与神气混混沦沦，周乎三才万物，阖辟无穷，致广大而尽精微矣。以一身言之，呼吸是矣。呼则接天根，是谓之辟。吸则接地根，是谓之阖。一呼一吸，化生金液，是谓之变。阖辟呼吸，即玄牝之门，天地之根矣。所谓呼吸者，非口鼻呼吸，乃真息阖辟也。"

"心息相依"法门是丹家正宗口诀，被历代内丹家所重视，如张三丰、陆西星、伍冲虚、闵一得、李涵虚、黄元吉、汪东亭、海印子等。如欲实践丹道内功，舍弃"心息相依"难以入门也。张三丰在《打坐歌》中说："初打坐，学参禅，这个消息在玄关。秘秘绵绵调呼吸，一阴一阳鼎内煎。"《注吕祖百字碑》中说："心息相依，着意玄关，便可降伏思虑。"《道要秘诀歌》中说："这灵谷，即窍儿，窍中调息要深思。一息去，一息来，息息相依时相偎。幽幽细细无人觉，神气团冲九窍开。照此行持得窍妙，昏沉散乱从何来？"

另外，李道纯对当时社会上出现的丹法也作了综述和评论，先辟傍门九品，指出傍门不可入，曲径不可从，邪说伪术不可学；次于渐法又分三乘，辨明得失，以利取舍；最后指明，只有最上一乘，才可以接引后学，直超道岸。

五、李道纯的传人

李道纯丹道学说自成一家，他精研道意广授门人，方法多变，实为一代玄门宗匠。李道纯所传弟子众多，成为当时道教内一时之彦。

从其著述和问答语录中，可以确定名字和道号的弟子，有蔡志颐（损庵）、赵道可（定庵）、柴元皋（嘿庵、广蟾子）、苗善时（实庵）、邓德成（宁庵）、张应坦（蒙庵）、程安道（洁庵、琼蟾子）等。

没有记录名字，却有道号的弟子，有诚庵、止庵（张宰公）、戴甲庵、息庵、退庵、静庵、一庵、隐庵、惟庵、济庵、东庵、颐庵、中庵、邓一蟾、孚庵、卓庵、通庵、密庵、和庵（王察判）、敬庵（葛道人）、唯庵（宗道人）、圆庵（蒋大人）、虚庵、觉庵、几庵等。

著作中提到的，还有宝蟾子、真蟾子、秋蟾、吴居士、安闲子周高士、郑松溪、李道判、孙居士、焦提举、刘居士、白兰谷、陈制干、胡秀才等。

最后笔者说明一点，本文仅将李道纯丹道精微略作钩玄，以飨读者，不至于在阅读李道纯丹道著作时身入宝山而空手回。关于李道纯三教合一的思想、心性学说等，由于笔者学识有限，不敢妄谈，可以参考相关书籍和资料。错漏不当之处，敬请批评指正！